中國改革新理念

中國改革新理念

張維迎

香港城市大學出版社
City University of Hong Kong Press

國際統一書號：978-962-937-624-6

出版

    香港城市大學出版社
    香港九龍達之路
    香港城市大學
    網址：www.cityu.edu.hk/upress
    電郵：upress@cityu.edu.hk

Understanding China's Economic Success: What's Next in Reform?
(in traditional Chinese characters)

ISBN: 978-962-937-624-6

Published by

    City University of Hong Kong Press
    Tat Chee Avenue
    Kowloon, Hong Kong
    Website: www.cityu.edu.hk/upress
    E-mail: upress@cityu.edu.hk

Printed in Hong Kong

目錄

序言

　　人們通常認為，事實勝於雄辯。但在《致命的自負》一書中，哈耶克告誡我們，事實本身並不能告訴我們什麼是正確的，什麼是錯誤的，而我們有關什麼是合理的、正確的、善的糊塗觀念，會改變事實及我們生活於其中的環境，甚至摧毀我們的文明。

　　當前有關中國道路的爭論證明，哈耶克的話真是至理名言。

　　中國在過去四十年改革開放中所取得的巨大成就，有目共睹，無人否認。中國用幾十年的時間就走過了西方世界幾百年走過的路，這也是事實。但在如何解釋這一成就的問題上，不同人有不同的答案，甚至存在着尖銳對立的兩種不同觀點。

　　一種觀點認為，中國之所以如此成功，是因為中國走了一條不同於西方發達國家的獨特道路：威權的領導體制，強大的政府干預，龐大的國有企業，有效的產業政策。與此相反的另一種觀點則認為，中國的成功靠的是市場的力量、私有企業的發展和企業家隊伍的崛起，與西方發達國家曾經走過的路沒有什麼本質的不同。前一種觀點可以稱之為「中國模式論」，後一種觀點可以稱之為「普世模式論」。普世模式論並不否認中國有自己的特色，正如每個國家都有自己的特色一樣，但認為這些特色只是事實，與其說是中國成功的原因，不如說是需要通過不斷改革解決的問題。

中國未來的道路怎麼走，很大程度上取決於我們相信哪一種解釋。如果我們相信「中國模式論」的解釋，中國就會走回頭路：進一步強化威權領導，增加政府的權力，擴大國有部門，不斷用產業政策指導經濟。結果是，過去幾十年市場化改革的成果將被逐漸摧毀。

　　如果我們相信「普世模式論」的解釋，中國將會繼續在市場化和法治化的道路上前行，國有部門不斷收縮，私營經濟不斷擴展，企業家精神得到更有效的發揮，中國一定能成為一個自由、民主、法治的市場經濟國家。

　　我自己相信「普世模式論」的解釋。在我看來，「中國模式論」不僅不符合事實，而且是有害的。它從靜態的橫向比較得出錯誤的結論，沒有理解市場化是一個過程。對經濟增長而言，最重要的不是一個經濟體現在處於什麼樣的市場化水平，而是它向什麼樣的方向邁進。與西方發達國家相比，中國政府在經濟發展中起的作用確實大得多，市場遠沒有在資源配置中起到決定性作用。但這不是過去四十年中國經濟增長率遠高於西方發達國家的原因。恰恰相反，中國經濟增長率之所以高，是因為改革開放使得中國有機會利用了發達國家過去三百年積累的技術，這些技術之所以存在，是因為西方發達國家比我們更早地實行了自由經濟體制。正如哈耶克曾經指出的，正是那些經由發達國家耗費大量經費、時間、精力等而形成的免費賜予性知識，使得一些後發國家能在幾十年內就達到西方國家耗用數百年才能達到的物質生活水平。中國的快速進步寄生於西方世界業已取得的成就。但這絕不意味着對後發國家來說，自由是無關緊要的。如果沒有市場化改革和企業家精神的釋放，中國不可能真正利用好西方世界積累的技術。改革前後的對比就說明了這一點。

中國在經濟發展上所取得的成就令每個中國人倍感自豪，但最近十來年，由於受「中國模式論」的誤導，中國在意識形態、觀念和政策上發生了一些逆轉。中國目前在國際關係中面臨的困難也與「中國模式論」有關。在西方人看來，所謂的「中國模式」實際上就是「國家資本主義」，它與市場經濟不相容，因而不能任其發展；這非常令人擔憂。

特別是，隨着中國與發達國家差距的縮小，中國的「後發優勢」正在耗竭。如果我們把中國過去四十年的成就歸因於中國獨特的道路，後發優勢終將被楊小凱先生曾經警告過的「後發劣勢」取代。避免陷入「後發劣勢」的唯一辦法是在已有經濟改革的基礎上，推進政治民主化和法治化。如果沒有政治民主化和法治化改革，不僅經濟市場化不可持續，業已取得的經濟市場化成就也不可能維持。

我始終認為，社會科學家的一個重要職責是通過創造知識和傳播知識幫助人們樹立正確的觀念。在過去的十多年裏，我在多次公開演講和多篇文章中呼籲，中國必須堅持正確的理念，繼續在自由化的軌道上行進，不走回頭路。我從中挑選出34篇彙集成本書，以「中國改革新理念」作為書名。

全書分為四編，各編的核心思想如下。

第一編「理念的力量」：人的行為不僅受利益的支配，而且受理念的支配。正確的理念利人利己，錯誤的理念害人害己。人類歷史上許多災難都是錯誤的理念導致的。民族主義也是一種理念，它可能將一個國家拖入深淵。如果理念戰勝利益，既得利益者也可以變成改革者。不知道自己的無知，會讓人犯致命的錯誤。自由的價值之一是使得「皇帝的新衣」中的那個小男孩少些說真話的恐懼，有助於打破「人眾無知」均衡，減少由錯誤信念和非理性行為導致的災難。

第二編「中國改革中的理念與領導力」:一個國家走什麼樣的道路,很大程度上取決於領導人的理念和領導力。鄧小平有正確的理念和強的領導力,因而帶領中國走上了市場化的改革道路。鄧小平最大的智慧就在於知道自己的「無知」,承認自己的「無知」。他相信市場經濟才是實現民富國強的康莊大道,並選擇了「摸着石頭過河」的漸進式改革道路。中國改革面臨的一個挑戰是,官僚系統的逆向淘汰使得有理念、敢擔當的政治家愈來愈少。中國的改革要取得最終成功,必須擺脫「中國模式」的觀念陷阱。

第三編「市場中的企業家」:「中國模式論」對中國經濟的誤讀與主流經濟學的新古典範式有關。主流經濟學的「市場失靈」理論為政府干預市場提供了錯誤的理論依據。在新古典範式的確定性世界裏,決策就是計算,企業家沒有用武之地。真實世界充滿了不確定性,最重要的決策不是基於硬數據的計算,而是企業家靠想像力、直覺、默性知識做的判斷。企業家是創新的泉源。政府既代替不了企業家,也代替不了資本家。中國現在的體制適合套利,不適合創新。用產業政策推動創新注定會失敗。唯有法治國家才可能成為創新型國家。共同富裕現在是中國政府追求的一個目標,但我們必須認識到,企業家是創造財富的主要推動力,普通民眾是市場經濟的最大受益者,沒有企業家,就不可能有共同富裕。

第四編「法治中國與個人自由」:中國離真正的法治社會還有很長的路要走。法治不等於律法之治。法治社會以法律的合理性和正當性為前提;法律不符合天理,就不可能有真正的法治。法治的目的是保護個人的自由和權利,中國的改革必須從功利主義轉向權利優先。追求自由是每個公民的責任。只有自由,才有創新和進步。經濟自由並不必然導向政治自由。要有真正的政治自由,我們還必須付出更為艱辛的努力。

上世紀 50 年代，計劃經濟的理念導致了中央計劃體制的確立，把國民經濟一步一步拖入崩潰的邊緣。「文革」結束後，鄧小平的理念開啟了中國改革開放的征程，讓大部分中國人擺脫了貧窮。未來的中國究竟走向何方，中國人能否活得更有尊嚴，取決於我們現在相信什麼，不相信什麼。

　　如果我在本書中表達的觀點能得到愈來愈多的人的認同，我相信，不論過程多麼漫長和曲直，中國有希望變成一個自由、民主、富強的國家。

張維迎

2023 年 8 月 18 日

作者簡介

　　張維迎，1959 年生於陝西省吳堡縣。1982 年獲西北大學經濟系學士學位；1984 年獲碩士學位，同年進入國家體改委中國經濟體制改革研究所，直接參與了對中國經濟改革政策的研究；1990 年 9 月入牛津大學讀書，1992 年獲經濟學碩士學位，1994 年獲博士學位。1994 年回國後，與林毅夫、易綱等人共同創辦北京大學中國經濟研究中心（北京大學國家發展研究院的前身）。2006–2010 年任北京大學光華管理學院院長。現任北京大學國家發展研究院博雅經濟學特聘教授，北京大學市場與網絡經濟研究中心主任，兼任亞布力中國企業家論壇首席經濟學家。2002 年，獲 CCTV「中國經濟年度人物」；2008 年，選入中國經濟體制改革研究會評選的「改革 30 年，經濟 30 人」；2011 年，因對雙軌制價格改革的開創新研究榮獲第四屆「中國經濟理論創新獎」；2013 年，獲得網易財經「年度最有影響力經濟學家獎」。《市場的邏輯》英文版曾於 2016 年和 2017 年兩次入圍「哈耶克獎」後選名單（finalist）。

第一編

理念的力量

1　人類為什麼犯錯誤？

　　我這幾年一直在思考一個問題：人類為什麼會犯錯誤，甚至是災難性的錯誤？我得出的一個基本結論是，人類犯錯誤有兩個基本原因，第一個原因是由於我們的無知，第二個原因是因為我們的無恥。當然，從佛教的觀點看，無恥本質上也是無知的表現，即不知道自己的根本利益所在。

　　好心幹壞事就是由於無知，不知道我們採取某種行動的後果而犯的錯誤。父母出於愛而干涉兒女的婚姻導致的愛情悲劇，就是一個例子。也有大量的人是壞心幹壞事。為了個人的私利損害他人，就是由無恥導致的錯誤，比如秦始皇的焚書坑儒。

　　當然現實中，大量的錯誤是無知與無恥結合的產物。文化大革命就是多數人的無知和少數人的無恥共同造成的。少數人為了權力鬥爭發動了這場運動，多數人由於無知而積極參與，等明白過來悔之晚也，結果造成了一場毀滅人性、毀滅文化的歷史大悲劇。而且我想提醒大家的是，人類歷史上多數人的無知和少數人的無恥相結合導致的災難是非常多的，代價也是巨大的。

---

*　本文是作者於 2011 年 11 月 26 日在《中國經濟學家年度論壇暨中國經濟理論創新獎（2011）頒獎典禮》上的演講稿。

比如 1900 年的義和團運動，拳民們以為修煉 100 天、念念咒語就可以刀槍不入，這是無知。對慈禧太后和剛毅、惇親王載濂、端郡王載漪、輔國公載瀾、莊親王載勛這些滿清統治者來說，既有無知的一面，更有無恥的一面。他們想利用義和團運動進行宮廷權力鬥爭，鞏固自己的統治地位，這是無恥。清廷中也有很多人將義和團當成升官發財的好機會，也是無恥。結果是生靈塗炭，民族危亡。李鴻章、劉坤一、張之洞、袁世凱等人搞「東南互保」，是因為他們比慈禧太后等人更明白一點，從而使整個東南中國避免了義和拳運動的影響和外強的入侵。

再比如 1958 年開始的大躍進。發起大躍進，全民煉鋼鐵，吃大鍋飯，可以說是無知的表現，但是大躍進當中，那麼多的浮誇、虛報，什麼畝產一萬斤、十萬斤等等，就不僅僅是無知，而是無恥了。結果是三千多萬人餓死。為了保官位而虛報浮誇，視民眾如草芥，即使看起來是無奈，實際上是無恥的表現。

人類歷史上由於無知導致的最大災難是什麼呢？就是在佔世界人口三分之一多的國家自上而下強制實行的一種制度，這種制度我們叫它「計劃經濟」。

我們現在很難想像，為什麼當時那麼多聰明的學者，那麼多高智商的政治家、政府官員，居然能夠相信中央集權的計劃機關能夠告訴全社會應該生產什麼，怎麼樣生產，為誰生產，每種產品應該定多少價格呢？但那個時候，這些人對這個制度是深信不疑。仔細想一下，搞計劃經濟不僅是無知，而且是無知到不知自己無知。老子告誡我們：不知知，病也。明明自己不知道，還以為自己知道，由此導致巨大的經濟和社會災難，真是可悲至極！

中國改革新理念

我特別想提醒一點，當時搞計劃經濟的理論依據，不僅僅是來自傳統的馬克思主義學者，也來自西方的主流經濟學家。芝加哥大學的波蘭籍經濟學家奧斯卡•蘭格（Oskar Lange），就是用新古典經濟學模式論證計劃經濟是可行的。他把新古典經濟學為證明市場的有效性而做出的假設當作現實本身，宣稱中央計劃可以模擬出競爭市場體制，像市場一樣有效地配置資源。結果，蘭格被認為是有關社會主義計劃經濟可行性大論戰的勝利者，受到主流經濟學家的推崇，而米塞斯（L. Mises）和哈耶克（F. Hayek）等反對計劃經濟的學者則成為人們譏諷的對象。[1]

我們仔細想一想，真的太可笑了。計劃機關要收集好多的信息，這怎麼可能？更不用說，經濟是一個動態過程，在沒有市場和企業家的情況下，所設想的信息根本就不存在。想一下，在 iPad 沒生產出來的時候，怎麼統計對它的需求呢？主流經濟學家根本沒有搞明白市場究竟是怎麼運行的，但他們以為自己明白。

這個例子也告訴我們，怎麼樣正確對待科學？科學總的目標是減少人類的無知，但是科學的研究有時候也會增加我們的無知。比如說，一直到 19 世紀早期的時候，歐洲的醫生、植物學家仍然號召各國砍樹，目的是改善公共衛生。為什麼呢？根據科學家的研究，好多傳染疾病是由於蒼蠅、蚊子傳染的，把樹砍了以後，蒼蠅、蚊子沒地方呆了，疾病就可以減少了。這是科學家提的建議。幸運的是，人們很快發現，這樣做導致的是生態災難。

---

1 關於這場大辯論的詳細情況，參見赫蘇斯•韋爾塔•德索托《社會主義：經濟計算與企業家才能》，吉林：吉林出版集團有限公司，2010 年版。

看一下我們現在，問題更為嚴重。那麼多的社會「工程」，這個工程那個工程，甚至有什麼「國家創新工程」，「培養 1,000 個喬布斯工程」。我們以為科學的創造、自主知識技術的開發、企業家的成長，可以像工程師設計大樓一樣設計出來。用工程師的思維來思考社會問題本身就是無知的表現。

現在回顧一下我自己對價格改革的認識。在 1983 年下半年開始準備碩士論文，研究價格改革的時候，我驚訝地發現，幾乎所有的經濟學家和政府官員都認為正確的價格是可以計算出來的，所謂價格改革就是政府怎麼調價。分歧在什麼地方呢？分歧在是應該按照勞動價值定價，還是按照生產價格定價，或者按「均衡價格」定價？還有一個爭論，就是「大調」一步到位，還是「小調」分步逐步到位？但很少有人懷疑價格本身不能由政府計算出來。

政府高層決策者也深信這一點，所以 1981 年成立了國務院價格中心，找了五十多位經濟學家和價格專家、電腦專家，買了大型電腦，收集了全國的投入產出數據，編制出投入產出表。這確實有點不可思議，但是當時大家很虔誠，相信合理的價格肯定能計算出來。中央領導等着，什麼時候理論價格計算出來了，我們就可以調整價格了。當然，這個正確的價格一直計算不出來，或者即使計算出來了也沒人敢相信它。這是我當時了解到的情況。

我從一開始就對政府計算價格的能力有懷疑。在我看來，合理的價格怎麼能計算出來呢？我花大量的時間思考這個問題：究竟一個正確的價格怎麼樣形成？我的基本結論是，只要是政府制定的價格就不可能是真正的價格，價格只能在交易市場中形成。我當時用了一個比喻，政府定的價格，類似用不脹

鋼（Invar）做的一個溫度計，即使初始確定的溫度指數是準確的，但之後外邊的溫度怎樣變化，溫度計本身不反應，已經沒有意義了。

所以，中國的價格改革，無論大調還是小調都不能解決問題，絕不應該把「寶」押在價格調整上。我當時提出一個思路，唯一的辦法就是「放」。怎麼放價格呢？就是通過雙軌制逐步放開。

雙軌制的思路其實很簡單。按當時的實際情況，將計劃指標固定下來，不再擴大，這就有了計劃內和計劃外。計劃內指標按照官價交易，計劃外產品的價格全部放開，這就形成同一產品的雙軌價格。接下來的工作就是用各種各樣的措施（包括先調後放），如何使得計劃內部分逐步消失，最後都變成完全的市場價格，那是技術性問題。

為什麼不能把價格一下子都放開？原因有兩個：一是因為我們無知，二是要照顧既得利益。市場定價就是企業定價，但當時的國有企業已經習慣於政府定價，一次放開震動太大，會使企業無所適從。用我當時的話說，「放活市場，企業要由生產型轉變為生產經營型，這就類似要讓一個從來沒有離開過父母的孩子獨立生活，總得有個適應過程。」另一方面，牌價供應的原材料和生活資料本身就是企業和城市居民的既得利益，改革要尊重既得利益，雙軌制就是在尊重既得利益的前提下逐步走向市場經濟。

這就是〈以價格體制的改革為中心帶動整個經濟體制的改革〉一文的基本內容。這篇文章完成於 1984 年 4 月 21 日，比莫干山會議早四個多月，刊印在國務院經濟技術中心能源組於 1984 年 6 月出版的內部刊物《專家建議》第三期，是我入選莫

干山會議的論文。[2] 莫干山會議之前，我已有了第二稿，發表在
《內蒙古經濟研究》1984 年第四期，那是個公開的刊物。

我提到這個故事，意思是如果我們認識到人類本身的無
知，解決體制問題的辦法就可能有不同的思路。如果我們以為
我們自己知道得很多，以為我們非常的聰明，我們實際上就會
把大量的時間，浪費在那些對我們所面臨的問題沒有答案的方
面上。就價格改革來説，如果我們以為我們知道什麼是合理的
價格，我們要做的就是怎麼調整價格，走進死胡同。如果我們
承認不知道什麼是合理的價格，思路就自然轉到了如何放開價
格上來，才會有雙軌制的改革思路。

今天也有類似的問題。比如，根據凱恩斯主義宏觀經濟理
論，好多人認為我們對貨幣、就業、通貨膨脹之間的關係知道
得很清楚，我們知道什麼時候應該降低利率，什麼時候應該提
高利率。是這樣嗎？過去幾十年、特別是近幾年的歷史證明，
不僅是中國，全世界各國的經濟學家和政府對宏觀經濟變量之
間的關係是很無知的。

無知的情況下最好的政策是什麼？以不變應萬變，不要那
麼瞎折騰，一會兒看着經濟低迷了，大量放水；一會兒看着通
貨膨脹來了，猛抽信貸。不承認無知使我們付出了巨大的代價。

再看產業政策。好多政府部門仍然相信，政府可以知道未
來什麼是核心產業、主導產業，我們應該怎麼樣發展。從歷史
來看，在制定產業政策中我們犯了太多太多的錯誤。其實我們
根本不知道，究竟什麼是未來的主導產業，什麼是未來技術發

---

2 「莫干山會議」指 1984 年 9 月初在浙江省德清縣莫干山舉行的「全國中青年經濟
  科學工作者研討會」，此次會議對隨後的中國經濟改革產生了重要影響。

展的方向，這些工作只能留給企業家去探索。寧波市計劃出錢培養一千個喬布斯，更表現出太無知，卻以為自己知道。回到老子的話，我們有病。

其實，政府的產業政策經常變成無知者與無恥者合謀攫取公共資源的尋租手段。某些個人或企業出於自身利益忽悠政府，負責分配資源的政府官員搞不明白，幾千萬甚至幾億的資金就撥下去了。還有一種情況是，起先由於政府部門的無知投錯方向投錯了人，但為了掩蓋自己的決策錯誤又繼續追加投資，錯上加錯，從無知走向無恥。幾年前暴露的上海交通大學某教授的自主知識芯片開發就是一個典型的例子。這樣的例子應該不在少數。

為什麼要搞市場經濟呢？原因其實很簡單：市場經濟才可以避免由於多數人的無知和少數人的無恥相結合導致的人類災難。市場經濟是分散決策，資源也分散在眾多的所有者手裏，即使少數當權者出於自身的利益想搞大運動（如全民煉鋼），他們動員不了那麼多資源。如果當年搞市場經濟而不是計劃經濟，會有大躍進嗎？會死那麼多人嗎？肯定不會！市場經濟下有貧富差距，地震可以死人，龍捲風可以死人，但不會因為糧食短缺而餓死人。

市場經濟其實也減少好多的無知。在市場中，正確的知識、對未來判斷的準確程度決定利潤的大小，決定成敗，這就給企業家一個動力：怎麼樣減少自己的無知。市場是企業家不斷地發現、創造、加工信息的過程。這些信息在沒有企業家的計劃經濟下是不存在的。

市場經濟也使我們的自利行為不變成傷害他人的無恥行為。市場就是好壞別人說了算，而不是自己說了算。在競爭的

市場當中，你要謀求自己的利益，首先要給他人創造價值，給消費者創造價值，給客戶創造價值。市場競爭就是為消費者創造價值的競爭。而在計劃經濟下，謀取個人利益的最好手段是損害他人，攫取別人的勞動成果，佔別人的便宜。

這就是我們需要市場經濟的原因。如果說當年搞計劃經濟是因為無知，現在再搞計劃經濟就是無恥了。

我怎麼保證我以上所說的不是由於自己的無知甚至無恥才這麼講的呢？解決這個問題唯一的辦法，就是思想自由，學術競爭。

任何一種思想，無論是哲學的還是宗教的，無論創始人多麼偉大，無論在創造時多麼正確，一旦取得法定壟斷地位，就會變成無知的助推器，無恥的保護神，就會滋生無知和無恥給人類帶來的災難。

所以我們的希望在於我們未來的學術環境。如果我們能夠有學術自由，如果我們允許思想競爭，我們就會少一點無知，少一點無恥，少一點災難。

2 經濟學中的利益和理念

　　經濟學一般被認為是研究利益的，經濟學家認為人的行為
是由利益支配的，理性人知道自己的利益所在，每個人追求自
己的利益，每個人的選擇都是明智的，所有我們觀察到的行為
都可以用「利益最大化」給出合理的解釋。這就是我長期以來
在經濟學中學到的東西。

　　但我一直有一個困惑：我們為什麼需要經濟學家？就是
說，既然有沒有經濟學家這個世界上每個人行為都是一樣的，
既不更好也不更壞，那我們要經濟學家幹什麼？如果我們經濟
學家不能夠使這個社會變得更好，那麼我們使用社會資源所做
的這些事情可能就是沒有意義的。我們這樣一個經濟學的假
設，事實上也沒有辦法解釋我們人類為什麼犯那麼多的錯誤，
包括為什麼在那麼長的時間內，世界上有三分之一的人選擇了
一種經濟制度，這個經濟制度被稱為「計劃經濟」，它給生活在
這個制度下的人們帶來了多重的災難。我們甚至沒有辦法解釋
我們經濟學內部的一些基本問題。我知道今天有一位非常令人
敬重的諾貝爾獎得主薩金特（T. Sargent）教授坐在這裏，他是
理性預期學派的重要代表人物。但我也有一個困惑，按照理性
預期學派的觀點，任何預期到的經濟政策是不能起作用的。但

---

*　本文根據作者 2013 年 12 月 16 日在「2014 網易經濟學家年會暨網易年度最具影響
　力經濟學家獎頒獎典禮」上的演講整理而成。

假如這樣想的話，每一個政府官員也應該有理性預期，如果他們預期到政策不會起作用，為什麼還要制定政策呢？這也是我長期的一個困惑。

過去幾年，我愈來愈認識到，支配人的行為的背後不僅有利益，而且有思想、理念和意識形態。也就是說，人們選擇做什麼，不僅受到利益的影響，也受到他們相信什麼、不相信什麼的影響。或者更準確地說，人們是通過觀念來理解自己的利益的，而人的認識有限，觀念可能發生錯誤，這樣的話，他們就會做出對自己不利的決策。

這當然並不是我自己的觀點，也談不上新。事實上，二百多年前，英國啟蒙思想家、經濟學家大衛·休謨（David Hume）就說過，儘管人是由利益支配的，但利益本身以及人類的所有事務，是由觀念支配的。凱恩斯（John Maynard Keynes）在《通論》中有一段非常著名的話，他說：「經濟學家和政治學家的思想，不論它們正確與否，都比一般所想像的更有力量。的確，世界就是由它們統治的。實用主義者自認為他們不受任何學理的影響，其實他們經常是某個已故經濟學家的俘虜。自以為是的當權者，他們的狂亂想法不過是從若干年前某個拙劣的作家的作品中提煉出來的。我確信，和思想的逐步侵蝕相比，既得利益的力量被過分誇大了。……或遲或早，不論好壞，危險的東西不是既得利益，而是思想。」[1]

我們也知道，與凱恩斯站在完全不同立場上的另一位著名經濟學家米塞斯說過這樣的話：「人所做的一切，是支配其頭腦的理論、學術、信條和心態之結果。在人類歷史上，除心智

---

1 見約翰·梅納德·凱恩斯《就業、利息和貨幣通論》，第 400 頁（這裏的譯文略有不同），商務印書館，2009 年版。

之外，沒有一物是真實的或實質性的。」「一般認為，社會學
術的衝突是由於利益集團的衝突。如果這種理論成立，人類合
作就沒有希望了。」[2] 米塞斯還說：「沒有思想的行動和沒有理論
的實踐，都是不可想像的。」「人的行動受各種意識形態的指
導，因而社會和社會事物之任何具體秩序皆是某種意識形態的
結果。……任何現存的社會事物都是現存的某種意識形態的產
物。在某一社會裏會出現新的意識形態並可能取代舊的意識形
態，因而改變社會制度，但是社會總歸是秩序和邏輯上事先存
在之意識形態之產物，行動總是受觀念的引領，它將預先考慮
好的事務付諸實施」[3]。

在《自由憲章》一書中，哈耶克說：自由主義的一個基本
信念是，從長遠看，是觀念，因而是創造觀念的人，在支配着
演化。[4]

我引證這幾位偉大的學者的話只是說明一個問題，人類
的行為不僅僅是受利益的支配，也受觀念的支配。也正因為這
樣，好多出於利益的行為經常打着觀念的旗號。

如果我們承認這一點，我們經濟學家就大有用武之地。簡
單來說，人類的進步都來自新的思想、新的理念。經濟學家的
任務就是通過我們自己的研究改變人們的觀念，使人們能更好
地認識到自己的根本利益所在。比如說，我剛才提到的人類在

2　以上兩段引文，英文原文見 Ludwig von Mises. *Money, Method and the Market*
　　Process. p. 289 and p. 298. Selected by Margit von Mises and edited with
　　introduction by Richard M. Ebeling. Auburn, Ala: The Ludwig von Mises Institute,
　　Norwell, MA: Kluwer Academic Publishers. 1990.
3　以上兩段引文分別見路德維希・馮・米塞斯《人的行動》，第 195 頁和第 206–207
　　頁，上海：世紀出版集團上海人民出版社，2013 年版。
4　英文原文參閱 F. A. Hayek. *The Constitution of Liberty*. p. 178. Chicago: University
　　of Chicago Press. 2011(1960).

那麼長的時間內選擇了那麼一個糟糕的計劃經濟制度，並不是由於人們不在乎他們的利益，而是因為他們不明白他們的真正利益所在。他們以為計劃經濟可以給他們帶來最大的利益，而我們現在知道，實際上這是一個非常錯誤的理念。正是這樣一個錯誤的理念，導致了人類歷史上一個巨大的災難。

經濟學家從很早開始，其實就完成着這樣的任務，就是改變人的觀念。二百多年前亞當‧斯密（Adam Smith）讓我們認識到市場是人類最有效的合作制度，人的自利行為對社會本身並不是一件壞事，如果我們有真正的私有財產制度和充分的市場競爭的話。我們中國經濟學家過去三十多年對我們的社會或者說對我們人類做的主要貢獻，就是讓我們中國人開始接受二百多年前亞當‧斯密已經提出來的市場經濟理念。中國經濟學家使我們破除了對人民公社的迷信，破除了對計劃經濟的迷信，使我們不再相信鐵飯碗、大鍋飯的平均主義制度是一個好制度。中國經濟學家也使我們中國的民眾相信，自由競爭、自由價格、私有產權、企業家精神，這些對任何一個經濟的進步都是不可或缺的。由此才推動了我們的改革，使得中國經濟取得了飛速發展。

經濟學家要完成這樣一個任務，就必須有真正獨立的精神，因為正如米塞斯所說的，儘管人類可以合作行動，但是人類只能個人思考，社會不會思考，人類的新思想總是從一些少數人開始的。或者可以這樣說，我們之所以說一種觀念、一種思想是新的，就是因為它是絕大多數人所不認同的。大多數人是根據已有的傳統的思想在思考。

米塞斯曾經談到，信仰普通人並不比信仰上帝、僧侶和貴族的超然天賦更有根據。民主保證的是一個依靠大多數人之願望和計劃的政治制度，但它並不能防止多數人成為錯誤觀念

的犧牲品，從而選擇不當的政策，以至無法達到目的，而且還會招致災難。[5] 大多數人也可能犯錯誤並毀滅我們的文明，好事不僅僅靠它的合理性和有利就能成功，只有當世人最終採納並支持那些合理而又可以實現目的的政策時，我們的文明才會增進，社會和國家才能使人更加滿足。

所以經濟學家只有在他保持真正的獨立精神、真正充滿一顆自由的心的時候，他所提出的觀點才是值得重視的，他才有可能對人類的進步作出貢獻。在經濟學裏，有一個很重要的思想是關於壟斷的，在法律上有一部很重要的法律是《反壟斷法》。我曾發表過一篇文章，認為反壟斷法所反的東西很多是真正的競爭，這其實與經濟學家對競爭和壟斷的錯誤定義有關。我也說過，我們真正需要反的壟斷只有一種，這就是政府強加的壟斷，因為自由競爭不會產生持久的、真正的壟斷。但我這裏要特別談論到一個壟斷，是我們必須要反的，這就是思想的壟斷，也就是有一種思想要主導一切，要統治一切，使我們沒有辦法去跟它競爭，沒有辦法提出跟它不一樣的思想。我認為這種思想的壟斷對人類的損害是災難性的，因為它阻礙了新思想的出現，也就是阻礙了人類文明、人類進步的星火。任何時代只要思想是自由的，人類就會取得更大的進步；如果思想是不自由的，人類就會停滯。

今天，我們確實面臨着這樣的問題，好在即使生活在不自由世界的人，仍然可以享受自由世界所創造的技術、觀念，這是拜托經濟的全球化和互聯網給我們帶來的好處。但我們始終不應該忘記，人類觀念的進步一定是從少數人開始的，如果我

---

5 參閱路德維希·馮·米塞斯《人的行動》，第 212 頁，上海：世紀出版集團上海人民出版社，2013 年版。

們的社會不能對少數人的思想提供真正的寬容，我們的社會不可能有真正的進步。中國的歷史上有很好的例子說明這一點。兩千多年前，在孔子生活的那個時代，孔子的思想並不被各國的君主所認同，甚至也不被普通老百姓所認同，所以他周遊列國如喪家之犬，當他掉在陷阱裏的時候，一位老農民說他是四體不勤，五穀不分，還談得上什麼夫子？幸運的是，當時各國的君主並沒有封殺他的言論自由，所以他的思想仍然能夠傳播開來，最終成為中華文化的基石。後來到了秦始皇的時代，出現了「焚書坑儒」，思想受到禁錮，由此導致了巨大的災難。這段歷史，我們永遠不應該忘記。

3 既得利益者是否能變成改革者？

　　既得利益者是否能變成改革者？我對這個問題的回答是正面的。人們普遍認為既得利益者是改革的最大阻力，這一點當然沒有錯。但是如果我們看一下中外歷史，許多成功的改革，甚至革命，都是既得利益者推動甚至領導的。如果既得利益者不能變成改革者，改革是沒有希望的。只有當既得利益者有可能變成改革者的時候我們才有希望。

　　為什麼既得利益者可能變成改革者？我總結有三個理由。

　　第一，理念的力量。我們人的行為並不完全是由所謂的物質利益支配的。人之所以是人，是因為他會思考、有價值觀、有理性，他的價值觀和思考當然會影響他的行為。所以，啟蒙思想家大衛•休謨在兩百多年前就說過，儘管人是由利益支配的，但是利益本身以及人類的所有事物是由觀念支配的。縱觀歷史，許多偉大的變革都是由觀念的變革引起的。

　　古希臘雅典民主政治的主要推動者是梭倫（Solon）和伯里克利（Pericles）。他們兩人都是大貴族，但把選舉權推廣到普通公民。為什麼？因為理念。美國獨立戰爭後喬治•華盛頓沒有

---

*　本文根據作者於 2013 年 2 月 22 年在亞布力中國企業家論壇第十三屆年會上的演講整理、修改而成。

當皇帝，當總統也只當兩任，然後就回家種地，是出於他的理念，而不是他的利益。鄧小平文革之後發起一系列改革，包括廢除領導職務終身制，也是基於他的理念，而不是利益。戈爾巴喬夫在前蘇聯進行改革也是理念使然。

我們談到法國大革命，總說它是資產階級革命，其實法國大革命最重要的推動力量是舊制度下的貴族。啟蒙運動是貴族性質的，知識階層當中的好多人來自貴族，《百科全書》160 位作者中 30 位來自老貴族，幾乎所有的啟蒙運動期間的沙龍都是在貴族的家中舉辦的，盧梭 30% 的通信者、伏爾泰 50% 的通信者，都來自於貴族階層。廢除貴族的大革命是由貴族自身努力的結果；受到威脅的精英們，在困境中產生了一些新的思想，它就為大革命提供了靈感。大革命領導人米拉波（Honoré Gabriel Riqueti）本身就是貴族出身。

再看我們中國近代的革命。中國共產黨我們叫「工人階級政黨」，其實中國共產黨的締造者和早期領導人基本都是舊體制下的「既得利益者」或他們的後代，這些既得利益者包括地主、富農、資本家、軍閥、政府官員、知識分子等，因為工人家庭不可能有錢送孩子上學、出國。他們鬧革命不是因為工人階級要鬧，而是因為他們接受了一種新的理念，這種理念就是馬克思列寧主義，而馬克思和列寧本人也不是來自工人階級家庭。馬克思的父親是一位很有錢的律師，岳父是普魯士的貴族，他的合作者和贊助商恩格斯本人就是一位資本家，有好幾個工廠。馬克思本人過的也不是無產階級的生活，他在寫《資本論》的時候每年的生活費 400 英鎊左右，而當時英國最富有的十分之一的人年平均收入是 72 英鎊，這些生活費用，按馬克思自己的理論說，是來自工人創造的「剩餘價值」。早期中國共產黨領導人只有一個工人出身，但是我們也知道他後來背叛了。

我們再看一下廢除黑奴運動的歷史。廢奴運動主要由白人發起的，最早反對黑奴制的是天主教會，因為按照基督教精神，上帝對所有人一視同仁。1775 年，在費城成立了美國第一個反黑奴制協會，1781 年起，本傑明•富蘭克林（Benjamin Franklin）一直擔任該協會的名譽主席直到去世。英國是反黑奴的一個重要力量，從 18 世紀開始，英國國教內部的福音派、貴格會都在推動廢除奴隸制。1783 年貴格會向議會請願廢除奴隸制，之後工人階級也參與進來。1807 年英國議會廢除了大英帝國的販奴貿易，1833 年英國政府終止了殖民地的販奴貿易，並派遣軍艦在海上攔截販奴船隻。1838 年英國政府廢止《黑奴學徒制度》，最終英國解放了 70 萬奴隸，為廢奴花費了 2,000 萬英鎊。

類似地，20 世紀早期中國婦女的放腳運動，並不是婦女努力的結果，而是男人努力的結果。康有為、梁啟超這些人當時起了很大作用，因為對他們來說，纏腳是國恥，有損中華民族的國際形象。

這就是理念的力量！

第二，既得利益者之間是有博弈的。我們談論既得利益者的時候，有一個錯誤的假定，好像他們是一個整體，團結得像一個人一樣，有一個共同的目標，會全體一致地為捍衛自己的利益而努力。其實不是這樣。既得利益者內部是分成好多派的，不同派別之間的利益衝突可能遠大於他們與被統治階級之間的利益衝突，他們之間的鬥爭可能是生與死的問題。既得利益者之間的鬥爭往往會成為制度變革的重要力量。我舉幾個例子。

首先看一下西方政教分離的歷史。政教分離是西方現代民主制度一個重要基礎。歐洲中世紀早期，政教合一，主教由國

王任命，教會並不真正獨立。政教分離是後來教會和統治者相互鬥爭的結果。11世紀教皇格里高利七世（1073–1085在位）就職後，決定在教會內部推行一系列改革，解決教會的腐敗問題，但受到教職人員的抵制。為消除改革的阻力，格里高利七世宣佈收回國王罷免主教的權利。聖神羅馬帝國皇帝亨利四世要將他罷黜，格里高利七世的回應是將亨利四世逐出教會。教皇與皇帝的鬥爭持續到下個世紀，格里高利的繼任者再次將亨利四世和其兒子亨利五世逐出教會，皇帝再次罷免教皇，扶植自己的候選人成為對立教皇。最終雙方於1122年達成《沃爾姆斯宗教協定》：皇帝基本放棄敘任權，教會承認皇帝的世俗統治權。

法國大革命是法國貴族相互鬥爭的產物，在革命前法國最重要矛盾是國王和貴族之間的矛盾，國王不斷剝奪貴族的特權，引起貴族的不安和不滿。而貴族之間也有很多矛盾，比如親王與宮廷貴族的矛盾、老貴族與新貴族的矛盾，鄉村貴族與城市貴族的矛盾，佩劍貴族（軍事貴族）與司法貴族（穿袍貴族）的矛盾。即使在大革命之後的19世紀上半期，保皇派和共和派都是這個社會的精英和既得利益者，但正是他們之間的鬥爭推動了法國民主制度的建立。

英國在19世紀之前的憲政改革、法治建設，主要是貴族和國王、國王和教會，以及貴族之間鬥爭的結果。所謂的「光榮革命」就是貴族對國王的勝利。

我要特別舉一個例子，是公司制度的發展。在19世紀中期之前，西方各國創辦公司都是一種特權，也就是說，只有你得到國王或者議會的特許，你才能組建公司，只有少數有權有勢者才能得到這樣的特權，一般人是沒有辦法成立公司的。所以公司本身就意味着壟斷，如東印度公司壟斷對東方的貿易。

這時候在精英當中就形成了不平衡，引起其他既得利益者的不滿，最後精英鬥爭的結果是，把成立公司由特許制變成註冊制，任何人都有權創辦公司。這一變化英國在 1844 年完成，法國在 1867 年完成，美國在 1850 年這個階段完成（美國公司註冊由州法律規定）。

更一般地，根據諾斯等人的研究，西方國家的法治和民主，首先是在貴族內部實施的，也就是說貴族內部先有了法治和民主，然後再逐步推到了整個社會。這類似我們現在提出的先搞黨內民主，再搞黨外民主。他們那個時候是先貴族內，後貴族外。

為什麼貴族要實行法治和民主？因為在專制的體制下，既得利益者雖然有特權，但是他們沒有人權，他們相互鬥爭，其實都是在相互摧殘。普通老百姓在專制體制下感覺到不安全，但其實最不安全的人不是普通老百姓，而是特權者自己。他們有時候是人上人，但突然之間就可能變成階下囚，甚至人頭落地。時間長了他們認識到這樣的制度對誰都不好，還是應該用權利保證每一個人的利益、每一個人的安全。實行了法治之後，統治者可以下台，但是被換下來的統治者仍然有安全感，仍然有人身自由，仍然可以過很好的生活，至少沒有性命危險。而在舊的體制下，既得利益者很少有好下場，即使你能平安地着落，着落之後你仍然沒有行動的自由。這是既得利益者為什麼最終要實行法治、實行民主的重要原因。

第三，改革是避免革命的最好辦法。經濟學家阿森莫格魯（D. Acemoglu）和羅賓遜（J. Robinson）對此做了系統的研究。

以英國為例。英國真正的民主化是從 1832 年通過的《第一改革法案》開始，這一方案將普選權擴大到中產階級。在 1832

年前英國爆發了持續的暴亂和群體性事件，包括我們都知道的盧德運動。歷史學家一致認為，1832 年改革法案的動機，就是為了避免大的社會動盪甚至革命。據說，經濟學家詹姆斯·穆勒（James Mill）等人在說服政府認識到危機方面發揮了重要作用。

但 1832 年的改革並不能滿足普通大眾對民主的要求。1838 年之後，英國工人階級就發起了改革議會的憲章運動，提出了男性普選權、廢除選舉權的財產限制、實行議員薪酬制（議員不拿薪酬的情況下低收入者就當不起議員）等要求。憲章運動持續到 1848 年，雖然沒有成功，但是對之後的改革產生了重要的影響。

隨着改革的壓力愈來愈大，1867 年，英國議會終於通過了第二改革方案，將選民人數從 136 萬擴大到 248 萬，從而使得工人大眾成為城市選區的主體。這一改革法案是多種因素作用的結果，其中最重要的是嚴重的經濟蕭條增加了暴亂的威脅，以及 1864 年「全國改革聯盟」（the National Reform Union）的成立和 1865 年「改革聯合會」（the Reform League）的成立，都使得政府認識到如果不改革就是死路一條。

1884 年英國議會通過第三改革法案，將原來只適用於城市選區的投票規則擴大到鄉村選區，使得選民人數增加了一倍，從此之後，60% 的成年男性有了普選權。導致這一法案出台背後的因素仍然是社會動亂的威脅。

第一次世界大戰的時候，英國在 1918 年通過了《人民代表法案》，這個法案將投票權擴大到年滿 21 歲的男性和年滿 30 歲女性納稅人。這一法案是在大戰期間協商的，在一定程度上反映了政府調動工人參戰和生產積極性的需要，也很大程度上受到了 1917 年俄國十月革命的影響，因為俄國發生十月革命之

後，英國政府也擔心發生革命，最好的辦法就是主動實行民主化改革。1928年，英國婦女獲得了與男性同等的選舉權。

縱觀歷史，我們看到英國的民主化過程中儘管有一些其他的因素也在起作用，但是社會的動亂、社會革命的威脅是英國建立民主制度的主要的驅動力。也正因為如此，我們看到英國的民主化是一個漸進的過程，每一次的讓步只是滿足當時「威脅者」、「鬧事者」的要求，如1832年的時候只要買通中產階級就可以有了和平，所以選舉權只擴大到中產階級；當新的威脅出現之後，再做進一步讓步，直到1928年的全民普選。

總結一下，我說的這三個因素，第一個屬於理念，後兩個屬於是利益。

但既得利益者有可能變成改革者只是一種可能性，可能性不等於必然性。既得利益者是否真的能變成改革者，取決於他們中是否有足夠聰明智慧的人，這些人是否有足夠的勇氣和領導力，是否能夠做出明智的選擇。有些非民主國家的政府習慣於用武力鎮壓的方式，對付老百姓的民主化要求，或者一開始得過且過敷衍了事，最後實在沒有辦法，才開始改革，但為時已晚（如一百年前的滿清政府），等待他們的只能是革命。

讓我用一個例子結束我的發言。喬治•華盛頓於1799年去世，他留下遺囑要求在他的妻子瑪莎去世之後，把他所有的277位奴隸都解放了。但是他妻子瑪莎在第二年就把所有的奴隸都解放了。問她為什麼，她說：「我不想生活在那些成天盼望我死的人當中」。

華盛頓解放黑奴是出於理念，他認為自由是人的基本權利。華盛頓太太解放黑奴是因為利益，她覺得自己受到威脅，有了危機感。歷史證明，在一個大的歷史變革當中，統治者最

好有華盛頓的理念。如果沒有華盛頓的理念，至少應該有華盛頓太太的危機感。如果既沒有華盛頓的理念，也沒有華盛頓太太的危機感，那事情就麻煩了。

4 不要用強盜邏輯思考國際關係

　　1792 年，英國國王喬治三世以向乾隆皇帝祝壽為名，派馬戛爾尼勛爵（George Macartney）率團訪問中國，目的是與清政府進行外交談判，擴展英國對中國的貿易和交流。英國當然希望獲取一些特權，因為當時的中國，通商仍然是一種特權，沒有政府的允許不行。

　　經過近十個月的旅程，馬戛爾尼終於來到了中國。1793年 9 月 8 日，馬戛爾尼使團一行到達乾隆皇帝的熱河行宮。雖然在覲見乾隆帝之前，曾因覲見禮儀問題雙方發生爭執，但乾隆帝對第一個英國朝貢使團因為仰慕他的天朝並前來恭賀他的壽辰，還是感到非常欣慰，馬戛爾尼一行受到殷勤的接待。隨後，馬戛爾尼以英王陛下的名義呈交了一份照會，並要和珅轉呈乾隆帝。照會要求派使臣駐北京並擴大通商；要求將貿易擴展到寧波、舟山和天津；准許英商像以前俄商一樣，在北京設立商館；將舟山附近一處海島讓給英人居住和收存貨物；在黃埔附近的長洲島建築一所醫院，供水手療養等。對這些要求，乾隆帝在給英王的兩道敕諭中一一駁回。他認為英王派使臣駐京既屬無益，且與清朝體制不符。他把允許西方各國來華貿易說成是「天朝」的一種恩惠，因為「天朝無所不有」，根本用不

---

　*　本文是作者於 2012 年 5 月 24 日為王巍主編《博物館裏說中英金融史》寫的序言。

着與他國交易。馬戛爾尼在北京及承德待了一個半月的時間，一無所獲，被「優雅」地打發走了。[1]

從今天的標準看，英國提出的這些要求即使不能說全盡合理，也不能說很過分。至少，英國人想在北京設個辦事處，想擴大貿易區，沒有什麼過分吧？

人們通常認為，歷史是不能假設的。但如果不做假設，我們很難理解歷史。設想，如果清朝政府能以平等的主權國而非「藩屬」對待英國，認真研究一下英國的要求，與其談判達成一個對等的協議，同意英國在北京設立辦事處，開放幾個口岸，同時也要求在倫敦設立一個中國辦事處，鼓勵中國商人去英國做生意，之後的中國歷史乃至世界的歷史就可能完全不同了。

我們經常把當時的西方國家稱作「列強」，既指他們的強大，也指他們是強盜。確實，中國的大門就是被這些「強盜」用「堅船利炮」打開的。但就我理解，這些列強最初來到中國還是希望按照市場的邏輯從事商貿和交流，並沒有想用強盜的邏輯征服中國。如果當時中國的當權者能理解市場的邏輯，順應全球化的大趨勢，主動開放門戶，改革體制，再有一個合適的外交戰略，中國不僅不需要割地賠款，而且完全有希望與列強平起平坐，如日本的經歷所顯示的那樣。但我們拒絕了市場的邏輯，最後被強盜的邏輯征服了。由此，我們有了現在所知道的這二百年的中國歷史。

---

1 馬戛爾尼使團回國後，寫了一本考察報告，中譯本見喬治・馬戛爾尼、約翰・巴羅《馬戛爾尼使團使華觀感》。何高濟、何毓寧譯，北京：商務印書館，2015年版。

近代中國的歷史總是與英國分不開。事實上，中國近代史從 1840 年中英鴉片戰爭開始，已是一個公認的標準。1997 年中國從英國手中收回香港的主權，被認為是雪洗了中國的百年恥辱。《博物館裏説中英金融史》一書從貨幣和金融市場的角度解讀跨越二百多年的中英關係史，對我們理解和反思中國的發展道路非常有價值，值得一讀。

這本書讓我感到美中不足的是，編撰者還是有太多的我們國人根深蒂固的民族主義情節，這使得他們在敍述歷史的時候，時常會偏離市場運行本身的邏輯，甚至有點「陰謀論」的解讀，這對我們理解真實的歷史是不利的。舉例來説，五卅運動後國人抵制外國銀行，發生擠兑，一些中國的銀行和錢莊暗中接濟英、日銀行。作者感嘆道：「在中國人的愛國主義情緒強烈爆發的五卅運動期間，中國的銀錢業不僅不「響應運動」，而且竟然敢冒天下之大不韙，暗中頻頻接濟外國銀行。華資銀行和錢莊的大力支持對英資等外資銀行渡過難關起到了一定作用。」我沒有辦法推測，如果中國的銀行和錢莊不接濟，外資銀行是否都會倒掉；如果他們倒閉了，對中國的金融和經濟究竟是好是壞。但讀到這裏我不由得想起 1989 年政治風波後的情形，當時香港居民擠兑中國銀行香港分行，匯豐等外資銀行也是出手相助了。其實，現代市場經濟下各個利益主體是一個相互依存的共同體，他們既相互競爭，又相互依存，維護市場秩序的穩定是他們的共同利益所在，我們不能從民族主義的角度理解這種現象。作者在敍述外國銀行對中國金融機構的拆借、對中國政府的貸款等商業行為時，也存在類似的、我稱之為「強盜邏輯的思維方式」。商人的利益與國家並不總是相同的，同一國家的商人之間也有衝突，這種衝突有時比他們與外國商人之間的衝突還要大。本書作者自覺不自覺地把英國的銀行當作一個統一的行為主體，這是值得商榷的。

當然，這種「強盜邏輯的思維方式」在中國近代史的編寫中是普遍存在的，因為國人至今仍然對我們在近代所受的屈辱耿耿於懷。我們雖然也怨恨自己的政府不爭氣，更憤怒於列強的不講理。也許，只有中國真正強大了，我們才能心平氣和地描述我們的歷史，就像我們現在描述春秋戰國時期的歷史一樣。但我們必須認識到，近代中國所遭的強盜邏輯之苦，與我們的「強盜邏輯的思維方式」不是沒有關係的。

　　金融博物館告訴我們的是過去的歷史，但目的是啟發我們更理性地思考未來。強盜邏輯的思維方式有助於激發我們的愛國熱情，但只有市場邏輯的思維方式才有助於我們的幸福！

5 中國人的怨恨情結

自鴉片戰爭以來，中國人對西方世界一直有一種怨恨情結。理解這一點，對理解當今的中美關係非常重要。

當然，怨恨情結，並非中國人特有。在世界近代史上，許多後起民族都對先發達起來的國家產生過怨恨。

現實的不平等滋生怨恨

怨恨，簡單地說，就是一種羨慕、嫉妒、恨交織的情緒。在《民族主義：走向現代的五條道路》一書中[1]，美國歷史學家里亞‧格林菲爾德（Liah Greenfeld）告訴我們，怨恨（resentment）這個術語是由尼采創造的，其後又由德國哲學家馬克斯‧舍勒（Max Scheler）界定和發展，它是指由受壓抑的、無法消弭的嫉妒和憎惡（生存的嫉妒）所導致的一種心理狀態。格林菲爾德指出，在現代民族的形成過程中，落後國家總歸要向發達國家學習，模仿後者。在模仿過程中，一方面，即使在模仿者看來，被模仿者也更為優越（否則，就沒有必要模仿了），另一方

---

* 本文是作者讀里亞‧格林菲爾德《民族主義：走向現代的五條道路》一書之後寫的讀書筆記，原文標題為〈後發國家的怨恨情結〉。2018 年 8 月 2 日定稿。

1 里亞‧格林菲爾德《民族主義：走向現代的五條道路》，王春華等譯，上海：上海三聯書店，2010 年版。

面，相互接觸本身往往也突顯出模仿者的低劣，所以通常的反應是怨恨。

具體地說，怨恨的產生，有兩個社會條件。第一個條件是，模仿者相信他們與被模仿者在根本上是可比的，在理論上是平等的，因而是可以相互轉換的（即趕超的可能）。第二個條件是，模仿者又感到二者之間實際上並不平等。不管群體成員的個體性情與心理構造如何，這兩個條件的存在產生了一種群體怨恨傾向。

格林菲爾德進一步指出，怨恨產生了一種抗拒外來價值的創造性衝動，最終可能導致「價值重估」，即價值標準的轉變。原來至高無上的價值被貶低，取而代之的是一些無足輕重的、外在的，甚至是原先標準中帶有負面色彩的觀念。出於自尊心，一個擁有豐富歷史文化遺產的社會不可能對外來的價值觀念來者不拒、全盤照收。怨恨常常導致本土傳統中與外來的價值觀念相對立的元素被挑選出來，並被刻意栽培，或者與外來的價值觀念抗衡，又或者在形式上將其打扮成與外來的價值觀念類似但本土「早已有之」的東西，以求得心理平衡。怨恨滋生出民族特殊主義的驕傲和仇外，給新生的民族情緒提供感情養分。

民族國家是個現代概念

在人類歷史上，族裔認同古而有之，但「民族國家」則是一個全新的概念。在漫長的歷史中，國家是統治者的私產，人們普遍認同的是王室或宗教，而非民族國家。在中世紀的歐洲，一個君王同時兼任兩個甚至多個王國的國王，就如同現在一個人可能同時兼任幾個公司的董事長一樣，並不罕見。

根據格林菲爾德的研究，英格蘭或許是人類歷史上第一個現代民族國家，它到 17 世紀初已經形成，它的核心理念是公民、自由和人民主權。這樣的民族觀念後來被 18 世紀晚期至 19 世紀中葉形成的美利堅合眾國所繼承。相對於英格蘭，其他國家如法蘭西、俄羅斯、德意志的民族國家認同形成較晚：法蘭西在 18 世紀，俄羅斯在 18 世紀下半葉，德意志在 18 世紀晚期至 19 世紀初。相對於英國和美國的公民民族主義（civic nationalism），俄羅斯和德意志的民族主義可以稱為族裔民族主義（ethnic nationalism），法國介於二者之間。

　　在現代民族國家的形成過程中，起主導作用的群體是社會、政治和文化精英（英格蘭、法蘭西和俄羅斯的關鍵群體是貴族，德意志的關鍵群體是中產階級知識分子），這些精英的觀念變成了大眾民族概念的基因。

法國人的怨恨情結

　　法蘭西是第一個有怨恨情結的民族。在 18 世紀開始之前的數個世紀，法國一直是歐洲的霸主，甚至是天主教的保護者。但在路易十四死後，法國已明顯喪失了它在歐洲的優勢地位。英格蘭突然崛起，躍居中心地位。當 18 世紀上半葉民族觀念從英格蘭引進的時候，法國人發現，英格蘭人在各方面都超越自己，儘管法國仍然有值得自豪的傑出科學家、哲學家和文學家。法國的民族愛國主義的表現是，強烈要求恢復被英格蘭奪走的優勢地位，重新贏得法國的榮耀。

　　有兩種辦法可能確保法國的卓越地位和榮耀：進行自由主義的改革，將法國變成一個類似英格蘭的國家；或者削弱英格蘭這個對手的力量。像伏爾泰和孟德斯鳩這樣的啟蒙思想家擁

護第一種辦法，他們心中沒有怨恨，認為法國有能力實行從英格蘭學到的東西，並因此可以輕鬆地超越它的榜樣兼競爭者。但這項任務比預期的更加困難，花費的時間也更長，於是親英情緒逐漸讓位給仇英情緒。法國貴族知識精英們深信，法國同英格蘭基本上可以相媲美，但現實中前者確實次於後者。英格蘭的優越地位傷害了他們的民族自尊心，在他們心中滋生了對西方（英格蘭）的怨恨。

在怨恨情緒的支配下，法國貴族知識精英一方面盜用英格蘭人的價值觀念，另一方面又對這些價值觀念進行重新評估。比如，對於民主、自由、平等這些概念，他們給出了與在英格蘭全然不同、有時甚至是截然相反的意思。他們用「一致性」取代了平等，用「主權」和「公意」取代了自由，用「集體」取代了個人，為專制主義和平均主義鋪平了道路。

對英格蘭人的怨恨導致法國人對金錢、商業活動和資本主義產生了一種本能的仇視。在法國人看來，英格蘭是一個貪婪的民族，一個「只對金屬有感情」的國家，一個資本主義社會。一個資本主義社會，一個不正義、貪婪、腐化、墮落，由商業利益主宰的民族，是不適合法國效仿的。

在對外關係中，怨恨使得法國人常常不是以法國變得強大為目的，而是以不惜一切代價削弱英格蘭為目的。對法國人來說，英國人的壞消息就是自己的好消息。法國精英和大眾對美國獨立戰爭的支持，部分是出於對自由的熱愛和對美國人民的好感，但更多地是出於對英國人的憎惡。美國脫離英國統治，是最讓法國人解恨的事。但路易十六沒有想到的是，戰爭導致的財政困難成為法國大革命的導火線，最終讓自己死在斷頭台。

德國人的怨恨情結

怨恨情結在德意志民族中造成的影響更甚。德意志的民族意識在 18 世紀晚期出現，拿破侖戰爭之後，已經扎下了根。所以說，法蘭西是德意志民族主義出現的最終原因。但這個時候，英國經過工業革命已稱雄世界，德意志還不是一個統一的國家，不僅比不上英國，甚至比法國也自愧不如。這讓德意志人難以釋懷。儘管中產階級知識分子從「先進的」西方民族（英格蘭和法蘭西）學習了理性、政治自由和個人平等的啟蒙思想，一些改革者甚至視法蘭西為效仿的榜樣，但他們的民族自尊心還是受到了傷害。

到 19 世紀初，隨着民族意識的增強，德意志人的怨恨情結也變得愈來愈強烈，「西方世界」（英國和法國）成了邪惡的化身，反面榜樣。「可憎的法蘭西民族」被認為是德意志人「自然而傳統的」敵人，是「骯髒、無恥、沒有紀律的種族」；英格蘭人總體上並不比法蘭西人更好，他們的諸項自由沒有什麼價值。按照德國歷史學派創始人李斯特（Friedrich List）的說法，英國人所追求的目標就是「為整個世界生產，壟斷所有的生產能力和通過政治操縱以及資本、技術和海軍優勢使世界處於幼稚和依附狀態。」因此，德國不應該被英國人所宣傳的自由化道路所蒙蔽，而必須讓國家主導經濟，實現跨越式發展。這樣，德意志民族主義變成了國家主導的「族裔民族主義」。

隨着西方日益被等同於資本主義，德國人對西方（英國、美國和法國）的怨恨就變成了對資本主義的怨恨。當把目光轉向自己國家內部時，德意志知識分子發現，德意志生活中同樣存在着那些體現了西方價值觀的東西：資產階級、貿易與工業、城市、科學。但他們也明白，德意志如果想有朝一日超過

西方，這些因素又是絕對必要的。因此，他們不得不對所有這些東西保持模棱兩可的態度。但代表這些非德意志價值觀的猶太人就成了替罪羊。正是貪婪的猶太民族的陰謀詭計，使得德意志沒有辦法表現得像它本可以的那樣優秀。拿破侖解放猶太人的行為進一步刺激了德國人對猶太人的憎恨，他們把猶太人和法國人放在一起，反猶便成了反法愛國行動。這就滋生了德國人的反猶主義，直到發生希特拉殺害 600 萬猶太人的暴行。不過，猶太家庭出生的卡爾·馬克思（Karl Marx）還是把怨恨集中在資本主義本身，私有制成了萬惡之源。怨恨情結，或許是馬克思主義在歐洲大陸比在英國，在落後國家比在發達國家，更有市場的一個重要原因。

俄國人的怨恨情結

俄羅斯這個民族也是伴隨着對西方的怨恨形成的。俄羅斯的西方化是彼得大帝發起和推動的。最初，俄羅斯人對西方羨慕不已，把它們當作絕對的、無可置疑的榜樣，並且樂觀地認為，模仿西方國家，就可以與它們處於平等地位，然後就可以超過它們。彼得大帝的西方化改革也確實提升了俄羅斯的國際地位，給俄羅斯人帶來了自豪感。

但彼得大帝的改革並沒有讓俄羅斯與西方達到真正平等的地位，俄羅斯人被俄國和西方榜樣之間的差異深深困惑，西方的優越地位讓他們感到不愉快，把西方作為榜樣不可避免地導致自我鄙視和低人一等的感覺，這就讓他們心中的怨恨之火熊熊燃燒。

怨恨催生了文化相對主義，俄羅斯人開始尋找自己民族的特殊性，重新評估西方價值。因為俄羅斯是獨特的，與西方不

可比，因此西方不適合作為俄羅斯模仿的榜樣，俄羅斯要走自己的、與西方不同的道路。西方變成了嘲笑的對象，讚美西方的俄羅斯人被譏諷為妄自菲薄，甚至彼得大帝的西方化改革也被認為是自輕自賤，是對俄羅斯人的羞辱。

但完全拒絕西方是不可能的，因為俄羅斯並沒有與西方對抗的資本，西方的認可也是俄羅斯人所期望獲得的民族自尊的必要條件。既然無法超越西方，俄羅斯民族主義精英就把俄羅斯定義成與西方相反的榜樣。他們仍然用西方同樣的標準衡量自己，但是通過對這些標準進行重新解釋，俄羅斯在各方面都比西方好得多。對應西方的每一個缺點，它有自己的優點；西方表現出來的優點，它在現實中也有。「理性」的價值被保留下來，但變得近似於黑格爾（G. W. F. Hegel）提到的時代精神和民族精神，拒絕了其隱含的個體的創造性和自主性。他們承認「自由」和「平等」是美德，但拒絕承認西方制度是其真實的體現，因為西方的自由和平等不是真正的自由和平等。真正的自由是內心的自由，而非法律上的自由。西方人有自由的權利，但卻生活在真正的奴役之中；俄羅斯人沒有法律上的自由，但生活在真正的自由中。俄羅斯精英們發明了「人民」，將「人民」界定為一個種族集合體，俄羅斯的民族精神存在於「人民」中，但只有有教養的精英才能揭示出來。精英作為「特殊之人」（先鋒隊），知道「人民」想要什麼，而大眾自己不知道，所以前者自然有權命令後者。

因此，在怨恨情結支配下形成的俄羅斯民族主義，是種族主義的、集體主義的、權威主義的。這或許有助於解釋為什麼俄羅斯成為第一個社會主義國家。

怨恨情結誘使俄國人急於證明自己的價值，一次又一次或主動或被動地發起與西方的對抗，但每次都被屈辱地打回原形。同樣的戲劇至今仍然在上演。

日本也許算得上是一個少有的既模仿西方，又沒有太多怨恨的非殖民地國家。這是因為，日本一直是一個模仿者，「脫亞入歐」只是換了一個老師，並不會傷害日本人的自尊心。超過它原來的老師，反倒讓它感到自豪。只是到太平洋戰爭前，美國才成為日本人怨恨的對象，結果是導致了日本的慘敗。

中國人的怨恨情結

中華文明有數千年的歷史，但中國人的民族意識的形成則是非常近代的事情。可以說，是西方人的堅船利炮催生了中國人的民族意識，並使「中國」作為一個民族國家出現在中國人的心目中。進入 20 世紀之前，中國人效忠的對象是相繼統治這片土地和這片土地上的民眾的各個皇帝和朝廷，而不是主權國家；朝代的更換，領土的分合，是統治者的事情，與普通大眾沒有什麼關係，就像現代商業公司領導層的更迭、業務的併拆與普通員工沒有關係一樣。對普通大眾而言，誰坐上皇帝的寶座，我就是誰的臣民；無論是漢人當皇帝，還是契丹人當皇帝、女真人當皇帝、蒙古人當皇帝、滿族人當皇帝，對我都一樣。所以，他們不可能有一個明確的「中國人」的概念。

但伴隨着西方人的到來，特別是鴉片戰爭失敗後，中國人的民族意識開始覺醒，逐漸把效忠的對象由朝廷和皇帝，轉向了民族和國家（但這個轉變沒有徹底完成）。在中國人的民族國家意識形成過程中，主導力量是 19 世紀下半葉和 20 世紀上半葉中國的政治精英和知識精英，他們喚醒了中國人的民族危機

感，並塑造了中國人的民族意識。但如同法國和俄國的貴族精英、德國的知識精英一樣，中國的政治精英和知識精英從一開始，就有一種對西方的怨恨情結。對中國這樣一個有着數千年文明史、並自認為是世界中心的國家的人民來說，突然發現有一個比自己先進的外來文明，產生怨恨是自然的。中國的精英們對西方世界的感情是羨慕、嫉妒、恨的交織。一方面，他們將諸如共和、民主、自由、個體權利、理性、科學等這樣一些西方價值觀引入中國；另一方面，他們又根據中國原有的政治文化觀念對西方價值觀進行選擇性吸收或摒棄。民族自尊心和怨恨情結使得他們中的大部分人對西方價值觀有一種本能的排斥，不可能將其全盤照收。如果可能的話，他們總是試圖從本土文化資源中或其他不優於自己的國家尋找它的替代品。[2]

中國人對俄羅斯有着因為領土問題導致的怨恨，但較少因發展階段差異導致的怨恨，這或許是中國人最後選擇「走俄國人的路」的原因之一。當然，俄國人的道路看上去也更符合中國國情。俄國是落後的，走的路是獨特的。如果它的路行得通，沿着這條路很快能富強起來，中國人就可以洗刷掉民族的屈辱，恢復國家的榮耀。因此，走俄國人的路對中國人的自尊心傷害小，但預期的收益大。

民族國家意識的形成對中國的現代化非常重要，它讓中國人有了一個具體的奮鬥目標。但中國人民族概念形成中的怨恨情結也帶來了一系列後果，其中包括：

第一，中國人的民族概念至今仍然是族裔性的，而非公民性的。我們是「中國人」，是因為我們都是「炎黃子孫」，有共

2　參閱金觀濤、劉青峰《觀念史研究：中國現代重要政治術語的形成》，香港：香港中文大學出版社，2008 年版。

同的祖先，而不是因為我們都是一個主權國家內擁有平等權利的公民。這樣的民族概念給現在的國家治理帶來了一些難題，因為並非所有的中國人都是炎黃子孫。這樣的民族觀念也使得中國很難吸引外國移民，因為一個外國人不論在中國工作和生活多少年，永遠不可能被承認是中國人。

第二，主權大於人權，權力優先於權利。中國人的民族主義是在國家「圖強」和「救亡」中形成的，因而不可避免地是國家功利主義和集體主義的。它強調國家至上、集體至上，在國家利益和集體利益的名義下對個人權利的任何侵害都具有正當性。至今，「有國才有家」、「大河有水小河滿」仍然是大部分中國人的基本觀念，儘管這些說法根本不合邏輯。進一步，國家等同於政府，政府等同於政府官員，所以官員的權力總是優先於個人的權利，法治難以形成。

第三，強調特殊性，否定普遍性。特殊主義是怨恨情結的解藥。特殊主義否定了相互比較的可能性，否定了優劣之分，可以保護自己的自尊心，因而所有有怨恨情結的民族都喜歡特殊主義，中國也不例外。特殊主義也使得我們可以理直氣壯地拒絕接受普適性價值，不按國際規則行事。

第四，模仿技術，但拒絕模仿制度。鴉片戰爭之後不久，中國人就開始承認自己在科學技術方面的落後，需要向西方學習，因而搞起了洋務運動，但「中學為體、西學為用」至今仍然是中國變革的主導思想。因為，只要「體」是自己的，我們就用不着自卑，正如科學家不會在工程師面前自卑一樣。因此，我們總是試圖從傳統文化中尋找與西方抗衡的價值觀念，認為西方的治國理念並不比我們老祖宗早就提出的治國理念好到哪裏去。

第五，反資本主義，反民主和自由。中國人把資本主義、自由、民主等同於西方世界，承認這些東西，就等於承認西方各方面都優於中國，讓中國人太沒有尊嚴。因此，中國既不能搞資本主義，也不能搞自由民主，何況民主和自由也不能當飯吃。中國人不像德國人那樣有猶太人群體可以怨恨，那就怨恨那些經商賺錢的人吧！即使中國需要市場經濟，也只能是中國特色的社會主義市場經濟，與資本主義有本質的區別。

第六，自力更生，萬事不求人。中國必須建立獨立完整的工業體系，西方人有的我們必須有，糧食必須自給自足，一切關係「國計民生」的重要產品必須自己生產，因為西方世界是靠不住的，它們亡我之心不死，隨時準備卡我們的脖子。「中興事件」就是一個明證。

第七，「陰謀論」在中國非常有市場。中國一直是西方陰謀的受害者。中國之所以落後，不是因為我們不聰明，而是因為西方人太狡詐；不是因為我們的體制和文化不優越，而是因為西方人總是搞陰謀詭計，不讓我們發達起來。外國人幫助中國，一定是另外圖謀。

第八，只能表揚，不能批評。中國人對批評特別敏感，不僅中國人自己不能批評中國，外國人更不能批評中國。中國人不能批評，因為「兒不嫌母醜、狗不嫌家貧」，批評自己的國家就是「不愛國」，就是抹黑自己。外國人不能批評，因為那會傷害中國人的自尊心。批評中國的外國人一定是反華勢力，奉承中國的外國人一定是友好人士。殊不知，奉承者常常是別有用心。

第九，國際關係中，只談利害不講是非，有時甚至連利害也不講，只說好惡。西方的壞消息就是中國的好消息。凡是西

方擁護的，我們就要反對；凡是西方反對的，我們就要擁護。如果一個西方國家與一個非西方國家發生衝突，大部分中國人希望前者輸後者贏，不是因為我們喜歡後者，而是因為我們痛恨前者。所以，「911」事件有中國人叫好，伊拉克戰爭中有不少中國人給薩達姆加油。當然，如果美國與日本發生衝突，我們會站在美國一邊，因為我們怨恨日本人更甚於怨恨美國人。

第十，未富先驕，稍強即狂。怨恨情結使得中國人心中總是憋着一口氣，一有機會就想出人頭地，所以很容易從自卑走向傲慢，國家稍富強了一點，就表現出一種暴發戶心態，到處炫耀，不再謙卑，要做到「韜光養晦」談何容易！

鴉片戰爭過去已經快一百八十年了。經過四十年的改革開放，中國不僅在經濟發展方面取得了巨大成就，而且其國際地位也大大提高。但中國人對西方的怨恨情結似乎沒有因此而減少，移民海外的中國人的怨恨情結似乎更甚。近幾年「中國模式」、「新四大發明」之類的說法甚囂塵上，不能不說是怨恨情結的體現。如果「中國模式」能推廣到全世界，中國不僅可以奪回失去已久的優越地位，而且可以洗刷掉不堪回首的百年恥辱。這是何等愜意的事！

怨恨程度是國家發達水平和民族成熟程度的一個反向度量。中國人的怨恨情結消退之日，或許才是中國的真正崛起之時！

6 語言腐敗的危害

　　腐敗一詞，是當今中國使用頻率最高的詞彙之一。百度搜索，有關腐敗的新聞就有近 300 萬條。腐敗的種類五花八門，政治腐敗，官員腐敗，公司腐敗，司法腐敗，學術腐敗，教育腐敗，甚至足球腐敗，等等，舉不勝舉。但有一類更為普遍、其危害性也更為嚴重的腐敗，卻並沒有受到足夠的重視。這就是語言腐敗。

　　所謂語言腐敗，是指人們出於經濟的、政治的、意識形態的目的，隨意改變詞彙的含義，甚至賦予它們與原來的意思完全不同的含義，忽悠民眾，操縱人心。語言腐敗的典型形式是冠惡行以美名，或冠善行以惡名。**轟轟烈烈**的重慶「打黑」就是一個典型的例子。「黑社會」本來指的是有組織的犯罪活動，無論任何社會，打擊此類犯罪活動都是正當的，很少人會反對。但我們現在知道，在薄熙來主政重慶期間的「打黑」運動中，「黑社會」可以扣在任何當權者不喜歡的人和企業頭上，「打黑」變成了「黑打」，變成了侵犯人權和私有財產的政治行為。

---

*　本文是作者於 2012 年 4 月 21 日在中國綠色公司年會上的演講。刪節版發表於《經濟觀察報》，2012 年 4 月 28 日觀察家版。

事實上,「左」的東西之所以能流行,有市場,有人追隨,一個重要原因是左派人士善於語言腐敗。這方面,「四人幫」可以說達到登峰造極。他們把摧殘人性、毀滅文化的行動,說成是「文化大革命」;把政敵說成是「走資本主義道路的當權派」;把整人說成是「整風」;把不經正當法律程序就剝奪人身自由的監禁稱為「勞動教養」;把任何反對他們的人說成是「反革命分子」,把1976年清明節悼念周恩來、發泄對他們不滿的民主運動說成是「反革命暴亂」;把含冤而死的人,說成是「自絕於人民」;把閉關鎖國說成是「獨立自主」,把學習國外的先進技術和文化說成是「崇洋媚外」;如此等等,不勝枚舉。在「四人幫」的詞典裏,所謂「國家利益」,實際上指的是他們自己的私利;所謂「愛國主義」,指的是對他們小團體的愚忠;所謂「人民」,指的是追隨他們的一小撮人;所謂「反動勢力」,指的是任何對他們不滿的人。正因為他們善於語言腐敗,他們的倒行逆施才能持續十年之久,而他們的政治語言仍然在影響我們的生活,以致在他們垮台三十多年後,他們的陰魂可以在「唱紅打黑」的旗號下復活。

　　語言腐敗這個詞並非我的杜撰,它最初是英國作家喬治・奧維爾(George Orwell)於1946年的一篇文章中提出來的,現在已成為政治哲學理論中的經典術語。[1] 語言腐敗的現象自古有之,但應該說,只是在20世紀之後,特別是希特拉和斯大林之後,才變成社會公害。奧維爾本人的作品《一九八四》為我們提供了許多經典的例子:專門製造假新聞的部門被冠名為「真理部」;監督、逮捕和迫害異己人士的秘密警察被冠名為「友愛

1　George Orwell. "Politics and the English Language" The essay was originally published in the April 1946 issue of the journal *Horizon*, Vol. 11, No. 3, pp. 252–265. 1946.

部」；發動戰爭的部門被冠名為「和平部」；真理就是謬誤；和平就是戰爭；無知就是力量。這當然是小說裏的事情，但與現實相距並不遠。北朝鮮的國名是「朝鮮民主主義人民共和國」，前東德的國名是「德意志民主共和國」，埃及前總統穆巴拉克領導的執政黨叫「民族民主黨」，突尼斯前總統本・阿里（Ben Ali）領導的執政黨叫「憲政民主聯盟」，真是令人啼笑皆非！

語言腐敗在當今中國已到無以復加的地步。任何一個心智健全的人，只要閉上眼睛想一下，就可以想出許多例子。諸如真理、事實、謠言、道德、民主、法治、自由、人權、憲法、選舉、人民代表、國家利益、愛國主義、和諧社會、改革、宏觀調控、現代企業制度、董事會，等等這些詞彙在一定程度都被腐敗了，甚至「腐敗」這個詞本身也已經腐敗了。當一個官員說他是人民的「公僕」時，他實際上是說，權力在他手裏，你得聽他的。「人民代表」的本意是由人民選舉產生、受人民委托替人民說話和辦事的人，即使一個人實際上是在為人民說話和為人民辦事，如果他沒有得到人民的正式委托，也不能稱為人民代表，因為那樣做是侵權。但我們現在的「人民代表」，實際上指的是官方指定的一些參會人士。當然，形式上他們也通過了投票程序。但投票本來是投票人自由意志和良知的選擇，而我們的投票人只用手，不用腦子，更談不上有自由意志，所以，「投票」這個詞也腐敗了。再以「改革」為例，它的本意是廢除計劃經濟體制、建立市場經濟的措施，改革意味着政府要放鬆對經濟的控制，給百姓更多的從事經濟活動的自由。但最近幾年，一些政府部門卻把加強政府對經濟的控制、限制商業自由的反改革政策稱為「改革」，甚至是「進一步深化改革的措施」。宏觀調整本來指的是總量上的放鬆或抽緊，而我們現在所謂的「宏觀調控」經常指的是對經濟活動的微觀干預，包括準入限制和價格管制。國有控股公司宣稱已經建立了「現代企業

制度」，而事實上他們的董事會連選擇副總經理的權利都沒有，何談現代企業制度？

語言腐敗有什麼嚴重後果？至少有三個：

首先，語言腐敗嚴重破壞了語言的交流功能，導致人類智力的退化。人類創造語言，是為了交流，人類的所有進步都建立在語言的這一功能上。為了交流，語言詞彙必須有普遍認可的特定含義，語言腐敗意味着同一詞彙在不同人的心目中有不同的含義，語言變成了文字遊戲，使得人與人之間的交流變得困難。言語腐敗使得我們愈來愈缺乏理性和邏輯思考能力，我們的大腦在萎縮，我們的文章愈來愈變成口號的堆砌，我們愈來愈習慣於以權壓人或簡單順從，而不是以理服人和平等討論。比如說，當我們說「堅持公有經濟為主體，大力發展非公有制經濟」這句話的時候，我們根本不去思考一下，堅持公有經濟為主體的前提下，根本不可能大力發展非公有經濟。同一個文件中，以 X 為主導，以 Y 為主體，以 Z 為基礎，但誰也說不清楚它們之間是什麼關係。我們的文章愈來愈長，但包含的信息量愈來愈少。一個工作報告動輒一兩萬字，還要有人再寫出數十萬的輔導材料，仍然讓人不知所云。這是人類智力和物質資源的雙重浪費。全國有數十萬高智商的人全職做文字遊戲，還有數百萬人兼職做文字遊戲，生產出不記其數的文字垃圾，不僅污染了人類的心靈，也浪費了寶貴的物質資源，污染了我們的生活環境。

第二，語言腐敗導致道德墮落。人類道德的底線是誠實，語言腐敗本質上是不誠實。就人類本性而言，說假話比幹壞事在道德上更具挑戰性。中國法院判決書經常有「罪犯對所犯罪行供認不諱」這樣的話，說明即使一個人敢於做壞事，我們還相信他在事實面前不敢說假話。西方法庭上證人出庭作證，如

果對方律師能證明證人是經常説謊的人，他的證詞就不會被採納。以此標準，我們的社會很難找到合格的證人。

美國獨立戰爭期間的思想家托馬斯・潘恩（Thomas Paine）在《理性時代》一書中提到：

> 為了人類的幸福，一個人在思想上必須對自己保持忠誠，所謂不忠誠不在於相信或不相信，而在於口稱相信自己實在不相信的東西。

> 思想上的謊言在社會裏所産生的道德上的損害，是無法計算的，如果我可以這樣説的話。當一個人已經腐化而侮辱了他的思想的純潔，從而宣揚他自己所不相信的東西，他已經準備犯其他任何的罪行。他做宣教師是為了自己的利益；並且為了獲得做這個職業的資格起見，他必須從撒大謊開始。試問我們能否設想還有什麼事情比這一個對於道德的破壞更大呢？[2]

一句話，要讓一個説假話臉不紅的人幹壞事時反倒臉紅，實在是太難了，即使不是不可能的。由此來看，我們的官員腐敗如此嚴重，我們的假冒偽劣產品如此之多，我們的社會道德如此墮落，就一點也不奇怪了。成天假話連篇的官員，在接受賄賂和以權謀私方面是不可能有道德約束的。現在的腐敗官員被抓起來後，可能會感到後悔，感到運氣不好，但在法庭上你很少看到他們有羞恥感。當政府官員中語言和行為雙重腐敗泛濫時，生產假冒偽劣的商人很難覺得自己做了虧心事。而要讓在謊言中接受教育和生活的人有社會公德，實在是難上加難。

---

2 托馬斯・潘恩《潘恩選集》，第 351 頁。馬清槐等譯，北京：商務印書館，2009年版。

潛規則已成為當今社會腐敗的重要形式，官員幹任何事都得拿回扣已是公開的秘密。[3]而潛規則在我們社會之所以如此盛行，一個重要原因是語言腐敗。語言腐敗使得顯規則形同廢紙。

第三，語言腐敗導致社會走向的高度不確定和不可預測性。語言的一個重要功能是傳遞社會運行狀態的信號，在語言嚴重腐敗的情況下，信號會嚴重失真，結果是，當一個社會事實上危機四伏的時候，我們還以為天下太平，對大難臨頭茫然不知，任何突發事件都可能導致整個體制的突然坍塌。二十多年前蘇東體制的解體和最近發生的中東巨變，就是非常典型的事例。

中國未來的改革和發展，以及社會穩定，很大程度上依賴於我們能在多大程度上解決語言腐敗問題。兩千多年前孔子說「名不正，則言不順；言不順，則事不成。」反語言腐敗就是要正名，恢復語言詞彙本來的含義。比如，既然稱為「人民代表」，應該真正由人民選舉產生，選舉必須公開透明，必須是競爭性的，必須真正反映選民的意志，而不是被有關部門操縱。如果確實做不到這一點，就應該使用新的詞彙，如用「政府官員席位」、「名人席位」、「社團席位」等等取代「人民代表」。

縱觀歷史，橫看中外，語言腐敗的程度與言論自由和出版自由有密切關係。我相信，如果我們能真正執行憲法第三十五條，實行言論自由和出版自由，至少可以消除 50% 的語言腐敗，而這 50% 是危害最大的，剩下的 50% 就其危害性而言無足輕重。如果我們能消除這 50% 的危害最大的語言腐敗，就有希

---

3 「潛規則」是吳思提出的一個概念。見吳思《隱蔽的秩序：拆解歷史弈局》，海口：海南出版社，2004 年版。

望消除 80% 的官員腐敗，我們的政府就會廉潔起來，我們的道德風尚就可以大大改善。

該是向語言腐敗開戰的時候了！

7 公開説謊話，私下吐真言

　　手頭有美國經濟學家 Timur Kuran 的一本書，書名是 *Private Truths, Public Lies*，直譯為《私下吐真言，公開説謊話》。如書名所示，這本書討論的是這樣一個普遍的現象：出於社會壓力，人們常常在公開場合偽裝自己的偏好，説一些與自己的真實想法完全不同的假話、謊話。

　　要問當今中國社會最缺少的是什麼，我以為，就是「真話」。最不缺少的是什麼？就是公開的假話、謊話。

　　從 1982 年上研究生算起，我從事經濟學研究已有近四十年的時間。以我自己的經驗，中國經濟學家最難做到的也就是表達自己的真實觀點。大量的經濟學論文和文章都充滿了套話、謊話。如果不信，找來一些知名學者在過去三四十多年發表的文章看看，你會發現，同一作者在不同時間發表的觀點前後矛盾。當然，如果觀點前後的變化是源於作者認識的變化，過去認為正確的，後來認識到是錯誤的，加以修正，不僅無可非議，反倒是學者應有的誠實。但這不是他們觀點變化的主要原因。認識的變化一般需要一個邏輯過程，但許多中國經濟學家觀點的改變常常缺少這樣一個邏輯過程；進一步，不同經濟學

＊　原文寫於 2001 年 11 月 18 日，修改於 2020 年 3 月 29 日。

家在同一時期的觀點又是如此雷同，如股市上的「羊群效應」，使人不得不懷疑，許多經濟學家事實上並不從事真正的經濟學研究，而只是鸚鵡學舌。仔細分析，你會發現，許多經濟學家的觀點變了，是因為政府的政策變了，主導意識形態的提法變了。他們只說當時在政治上正確的話，所以他們永遠正確。

人們通常認為，公開說謊話如同安徒生寓言「皇帝的新衣」：皇帝明明沒有穿衣服，但所有人都說皇帝的衣服很漂亮，因為騙子說只有傻瓜才看不見皇帝的衣服。大家都害怕被別人當作傻瓜，所以都說皇帝的衣服很美。這種現象被心理學家稱為「人眾無知」（pluralistic ignorance）或「沉默的螺旋」（spiral of silence）：每個人都不相信，但每個人都以為別人相信。[1]

與「皇帝的新衣」不同的是，真實世界中公開的謊話不容易被戳穿。在「皇帝的新衣」中，一個小男孩就戳穿了虛假的共識，打破了「沉默的螺旋」，讓皇帝狼狽不堪。但在真實世界裏，如社會學家羅伯・韋勒等人所指出的，大眾會頑強地抵制說真話的人，小男孩會被撕得粉碎。[2] 之所以如此，是因為人們要證明自己的「忠誠」（或「誠實」），避免自己也受到懲罰，如同「指鹿為馬」中秦二世的那些大臣們。也就是說，說謊者不僅自己說謊，而且會懲罰不說謊的人。結果是，公開說謊成為一個穩定的演化均衡，並不會因為一個小男孩的真話而立刻崩塌。因此，實際情況並非「每個人都不相信，但每個人都以為別人相信」，而是「每個人都不相信，每個人也知道每個人不相

---

1 參閱斯蒂芬・平克《人性中的善良天使》，第 647–648 頁。安雯譯，北京：中信出版社，2015 年版。

2 Robb Willer, Ko Kuwabara and Michael W. Macy. "The False Enforcement of Unpopular Norms." *American Journal of Sociology*. Vol. 115, No. 2, pp. 451–90. 2009.

信，但每個人都説自己相信。」正是對懲罰的恐懼，維持了這種均衡。

　　我自己聊以自慰的是，自從事經濟學研究以來，一直在表達自己的真實觀點，不人云亦云。當然，我也害怕懲罰，沒有膽量説皇帝沒有穿衣服，只敢説皇帝的衣服透明度太高了。所以，只能算半個傻瓜。

　　即便當半個傻瓜也是需要很大勇氣的。自 1983 年發表《為錢正名》以來，最親近、最關心我的朋友和同行對我的最多的忠告就是：説話、寫文章要注意點，不要鋒芒畢露；比你明白的人多得是，為什麼別人不説你説呢？中間有些年，這樣的忠告少了一些，但最近幾年又多起來。當然，有忠告，也有讚揚。我聽到的最多的讚揚是「敢説真話」。但這樣的讚揚也使我感到很沮喪：難道我存在的價值僅僅是説真話嗎？

　　當然，公開説謊話最嚴重的並不是經濟學家，而是官員。官員有雙重偏好，一是私下的偏好，一是公開的偏好。想一下你所認識的大大小小的政府官員們，在私底下、飯桌上，他們談些什麼，幹些什麼。我敢肯定，相當部分官員對社會問題的私下看法與我沒有多大差別（包括對一些政府政策的評論），有些官員的思想比我還要「激進」。我在為官員的明白而高興的同時，也感到有些慚愧。作為一個專業的經濟學者，孜孜不倦搞研究，到頭來，所達到的認識也就跟政府官員差不多，而人家日理萬機繁忙於事務性工作，自己能不慚愧嗎？但一到公開場合，他們的觀點就與我有很大不同，因為他們常常説一些連自己也不相信的謊話、廢話，顯得我很有學問，觀點獨特，與眾不同。所以，對官員在公開場合説的話，我有一種本能的懷疑（當然並不是所有的話）。

作為經濟學者，我當然不是苛求我們的經濟學家和政府官員，也不會為他們在公開場合說謊話、偽裝偏好而驚訝。經濟學假定人是理性的、自利的。在這點上，經濟學家和政府官員與普通人一樣，不可能例外。公開場合說謊話，偽裝自己的觀點，如同《皇帝的新衣》裏的大臣們，或如養豬賣錢的農民，也是出於自利的目的，無可厚非。我想批評的是我們這個社會的激勵制度。如果一個社會裏說謊話成為一個普遍現象，說明這個社會的激勵制度出大問題了。我們似乎處在一個「囚徒困境」中：儘管所有人說真話與所有人說謊話比是一個帕累托改進，但說謊話是每個人的最優策略。所以，說真話反倒成了傻瓜的專利。

說謊話成為每個人的最優策略、進而成為一個穩定的納什均衡（Nash equilibrium），對整個社會是有害的，因為它不僅阻礙知識進步，而且延緩社會變革。為了成功地隱藏自己的真實想法，我們必須隱瞞這些真實想法賴以成立的知識，就是說，我們必須通過偽裝知識來偽裝我們的偏好。為此，我們必須扭曲、枯竭公眾知識。我們對別人隱瞞我們知道是真實的事情，而只告訴他們不真實的事情，久而久之，「假作真來真亦假」，人們甚至失去了分辨是非的本能。這就像大學生辯論賽一樣，即使你本來同意正方的觀點，但抓鬮抓到的是反方，就必須為反方的論點提供論據，等辯論結束了，你可能真的成了反方觀點的堅定捍衛者。

與大學生辯論賽不同的是，在社會這個賽場上，當說謊話成為一個納什均衡時，已沒有正方的發言權，如果你與多數人觀點相左，你一定會懷疑自己錯了，而你跟隨多數人人云亦云，永遠也不會有人糾正你。如果成功的人士都說 1+1=3，你怎麼會懷疑它的正確性呢？因為每個人都說謊話，不敢正視現

實問題，我們就會忽視現存體制的弊端所在，也不可能獲得可選擇的體制的知識，自然也就失去了變革的想法，以為已經存在的一定是最好的，否則為什麼所有人都唱讚歌呢？當然，最後，我們仍然逃不脫光屁股皇帝的尷尬。

以此而言，自由真是個好東西，它可以讓小男孩少些恐懼。

8 真誠幻覺

　　合群，是人類經數萬年演化而形成的重要特性，它是基因的，也是文化的。對個體而言，它是生存策略；對群體而言，它是解決合作和協調不可或缺的工具。但合群也帶來負面後果。出於社會壓力，人們會言不由衷，行不守信，經常説自己私下不相信的話，做自己私下不認同的事。結果是，一些壞的規範能成為普遍的社會行為準則流行起來，甚至導致巨大的社會災難。

　　比如，近代之前歐洲貴族間盛行的決鬥，就是一個惡習。出於所謂的「尊嚴」，一點雞毛蒜皮的爭執就可以讓當事人把生命賭上，不挑戰沒面子，不應戰也沒面子。還有宋代之後中國婦女的纏腳，無論從哪方面看都沒有好處，但流行一千年。一個兩三歲的女孩就被父母摧殘得死去活來，只是因為所有的父母都這樣做，你不這樣做，女兒長大就找不到婆家，所以摧殘也是愛的表現。再比如，在納粹統治時期的德國，愛國＝反猶，所以幾乎所有德國人都成了反猶主義者，因為沒有人敢不愛國，結果導致 600 萬猶太人被屠殺。赫爾曼・戈林（Hermann Göring），這位希特拉的幹將，本來並不是一個強烈的反猶主義者，私下甚至對猶太人有點同情，他的副手米爾奇還有一個

＊　本文寫於 2020 年 4 月 25 日，曾在《財新》和《經濟學原理》微信公號發表。

猶太人父親，但為了表現出對希特拉和納粹黨的忠誠，他支持 1935 年制定的紐倫堡排猶法，提出一系列迫害猶太人的舉措，還於 1941 年直接下達了對猶太人的「最終解決」命令。

社會心理學家通過大量的經驗和實驗研究證明，當人們擔心自己可能被指控具有某種不可接受特質時，他們通常會表現出具有完全相反的特質。這就是「真誠幻覺」（illusion of sincerity）。比如，一個膽小的人害怕被人說自己膽小，會故意做危險的事情；一個性格冷漠的人有時會表現得過分熱情。這被弗洛伊德稱為「反應形成」（reaction formation），其實是一種自衛方式。讓我舉幾個實驗研究的例子。

在莫羅可夫（P. Morokoff, 1985）[1] 做的一項實驗中，研究人員首先對 62 名女性實驗參與人做了「性罪感」（sex guilt）評估，然後讓她們看一些色情作品。可以推斷，性罪感高的人會認為色情作品是不可接受的。與此相一致，她們確實報告說，她們在觀看色情作品過程中的性衝動比較低。但生理學測量指標顯示，她們的性衝動實際上比那些性罪感低的女性還要高。生理反應和自我報告之間的矛盾表明，這些性罪感高的女性主觀上否認她們的生理衝動，目的是顯示自己的性罪感確實高。

亞當斯、賴特和羅爾（Adams, Wright and Lohr, 1996）對男性做了一次類似的實驗。[2] 研究人員首先對 64 位實驗對象做了「同性戀憎惡度」（homophobia）評估，其中 35 位憎惡同性戀，

---

1 Patricia J, Morokoff. "Effects of Sex Guilt, Regression, Sexual 'Arousability', and Sexual Experience on Female Arousal during Erotica and Fantasy." *Journal of Personality and Social Psychology*. Vol. 49, No. 1, pp. 177–187. 1985.

2 Henry E. Adams, Lester W. Wright, Jr. and Bethany A. Lohr. "Is Homophobia Associated With Homosexual Arousal?" *Journal of Abnormal Psychology*. Vol. 105, No. 3, pp. 440–445. 1996.

29 位認可同性戀。然後，研究人員讓每個實驗參與人觀看了一段同性戀性愛的錄像帶。觀看錄像帶之後，憎惡同性戀的男性報告他們在觀看過程中的性衝動水平很低。但生理學測量指標顯示，他們的性反應甚至高於其他參與人（即認可同性戀的人）。因此，自己報告的主觀反應與他們的身體反應正好相反：最受同性戀刺激的男性正是那些對同性戀持負面態度的男性。

做政治上正確的事是人們通常的行為規範。達頓和里克的一項實驗發現（Dutton and Lake, 1973）[3]，如果白人實驗參與者在參加測評俊被告知他們有種族歧視傾向（實際上沒有），在隨後扮演模擬法庭陪審團成員時，他們給黑人定的罪比給白種人要輕得多；如果走出大門遇到乞丐搭訕（其實是實驗的一部分，但實驗參與人不知道），他們對黑人乞丐比對白人乞丐也更慷慨。他們這樣做，就是想避免被人說他們是種族主義者。

僅僅自己遵從規範是不夠的，還必須指責、甚至嚴懲那些違反者。這是因為，人們還在意一個人出於什麼原因遵從規範。真信徒對冒名者有着強烈的蔑視，因為後者遵從只是出於功利的考慮，不夠真誠。出於錯誤的原因遵從還不如壓根就不遵從。為了不被暴露成「偽君子」，假信徒必須充當「執法者」，通過懲罰不遵從者，以顯示自己的真誠。這也是「真誠幻覺」。比如，剛加入邪教或黑社會組織的人一定要表現得更為瘋狂。借用「皇帝新衣」的寓言，為了不讓自己在眾人面前顯得「愚蠢」，每個大臣不僅要自己假裝看見了皇帝穿着漂亮的新衣，而且必須斥責、甚至毆打那個說皇帝沒有穿衣的小男孩。

---

3 Dutton, D. G., & Lake, R. A. "Threat of own prejudice and reverse discrimination in interracial situations." *Journal of Personality and Social Psychology.* Vol. 28, No. 1, pp. 94–100. 1973. doi: 10.1037/h0035582

韋勒、庫瓦巴拉和梅西（Willer, Kuwabara and Macy, 2009）的三個實驗證明，在公開場合，人們確實會充當「壞」規範的「執法者」，以顯示自己的真誠。[4] 在一個品酒實驗中，實驗參與人被告知他將參加一個六人組成的品酒小組，每個人坐在電腦前，品嚐三種不同的酒，然後將自己的評分輸入電腦，每個人的評分其他人都可以看到，因而是公開信息。標注 A、B、C 的三杯酒其實來自同一瓶酒，只是 C 杯加了點醋，A 和 B 完全相同。實驗參與人被告知按順序打分，自己排在第五位，前四位給出分數後他再打分，第六位最後打分。其實其他五位都是實驗人員用電腦模擬的虛擬「參與人」，但真正的參與人不知道。前四位虛擬「參與人」給 A 杯酒的打分分別為 5、5、4、5，遠遠高於給 B 杯的評分（分別為 1、2、1、1），儘管這兩杯酒實際上完全相同；對 B 杯的打分甚至低於 C 杯（分別是 2、2、2、2），儘管 C 杯是加了醋的。在實驗參與人打分後，第六位虛擬「參與人」給 A 和 B 杯打了相同最高分，即 5 分，給 C 杯是 2 分。在對三杯酒評分後，每個參與人被要求對小組的其他人的品味做出「同行互評」。實驗共有 52 個實際參與人（因而假定有 52 個品酒小組），其中一半被告知他們對其他人的評價是保密的，另一半人被告知他們對其他人的評價是公開的。

實驗結果是：第一，對完全相同的兩杯酒 A 和 B，實驗參與人對 A 的平均評價顯著高於 B（A 平均得分 4.39，B 平均得分 3.96），其中 27 人（52.9%）給 B 評分低於 A（其中 3 人（5.9%）給 B 的評分甚至低於 C）；13 人（25.5%）給 A 和 B 的評分相同；11 人（21.6%）評價 B 好於 A。第二，在同行互評時，當評

4　Robb Willer, Ko Kuwabara and Michael W. Macy. "The False Enforcement of Unpopular Norms." *American Journal of Sociology.* Vol. 115, No. 2, pp. 451–90. 2009.

價信息是公開的時候，參與人傾向於給「主流」意見（即前四位虛擬「參與人」）打高分；但評價不公開時，參與人對非主流觀點（即說真話的第六位虛擬「參與人」）的評價更高。

上述發現意味着，第一，大部分人是跟隨「主流」的（即前四位虛擬「參與人」認為 A 杯好於 B 杯），即便他們私下並不認同「主流」；第二，人們在公開場合會懲罰「離經叛道者」（即說真話的第六位虛擬「參與人」），儘管他們私下更認同他的觀點。

另一項有關「論文評價」的實驗給出了類似的結論。在這項實驗中，76 個實驗參與人被要求讀一篇論文，然後給出自己的評分。這篇論文其實是胡編亂造的，但參與人被告知是哈佛大學一位著名教授寫的。16 位評分不被公開的參與人給論文打了低分，但 60 位評分將公開的打了高分，因為各自小組的四位虛擬「參與人」給論文打了高分。在同行互評中，隨大流的參與人對「主流意見」（前四位虛擬「參與人」）的評分高於非「主流」（第六位），而少數堅持獨立判斷的參與人對非「主流」（第六位）評價更高。特別地，互評信息被告知不公開的 30 位參與人的評價中，說實話的虛擬「參與人」（第六位虛擬參與人）平均得分和「主流」（前四位虛擬參與人）的平均得分基本相同；而在互評信息將被公開的另外 30 位參與人的評價中，「主流」意見的平均得分遠高於非「主流」得分。這就像我們在現實中看到的，有些人為了顯示自己的「博學」，或者害怕別人說自己膚淺，一方面對「著名學者」的論著肉麻地吹捧，另一方面貶低其他不以為然者。大部分人認為好的作品未必是真的好作品。

在「民族主義」變成民粹的時候，有什麼比將其言論與自己不同的人說成「賣國賊」更能顯示自己的「愛國」情懷呢？至於他們自己是否真的愛國，就不重要了。

9　真君子與偽君子

真君子表裏如一，言行一致。偽君子表裏不一，行不踐言。

「表」指公開的、別人看得見的表現；「裏」是內心的認知、想法、信仰，只有自己知道，別人難以觀察到。「言」是公開表達出來的東西，別人能聽得到；「行」是行動、行為，別人可能觀察到，也可能觀察不到。

在〈真誠幻覺〉一文中，我主要引用社會心理學家的實驗研究，討論了這樣一種社會現象：迫於社會壓力，「偽君子」不僅傾向於遵從「主流」，說自己內心不相信的話，做自己私下不認同的事，而且會充當「執法者」（「思想警察」），監督和懲罰那些言行與自己不同的人，以顯示自己的所作所為是「真誠的」。也就是說，他們不僅自己「指鹿為馬」，而且絕不寬容膽敢「指鹿為鹿」的人。似乎不如此，就不足以證明他們自己是「主流」的忠實捍衛者。

當然，生活中有偽君子，也有真君子。社會心理學家的實驗不僅發現了「偽君子」，也發現了「真君子」，揭示了真君子與偽君子的不同。

＊　本文發表於《讀書》，2020 年第 7 期。

在韋勒、庫瓦巴拉和梅西的品酒實驗中（Willer, Kuwabara and Macy, 2009）[5]，A 和 B 兩杯酒完全相同，但 27 名實驗參與者（佔 52.9%）給 A 的分數顯著高於 B，因為「A 比 B 好」是「主流」觀點（儘管不正確），這種「主流」觀點在實驗參與者給出自己的評價前就人所共知了。不過，還是有 13 人（佔 25.5%）給 A 和 B 打了相同的高分（正確但非主流）。甚至有 11 人（佔 21.6%）評價 B 好於 A。這說明並非所有人都附和「主流」，也有人會公開表達不同觀點。

考慮到品味的主觀性，即伸同樣的酒，由於個體的品味差異，或者品嚐的先後順序不同，可能會有不同的評價，我們不能由此就推斷說，遵從「主流」觀點的 27 個人說的一定是假話，不遵從「主流」的 24 個人說的一定是真話。但接下來「同行互評」提供的信息，使得我們有理由相信確實如此。

在「同行互評」環節，那些不遵從「主流」觀點的實驗參與人（即那些認為「A 和 B 一樣好」的實驗參與人），無論自己對「同行」（模擬參與人）的評分是否公開，對「離經叛道者」的評分都高於對「主流」的評分，儘管公開場合比私下場合的差異略微小一些。但那些遵從「主流」觀點的實驗參與人則完全不同：當知道自己的評分將被「公開」時，他們給「主流」觀點的評分顯著高於給「離經叛道者」的評分；但當知道自己的評分將被「保密」時，他們給「離經叛道者」的評分顯著高於給「主流」觀點的評分，與信息公開時正好相反。顯然，那些堅持自己的判斷、不受「主流」觀點影響的參與人，不僅自己在公開場合說真話，表裏如一，而且不會貶低「離經叛道

5　Robb Willer, Ko Kuwabara and Michael W. Macy. "The False Enforcement of Unpopular Norms." *American Journal of Sociology*. Vol. 115, No. 2, pp. 451–90. 2009.

者」；而那些追隨「主流」觀點的人，不僅自己「公開説假話，私下説真言」，表裏不一，而且還會故意貶低「離經叛道者」。

類似地，在「論文評價」實驗中，那些遵從「主流」，因而給一篇「胡編亂造」但號稱是「哈佛著名教授」的論文打高分的實驗參與人，即便私下認同給出低分的「特立獨行者」的評價，公開場合還是故意貶低後者。而那些説真話的人，無論是公開還是私下，都敬重「特立獨行者」，甚至公開場合對其評價更高。

這説明，有些觀點和社會規範之所以成為「主流」，並不是大多數人相信它們是對的，而是因為「儘管沒有人相信它是對的，但每個人都（錯誤地）以為其他人相信它是對的，每個人在公開場合都説它是對的，並且每個人要求其他人説它是對的。」因此，「主流」可以是自我強化的（self-reinforced），多數人不認可的規範完全可以變成「主流規範」。它們不僅能得到多數人的「遵從」（compliance），而且能得到多數人的「執行」（enforcing，即強迫他人遵從）。這就是社會心理學家説的「人眾無知」（pluralistic ignorance，或譯「群體幻覺」）。

社會心理學家還用電腦模擬模型證明，「偽君子」在強迫人們遵從「主流」規範上比「真君子」（真信徒）表現得更為積極，思想警察實際上可能是騙子（imposter）（Centola, Willer and Macy, 2005）。[6] 這是因為，真君子「遵從」是發自內心，他們坦坦蕩蕩，不害怕別人指責自己不真誠，但偽君子最害怕暴露自己的「偽真誠」。比如，抗日戰爭結束後最起勁誣陷別人是「漢

6　Damon Centola, Robb Willer and Michael Macy. "The Emperor's Dilemma: A Computational Model of Self-Enforcing Norms." *American Journal of Sociology*. Vol. 110, No. 4, pp. 1009–1040. 2005.

奸」的人，正是那些真正的漢奸。他們這樣做的目的，就是隱瞞自己的漢奸史。類似地，在過去的政治運動中，一些家庭出身不好的人表現得最「革命」。事實上，經驗觀察表明，「偽君子」經常會用力過猛，比如吹捧人時，說的話肉麻得連被吹捧對象也感到渾身不自在。

當然，我們不能由此得出結論說遵從「主流」者就是「偽君子」，不遵從「主流」者就是「真君子」。真君子和偽君子的根本區別在於是否表裏如一、言行一致。如果一個人內心真的相信「主流」，他遵從「主流」就是真君子；反之，如果一個人內心相信「主流」，但在某些特定的場合，出於機會主義的考慮，假裝「特立獨行」、反對「主流」，他也是個偽君子。愛因斯坦在物理學上至死也反對量子力學，在社會理論上堅持「為需要生產」、反對「為利潤生產」，但他是一個真君子，因為他說的就是他內心相信的。

像著名的柏林牧師馬丁·尼莫拉（Martin Niemoller）這樣的人，也是真君子。[7] 尼莫拉早年集愛國主義、軍國主義以及宗教虔誠於一身，第一次世界大戰中作為一名海軍軍官服役於德國艦隊，屢立戰功，獲得鐵十字勳章。一戰後，他反對過魏瑪共和國和 1919 年的和平協議，成為希特拉的鐵杆支持者和堅定的反猶主義者。他認為，猶太人對世界歷史造成了惡劣影響，將永世受到詛咒；德意志民族需要一位新的「民族領袖」承擔歷史大任，希特拉正是這樣的「民族領袖」。但希特拉上台後，出於對基督教的虔誠，尼莫拉反對納粹黨對教會的控制，參與組建了「認信教會」（Confessing Church），與官方的「帝國教會」相對抗。他還通過一系列公開演講表達了對納粹當局的敵意，

7　參閱理查德·J·埃文斯《當權的第三帝國》，第 226–233 頁。哲理盧譯，北京：理想國／九州出版社，2020 年。

點名道姓批評戈培爾等納粹領導人，終於為當局所不容，1937
年被抓，希特拉親自下令將他關進塞克森豪集中營，受盡羞辱
和折磨，戰爭結束前差點被處死。在集中營，尼莫拉見證了猶
太人遭受的苦難，開始反思早年的反猶主義觀點。他告訴一位
獄友，猶太人和日耳曼人一樣，應該被同等對待，他之前要求
限制猶太人公民權利的想法是錯誤的。二戰後，回憶起自己被
捕和牢獄生涯時，尼莫拉為當初和納粹政權達成妥協而後悔，
為追求狹隘的宗教利益而自責，寫下了那篇著名的反納粹懺悔
詩《起初他們》，其中最後一句是：「當他們來抓我時，再也沒
人為我說話了。」

也就是說，一個人持什麼樣的觀點，本身不構成區分真
君子和偽君子的標準。人與人之間觀點不同，見仁見智，正是
人類進步所必須的，因為事前沒有辦法判斷什麼樣的觀點是對
的。科學真理也是相對的，許多曾經被認為是正確的、科學的
理論、信條，後來證明是錯誤的；而一些原來被認為是錯誤的
觀點，後來證明是正確的。當然，如果認識到自己錯誤，但出
於「面子」，死不認錯，那就是偽君子。

不過，因為通常情況下，違反「主流」比遵從「主流」需
要承擔更大的個人成本（這是「社會壓力」的基本含義），遵
從「主流」者中的偽君子比不遵從「主流」者中的偽君子比例
要大。比如，在天主教佔主流的社會，天主教徒中的「偽君子」
比例一定高於基督新教信徒中「偽君子」的比例；而在基督新
教佔主流的社會，情況正好相反。「左派」和「右派」中都有
「真君子」和「偽君子」，但在「左派」佔主流、正統地位的社
會，「左派」中「偽君子」比「右派」中的「偽君子」比例高得
多。「偽君子」和「主流」是相互強化的：「主流」生產「偽君
子」，「偽君子」創造「主流」。

我們可以給出如下圖所示的基本分析框架。每個人都有「私下」和「公開」兩方面。對一個觀點或規範，人們私下可能相信也可能不相信，公開場合可能遵從也可能不遵從。這樣，總共有四種可能的類型：A 類型：私下相信，公開遵從；B 類型：私下不相信，但公開遵從；C 類型：私下相信，但公開不遵從；D 類型：私下不相信，公開不遵從。A 類型和 D 類型是真君子，因為他們「表裏如一」；B 類型和 C 類型是偽君子，因為他們「表裏不一」。

	私下相信	私下不相信
公開遵從	A：真君子 真信仰者 表裏如一	B：偽君子 假信仰者 表裏不一
公開不遵從	C：偽君子 假不信仰者 表裏不一	D：真君子 真不信仰者 表裏如一

一個人能否做到表裏如一，第一依賴於他內在的信念有多強，第二取決於外部壓力有多大。信念特別強的人，不大容易說假話，因為說假話導致認知失調，心理成本太高。宗教的殉道者和鬧革命的犧牲者就屬這一類人，對他們來說，背叛信仰還不如死。比如，托馬斯・莫爾（Thomas More），這位亨利八世國王的首席大臣、大法官和《烏托邦》一書的作者，當亨利八世與羅馬教會分離、自認英格蘭教會首腦時，他只要簽字認可，就可以保全自己，但他寧可上斷頭台，也不願背叛自己對天主教和上帝的信仰。

希特拉 1933 年上台後，納粹黨沒費吹灰之力就征服了德國學術界，有猶太血統和公開批評納粹黨的教授被解聘，留任的教授們變得服服帖帖，甚至主動投懷送抱，數百人聯名簽署呼

籲書，支持希特拉和國家社會主義政府。但納粹黨對宗教界的征服卻遭遇到頑強而持續的抵抗，圍繞德意志基督徒理念統一國教、融合德國新教和納粹種族主義的計劃以失敗告終，與天主教的鬥爭也只取得有限的成果，即便有超過三分之一的天主教神父受到不同程度的懲罰，有些甚至被監禁。「耶和華見證人」這個宗教團體始終拒絕向納粹政權妥協，他們拒絕起誓效忠希特拉，不行納粹禮，不參加政治集會，拒絕參加選舉，拒絕應徵入伍，導致其中 950 名見證人死在集中營。其原因就在於，教士和神父比學者和專家有更強的理念，對自己的信仰更虔誠，更少功利主義，政治壓力對他們起的作用有限，有時甚至適得其反。但對大部分學者而言，「學問」就是「飯碗」，他們信奉的是「生存哲學」，很容易在外部壓力下屈服。所以不難理解，當上世紀 30 年代計劃經濟思想和凱恩斯主義時髦起來的時候，只有少數像米塞斯、哈耶克這些具有堅定信念的經濟學家，才可能舉起市場經濟的理論大旗。

對信念不很強、缺乏自信的人來說，在面臨社會壓力時，要堅持自己的觀點是很難的，所以他們更可能隨波逐流，以保持「永遠正確」。不讀書、不願思考、缺乏推理能力的人，通常不會有很強的信念，很容易被別人忽悠。這就是普通大眾容易變成「烏合之眾」的原因。希特拉非常明白這一點，所以他說：「想要發動的群眾愈廣大，宣傳中的知識水平就必須愈低……廣大人民群眾的理解力非常有限，他們知識不多，但忘性很大。」他還說，宣傳必須激發激情，而不是理性，因為「絕大多數人民群眾的性情和態度都過於女性化，以至於冷靜的說理對思想和行動的影響，遠小於情緒和感情的作用。」[8]

8　理查德・J・埃文斯《第三帝國的到來》，第 183–184 頁。賴麗薇譯，北京：理想國／九州出版社，2020 年。

這樣說當然不意味着有很強理念的人一定對人類有好處。事實上，在人類歷史上，由「真君子」的強理念導致的災難比比皆是，既有宗教的，也有世俗的。避免這種災難的辦法是減輕「主流」觀點對每個個體排他性的物質和精神壓力。比如西方近代實行的「政教分離」和宗教的世俗化，使得做「異教徒」的成本大大降低。宗教國家「政教合一」，用暴力手段迫害異教徒，災難就難以避免。

沒有人可以完全無視社會壓力，因為沒有人可以完全置個人利益於不顧。不遵從「主流」的人，通常會錯失有利可圖的機會，甚至面臨生命危險。這也是為什麼愈是自私的人，愈可能表裏不一。指鹿為馬的人不是因為自己不知道那是鹿，而是因為說真話的代價太大。因此，現實中，如果一個人能做到70%的情況下「表裏如一」，就夠得上是「真君子」了。當然，如果70%的情況下「表裏不一」，就只能歸為「偽君子」了。

沒有一個社會沒有偽君子，也沒有一個社會沒有真君子。關鍵是各自的相對比例。這取決於體制和文化。如果一個社會中的大部分人在大部分時間不得不當偽君子，這個社會就容易走向災難。

任何社會都有「主流」。一個健康的社會，人們對「主流」規範和價值觀念的遵從，是出於尊重而不是恐懼。改革就是減少人們對外部壓力的心理恐懼和得失計算，使得更多的人願意做真君子，而不是當偽君子。

10 不可高估理性的力量

　　經濟學告訴我們，理性人不會做「殺敵一千，自損八百」的事。如果你的對手對你提出威脅，你知道這種威脅如果付諸行動，對方同樣會付出代價，即使他的損失比你小，你大可一笑了之，不要被它嚇住，因為理性人在任何情況下都不會將這樣的威脅付諸行動，就像沒有人為了打死一隻老鼠打碎一個精緻的盤子。用博弈論的術語，這是「不可置信的威脅」（incredible threat）。德國經濟學家澤爾騰（R. Selten）認為，理性人不會實施「不可置信的威脅」。他把排除掉不可置信威脅的納什均衡定義為「精煉納什均衡」（perfect Nash equilibrium），從此，「精煉納什均衡」就成為經濟學家預測理性人行為的基本概念。澤爾騰因此貢獻獲得 1994 年諾貝爾經濟學獎。

　　但經濟學家的預測與現實中人們的決策有很大距離。現實中，不僅「殺敵一千，自損八百」的事比比皆是，甚至「殺敵八百，自損一千」的事也時有發生。

　　作為經濟學者，我當然承認理性的力量；我甚至認為，理性是人類的希望。但我也愈來愈認識到，理性的力量是有限的。理性可以解釋均衡，但不能解釋非均衡；理性可以解釋許

＊　本文發表於《讀書》，2020 年第 10 期。

多常規的小決策，但無法解釋非常規的大決策；理性能解釋「遺傳」，但不能解釋「變異」。比如，理性可以解釋某種產品的價格如何隨供求條件的變化而變化，但無法解釋股票市場的崩潰；理性可以解釋工人為什麼願意受資本家的「剝削」，但無法解釋工人階級的領導者為什麼要徹底消滅「資本家階級」，從而讓大量工人失去就業的機會；理性可以解釋交戰雙方（或多方）為什麼會達成停戰協議，但無法解釋戰爭為什麼發生；理性可以解釋希特拉為什麼會失敗，但無法解釋希特拉當初為什麼能上台；等等。

戰爭的例子特別能說明問題。根據理性人模型，國與國之間不可能發生戰爭。這是因為，理性人不可能對戰爭的後果有不同的看法（在博弈論裏，這被稱為 Harsanyi doctrine）。既然如此，預期自己會輸的一方或者壓根就不會挑起戰爭，或者會一開始就乖乖投降，因而預期自己會贏的一方根本就沒有必要發動戰爭。

理性的力量之所以有限，是因為真實世界中，人的行為不僅受理性的影響，也有「非理性」的一面。這裏的「非理性」，是相對於經濟學定義的「工具理性」而言，也就是決策不是基於邊際成本和邊際收益的計算。之所以不是基於邊際成本和邊際收益的計算，或者因為這樣的計算根本不可能，或者因為即使可能，當事人也置之不顧。當然，如果我們願意改變經濟學關於理性的定義，比如用哈耶克的「演化理性」替代主流經濟學的「工具理性」（或「構建理性」），有些看上去「非理性」的行為可能是理性的，但那樣的話，經濟學的「理性人模型」就得重新構造。

結合哈耶克的知識論和心理學家的研究成果，我將這些「非理性」因素概括為四個陷阱：自負陷阱，自尊陷阱，信仰陷

阱，群思陷阱。這四個陷阱之所以值得重視，是因為它們不僅影響着個體的生存，更影響着人類的歷史進程。無論是過去還是可以預料到的將來，它們不會被理性徹底戰勝，也不會因為大數定律（Law of large numbers）被過濾掉。

自負陷阱

決策需要信息，但大部分決策需要的信息是不完備的，存在着缺失。特別是，愈是重大的、一次性的決策，信息缺失愈嚴重。並且，信息是分散的、主觀的、個體化的。這就是哈耶克說的「無知」（ignorance）。在無知的情況下，決策依賴於個體的想像力和判斷；即使兩個人有完全相同的信息，由於想像力和判斷力不同，他們也會做出完全不同的決策。因此，達到納什均衡是很難的。這裏，納什均衡（Nash equilibrium）指不同決策是相互兼容的：所有人的預期能同時實現。（納什均衡或許應該稱為「哈耶克均衡」，因為哈耶克比納什更早定義了類似的均衡概念，儘管哈耶克認為這樣的均衡很難實現。[1]）

無知使得決策變得非常不容易，而更大的麻煩是，許多人不僅不知道自己的無知，甚至認為自己無所不知，結果就出現了哈耶克說的「致命的自負」（fatal conceit）。[2] 致命的自負常常導

1　哈耶克有關均衡的定義，參閱：Bruce Caldwell. *Hayek's Challenge: An Intellectual Biography of F. A. Hayek.* Chapter 10. Chicago and London: University of Chicago Press. 2004.

2　F. A. Hayek. *The Fatal Conceit; the Errors of Socialism.* Edited by W. W. Bartley III. Chicago: University of Chicago Press. 1988.

致災難性的決策。讓我用希特拉上台和第二次世界大戰的爆發說明這一點。[3]

1930 年代初，德國還是一個非常注重家庭背景和學歷的國家。希特拉出身於下層，一個體制外的無業遊民，沒有受過良好教育，舉止粗魯，毫無政府工作的經驗，無論從哪方面看，都不像當總理的料。

希特拉 1933 年元月能被興登堡總統任命為總理，很大程度上拜德國精英們的「致命的自負」所賜。正是德國精英們普遍認為希特拉「成不了氣候」，讓希特拉成了「氣候」。保守派把希特拉扶上總理之位是為了讓他出醜，沒想到是引狼入室。

當時的德國，政府內閣由國家元首任命，無須徵求國會多數派意見。興登堡總統及其幕僚以為，給希特拉個總理頭銜，相當於把這個「麻煩製造者」關進籠子裏了，用不了多久，他就會出局。內閣裏，除希特拉本人外，納粹黨只有威廉‧弗蘭克（Wilhelm Frick）一人入閣，執掌內政部，帕彭（Franz von Papen）及其保守同僚屬多數派。帕彭任副總理，周圍盡是他的朋友，興登堡總統對他又是言聽計從，所以他認為自己絕對能降服希特拉。他對個別心存疑慮的同僚說：「我們已經把他收歸我們所用了。」「不出兩個月，我們就會把他逼到牆角，讓他只會尖叫。」與軍方關係密切的前總理施萊謝爾自信地說：「如果希特拉打算在德國建立獨裁體制，軍方將是獨裁體制內部的獨裁集團。」

但他們的預期都落空了。希特拉上任不久，就利用「國會縱火案」迫使總統簽署了緊急狀態法，取締德國共產黨，停止

3　本文所述納粹的歷史，參閱理查德‧J‧埃文斯《第三帝國三部曲》，北京：理想國 / 九州出版社，2020 年。

實施魏瑪憲法中的言論、出版、集會和結社自由。緊接着，希特拉又通過《總統授權法》，獲得不經國會同意並且不徵求總統意見的情況下的任意立法權，解散了除納粹黨之外的其他政黨，取締了工會。到 1933 年 6 月，希特拉已經建立起了事實上的獨裁統治，年邁多病的總統興登堡變成了個擺設。1934 年興登堡去世後，希特拉把總理和總統的職能合二為一，擔任「國家元首」，成為名副其實的獨裁者，權力不受任何限制，為所欲為一路狂飆，直到柏林陷落前幾天自殺為止。

許多德國人對自己當初的所作所為深感懊悔，其中最早懊悔的或許是德國共產黨。1932 年 11 月選舉成立的議會中，社會民主黨和共產黨是第二和三大黨（分別佔 121 席和 100 席），合計席位大於納粹黨（196 席）。社民黨和共產黨同屬「馬克思主義政黨」，但水火不容。如果共產黨當初不是錯誤地將社會民主黨當作「頭號敵人」，而是與其合作，共同對付納粹黨，那麼，希特拉不可能有上台的機會，共產黨也不會變成一個「非法組織」。

如果說希特拉上台是因為德國精英們的「致命的自負」，第二次世界大戰的爆發則是希特拉自己的自負所致。希特拉沒有想打一次世界大戰，他甚至沒有想打一次歐洲戰爭，他設想的最大規模的戰爭是國與國之間的局部戰爭。即使在入侵波蘭後，英國和法國發出最後通牒，希特拉仍然不認為這兩個國家真的會向德國宣戰。之前，無論德國軍隊進入《凡爾賽條約》規定的萊茵蘭非軍事區，還是德國吞併奧地利，英法兩國什麼話也沒有說；吞併捷克斯洛伐克的蘇台德地區的時候，英法兩國還與德國簽訂了《慕尼黑協定》，讓希特拉如願以償。經驗告訴希特拉，英國人和法國人都是沒種的膽小鬼，根本沒有膽量向德國宣戰。但這一次，他錯了。納粹德國 1939 年 9 月 1 日入

侵波蘭，英國和法國 9 月 3 日向德國宣戰！第二次世界大戰由此爆發。這是希特拉上台後第一次失算。

希特拉 1941 年 6 月 22 日對蘇聯發動閃電戰，斯大林毫無準備，驚慌失措，蘇聯毫無還手之力，損失慘重，也是「致命的自負」所致。斯大林知道納粹德國與蘇聯必有一戰，但他認為蘇聯至少還有一年時間備戰。他的推理是：希特拉是個聰明人，不會在兩條戰線同時作戰，在與英國簽訂停戰協定前就對蘇聯開戰，是非理性的。因此，斯大林把來自丘吉爾的警告當作「離間計」，置之不理，對自己情報人員的警告也不屑一顧。可惜，他的判斷完全錯了。

希特拉確實希望與英國簽訂停戰協議，但屢屢被丘吉爾拒絕。希特拉認為，自己已經贏了戰爭（這當然是他的錯覺），丘吉爾之所以拒絕簽訂協議，是因為背後有蘇聯的支持。只要打垮了蘇聯，英國就會乖乖簽訂停戰協議。所以必須先對蘇聯開戰。顯然，斯大林的預期和希特拉的預期是不兼容的（因而不是一個納什均衡），結果對雙方都是一場災難。據說斯大林事後得出的一個經驗是：當你做決策的時候，從來不要把自己放在對方的角度思考問題，那樣做你會犯大錯！而把自己放在對方的角度思考，正是理性決策模型的基本要求。

自尊陷阱

每個人都有自尊心（self-esteem）。常言說的「無功不受祿」，就是自尊心的表現。在生存競爭中，沒有自尊心的人，難以生存並繁殖後代。自尊心使得一個人自強、自立、自律，受人尊重，因而獲得更多與他人合作的機會。從這個意義上說，自尊心是一種演化理性（不同於工具理性）。

但自尊也帶來一些負面影響。表現之一是，自尊心使得人們常常拒絕接受批評，尤其是公開的指責和來自地位比自己低的人的批評。自尊心愈強的人，愈容易被批評冒犯。他們習慣於把他人的批評看作是對自己人格的不敬、能力的貶低、身份的羞辱和威信的損害。為了維護自己的「尊嚴」，他們常常會對批評者發起「復仇」行動。在做出反擊的時候，他們很少進行理性計算。出於自尊，他們寧可「雞蛋碰石頭」，「胳膊摔大腿」。中世紀歐洲貴族間盛行的「決鬥」就是一個典型的例子。

自尊走到極端就是自戀（narcissism）和偏執（paranoid）。自戀者和偏執狂不僅不接受批評，拒絕認錯，而且會用新的、更大的錯誤掩蓋舊的、相對小的錯誤，以證明他們從來就沒有犯過任何錯誤。結果是，錯上加錯，欲罷不能，災難不斷，直到沒有機會再犯更大的錯誤為止。

對芸芸眾生而言，自戀和偏執損害的只是自己的財富、事業、生活，最多是個體的身家性命，因為他們可用的資源有限。麻煩在於，由於政治遊戲更青睞自戀狂，位高權重的人往往有遠高於常人的自戀傾向和偏執傾向。他們呼風喚雨，支配大量社會資源，甚至擁有生殺大權。他們的自戀和偏執，他們的錯上加錯，常常給社會帶來巨大的災難，甚至生靈塗炭。

希特拉就是一個典型的自戀狂，甚至可以說是人類有史以來最大的自戀狂。他從來容不得別人的批評，包括他最信任的左膀右臂的批評。在入侵波蘭的三天前，即 1939 年 8 月 29 日，他的副手赫爾曼‧戈林仍然在尋求避免跟英國人的衝突，建議他沒有必要「賭上一切」。希特拉回答說：「在我的整個生命中，我總是把所有籌碼放在桌上。」入侵波蘭挑起世界大戰，出乎希特拉的預料，被證明是一個錯誤，但他沒有設法改正這個錯誤，而是走向一個更大的錯誤 —— 征服法國。佔領法國

後，希特拉覺得自己已經贏得了戰爭，想誘使英國簽訂停戰協議。丘吉爾不買賬，希特拉又發起「不列顛之戰」。不列顛之戰未能讓英國屈服，他又走向一個最大的錯誤——發起閃電戰，計劃用三個月時間拿下蘇聯。他認為，只要拿下蘇聯，英國人就會乖乖投降，美國就沒有可能參戰，他之前的所有決策就都將被證明是正確的！

可惜，他沒能如願，斯大林格勒戰役成為他的「滑鐵盧」。

斯大林格勒戰役被認為是二戰史最關鍵、也最慘烈的戰役，雙方死傷人數超過 160 萬。希特拉命令德軍不惜一切代價佔領斯大林格勒，與其說是為了達到軍事目的，不如說是為了希特拉本人的心理滿足，因為，這畢竟是一座以「斯大林」命名的城市。對斯大林來說，保衛斯大林格勒，也關乎自己的尊嚴和榮耀，所以他命令紅軍「絕不後退一步」，違者殺無赦。在德軍第 6 集團被蘇聯紅軍包圍後，希特拉仍然固執己見地命令保盧斯將軍堅守陣地，不得突圍，結果全軍覆沒，戰爭局勢徹底逆轉。

復仇意味着「以眼還眼，以牙還牙」。復仇就是捍衛自尊，是所有文化中都存在的、受到讚許的社會規範。共產黨鬧革命的口號是：要報仇，要伸冤，血債要用血來償！復仇作為一種威懾，使對方認識到損人利己的策略最終得不償失，不如主動合作好。從這個意義上來說，復仇是一種積極的力量，有利於人與人之間的合作。

但復仇也有消極的一面：容易導致衝突升級，兩敗俱傷。一個小小的、甚至無意的冒犯，常常引發災難性後果。復仇之所以升級，一個重要原因是雙方之間存在着信息偏差（information bias）和道德尺度偏差（moralization gap）。信息偏

差是指，雙方對傷害行為的動機、傷害程度和潛在後果有不同的感知。道德尺度偏差是指，雙方對公平、正義、合理有不同的標準；並且，人們傾向於原諒自己，苛求別人。心理學家丹尼爾‧吉爾伯特（Daniel Gilbert）指出，在一場曠日持久的戰爭中，交戰雙方很像坐在汽車後座向父母告狀的兄弟倆：「他先打了我！」「他出手比我重！」[4]

從某種意義上說，第二次世界大戰是德國人的復仇所致。德國人認為《凡爾賽條約》是第一次世界大戰後法國等戰勝國強加給德國的，非常不公平。這為希特拉挑起二戰提供了道德基礎。而《凡爾賽條約》本身嚴厲的懲罰性，可以說是法國人復仇的產物。法國人復的是 1870 年普法戰爭的仇。

儘管在有些情況下復仇是基於理性計算，但大部分復仇的情緒性大於理性。人們願意做「殺敵一千自損八百」，甚至「殺敵八百自損一千」的事，就是因為「尊嚴」比「利潤」更令人着迷。

不列顛之戰的初期，英國皇家空軍以少戰多，表現卓越。但由於機場遭到嚴重破壞，飛機和飛行員大量減少，如果納粹德國繼續轟炸軍用機場，皇家空軍估計堅持不了多久。但一架迷失方向的德國轟炸機誤將一枚炸彈投到倫敦市區，觸發了一個復仇鏈，反倒救了英國。這是開戰以來第一次非軍事目標遭到攻擊，為了報復，丘吉爾第二天就派 81 架飛機空襲了柏林。空襲本身造成的損失並不大，但引起柏林市民的恐慌，對希特拉是一件很丟面子的事。空軍元帥戈林曾向希特拉保證，絕對不會有任何一架敵機能入侵德國領空。柏林遭到空襲，讓希特

4　參閱斯蒂芬‧平克《人性中的善良天使》（下）第 620–621 頁，北京：中信出版社，2015 年版。

拉惱羞成怒，遂決定把轟炸重點轉向倫敦等城市。這是一個致命的錯誤，因為它為瀕於崩潰的英國皇家空軍提供了喘息的機會。在整修了機場、添置了更多飛機和培訓了更多飛行員後，皇家空軍得以打破納粹德國的空中優勢，希特拉不得不暫時放棄入侵英國的海獅計劃，把目光轉向東方的蘇聯。

信仰陷阱

經濟學認為人的行為受利益支配，因而是理性的。但無論歷史上還是現實中，人的行為也受信仰的支配。信仰可能是宗教的，也可能是世俗的（如意識形態、民族主義）。

信仰有一種不受個體控制的魔力，驅使人們做出理性計算難以證成的決策，甚至完全違背自身利益的決策。這種決策可能是善的，也可能是惡的。事實上，人類歷史上最大的悲劇都是理想主義者追求信仰的結果，而不是現實主義追求利益所致。比如羅馬帝國尼祿皇帝屠殺基督徒，君士坦丁時期基督徒迫害異教徒，中世紀十字軍東征，歐洲的宗教戰爭，法國大革命和拿破侖戰爭，俄國內戰和農業集體化，越戰，納粹集中營，阿富汗戰爭，伊斯蘭共和國，等等，無不與信仰有關。確實，有時候理想主義只是利益的偽裝，但不可否定，許多幹壞事的人是真誠的理想主義者。希特拉就是一個理想主義者。他個人生活很簡樸。

信仰的魔力來自其目標的善。善的目標賦予行動者一種道德力量。理想主義者總是用目標的善證明手段的正當性；為了崇高的目標可以不擇手段，不論這些手段實際上是多麼殘忍。信仰可以使人完全喪失人性，變得瘋狂。即便大規模屠殺無辜也理直氣壯，或者是為了上帝的榮耀，或者是為了某種烏托邦

理想。理想主義可以令自己造成的任何災難都被解釋成不得不付出的代價，就像「良藥苦口利於病」一樣。斯大林把數十萬富農槍斃、抓進集中營或送到西伯利亞是正當的，因為他們反對農業集體化，而農業集體化是實現社會主義的要求；波爾布特處決柬埔寨所有戴眼鏡的高棉人，因為眼鏡證明他們是知識分子，知識分子就是無產階級的敵人，該殺！

　　民族主義和種族主義也是信仰，經常導致種族衝突、戰爭，甚至種族滅絕。納粹在集中營屠殺了 600 萬猶太人，其手段之殘忍，令人毛骨悚然。那些執行屠殺命令的納粹官兵，作為個體也像普通人一樣，有善的一面，但他們為什麼會幹令人髮指的反人類勾當？因為希特拉給他們灌輸了一種極端的反猶主義信仰：猶太人是德意志民族所有苦難的根源，他們總是用陰謀詭計顛覆德國，他們污染了雅利安種族的純潔。在具有這種信仰的人眼裏，猶太人不是人，是害人蟲，是撒旦，是魔鬼，屠殺他們就沒有了罪惡感。希特拉本人是一個素食主義者，甚至見不得人們屠殺動物。一個見不得屠殺動物的人立志滅絕一個有上千萬人口的種族，可見信仰的魔力是多麼強大！

　　希特拉上台後，納粹黨在德國大學裏搞了一場「焚書坑儒」運動，運動的主力是學生組成的「希特拉青年團」，他們對納粹黨的意識形態堅信不疑。不僅猶太裔的教授被解職，猶太學者的書籍移出圖書館並銷毀，甚至像愛因斯坦、赫茲、哈伯這些猶太裔科學家的名字都不能提。納粹黨提出要建立「雅利安物理學」、「德意志數學」、「德意志化學」；任何國際期刊的內容包含對第三帝國的批評，德國大學圖書館就取消訂購，連英國出版的《自然》這樣的雜誌也不例外。1933 年 5 月 10 日，全國19 座大學城組織了一場「打倒非日耳曼精神的行動」，學生們按照納粹意識形態標準，編製了一份「非日耳曼」圖書清單，把

清單上的書一本一本從各種圖書館搜出來，然後堆在公共廣場付之一炬。

在納粹德國，「希特拉」本人也成了一種信仰，希特拉就是上帝。許多德國人遇到自己沒法判斷的事，會滿懷信心地說「我相信他」，「他總是對的」。在戰爭即將結束，俄國人已經到了柏林大門口，納粹敗局已定的時候，一位受傷的二等兵還說：「領袖最近剛宣佈，我們必勝。他從來沒有騙過我們。我相信希特拉。」

正因為如此，納粹德國戰敗亦不足以讓希特拉走下神壇。真正讓希特拉走下神壇的是戰後的紐倫堡審判。紐倫堡審判讓德國人了解了真相。沒有紐倫堡審判，納粹的歷史很可能在德國重演。

群思陷阱

第二次世界大戰爆發後，美國一直保持中立，直到 1941 年 12 月 7 日日本偷襲珍珠港後才參戰。即便在當時，任何頭腦清醒的人都明白，美國參戰，日本必敗。所以，珍珠港事件令丘吉爾和蔣介石都欣喜若狂。

難道日本政府的決策者就看不明白這一點嗎？他們當然看得明白。海軍大將山本五十六曾警告近衛首相，日本成功對抗美國的時間不會超過一年。在戰後的東京審判上談到對美國開戰決策時，鈴木貞一（戰時任企劃院總裁）回憶說：「海軍打從心底認為與美國開戰必敗無疑，只是不願意公開表態。陸軍未必真想打仗，但又激烈反對從中國撤軍。外務大臣堅定地認為，不答應從中國撤軍，與美國交涉斷無希望成功。因此，首

相若想避免戰爭，僅存的辦法要麼是讓海軍大臣正式公開其真實想法，要麼是讓陸軍理解海軍未公開的意圖，並同意撤軍。我看得出首相很為難，因為從他個人來說，他覺得自己無力說服海軍或陸軍。」[5]

這樣，一群聰明人做出了一個愚蠢的決定，讓日本走上一條自取滅亡的不歸路。類似的情況同樣發生在戰爭後期。在戰敗已成定局的情況下，沒有人願意站出來力主接受《波茨坦公報》，無條件投降，直到白白挨了兩顆原子彈。這就是「群思陷阱」導致的結果。

「群思陷阱」（group think）指的是群體中出現的這樣一種現象：群體成員追求「和諧一致」的願望導致了一個非理性的決策。這裏的關鍵是，和諧的願望！這種願望產生了不惜一切代價達成一致的傾向，每個人以團體的立場為自己的立場，不同意見被隱藏起來，或者被置之不理，因而群體表現出高度一致。為了和諧一致，人們甚至忘了群體本來的目標。

在群體中，個體之所以不願意表達自己的真實想法，壓制自己的良心和理智，首先是因為他渴望被群體成員接受，不想成為另類，不想成為團結的破壞者；其次是因為他沒有把握自己的判斷一定是正確的，不願在同事面前暴露自己的「無知」和「固執」；第三是因為沒有人願意承擔責任，既然決策是大家的意見，即使錯了，自己也不需要對此負責。

5　參閱伊恩‧布魯瑪《創造日本：1953-1964》，第五章。倪韜譯，四川：理想國 / 四川人民出版社，2018 年版。

耶魯大學心理學家埃文・詹尼斯最早對群思陷阱做了系統研究（Irving Janis, 1972）。[6] 他認為，具有如下特徵的組織最容易陷入群思陷阱：（1）高度追求和諧團結和團隊精神；（2）不重視個體的表達自由，不鼓勵創新；（3）領導人行事專斷，自以為是；（4）群體成員由提拔任命，背景和信仰過於同質化；（5）成員之間信息交流不暢，個體處於孤立狀態；（6）決策缺少程序規範；（7）面臨強大的外部壓力、特別是外部威脅，決策要解決的問題既複雜又緊急；（8）近期決策失誤多，降低了個人的自尊。

上述特徵意味着，層級愈高、競爭性愈弱的組織，影響範圍愈廣、後果愈嚴重的決策，愈容易陷入群思陷阱。比如，群思陷阱在政治組織比在商業組織更可能出現，在戰爭年代比和平時期更為頻繁。

前面提到日本偷襲珍珠港的決策，事實上，在其原著中，詹尼斯把在珍珠港事件中，美國的措手不及作為群思陷阱的典型案例。駐夏威夷的美國海軍將領有一種共同的錯覺：日本人不會進攻夏威夷。所以即使來自華盛頓的警告也沒有引起他們的重視。

一場戰役，日美雙方都陷入了群思陷阱，日本人的群思陷阱把日本送上自取滅亡的不歸路，美國人的群思陷阱讓美國太平洋艦隊損失慘重。

以上我們分別分析了四個非理性決策陷阱。需要指出的是，這四個陷阱不僅是相互關聯的，甚至經常是共同發揮作

6　Irving L. Janis. *Victims of Groupthink: A Psychological Study of Foreign-policy Decisions and Fiascoes.* Boston: Houghton, Mifflin. 1972.

用。比如，當希特拉變成一尊神（信仰陷阱）的時候，希特拉本人變得不僅更加自負，而且更加不能容忍別人的批評（自尊陷阱），納粹高層必然陷入群思陷阱。再比如，計劃經濟之所以能在許多國家實施，首先是因為國家領導人有一種信仰：計劃比市場更有利於資源的有效配置和國家的富強；其次是因為領導人很自負，覺得自己無所不知，無所不能，因而有能力制定社會最優的生產計劃；再次是因為領導層陷入群思陷阱：所有決策都能一致通過，聽不到不同聲音；第四是因為領導人很在乎自己權威的尊嚴，很自戀，任何對其權威的冒犯都不被容忍。

如何減少非理性決策導致的災難？最有效的辦法是權力和資源的分散化，以野心對抗野心，以權利約束權力。在競爭性市場中，每個人都可能犯錯誤，但每個人的資源都是有限的，沒有人有機會持續地犯災難性錯誤。像埃隆·馬斯克（Elon Musk）這樣野心勃勃的人，作為企業家，只有消費者和投資者願意為他的決策買單，他的商業帝國才能生存和發展；即使他因為決策失誤而破產，社會也不會損失太大。但如果他是一個國家的統治者，權力得不到有效制約，就非常可能給人類帶來重大的災難。

第二編

中國改革的理念與領導力

11 中國經濟改革的演進特徵

　　中國經濟改革已經有 25 年的歷史。回過頭來看，有兩個顯著的現象與改革初期（甚至在改革開始後相當長時間內）人們的設想大不相同。第一，改革的過程遠比當初設想的要長。最初，改革者設想大約需要五年的時間完成改革；即使到 80 年代中期，許多改革者仍然樂觀地預期，到 1990 年——最晚到 1995 年，改革應該劃上一個句號（所以有「三五八改革規劃」）[1]。但 25 年過去了，中國仍然處在改革的過程中，我們仍然不知道改革將終於何時。第二，改革的結果遠非當初設想的。最初改革的目標是「完善公有制基礎上的計劃經濟」，但現在的情況是：儘管我們還沒有達到完全的市場經濟，但計劃經濟已不復存在；儘管國有企業仍然是國民經濟的重要支柱，但在許多行業，非國有企業已成為或正在成為主導力量。即使在蘇南這個 80 年代被普遍認為是新型公有制經濟典範的地區，現在，100% 的村級企業、95% 的鄉級企業、90% 的縣級企業和 85% 的市級企業都被民營化了。

---

*　本文是作者 2003 年在體改研究會紀念改革開放 25 周年上的演講稿。儘管寫於 2003 年，本文的基本觀點在今天仍然是適用的。

1　「三五八改革規劃」即三年規劃、五年規劃和八年規劃，或分別稱為改革的短期規劃、中期規劃和長期規範。八年規劃的最後一年是 1995 年。據說，當時的總書記趙紫陽認為，1995 年應該能完成改革。

為什麼改革的實踐與當初的設想有如此大的差距？因為制度的變遷只能是一個自發演進的過程，不可能是人為設計的結果。制度是社會的遊戲規則，設計這些遊戲規則需要大量有關技術和個人行為的信息，而這些信息總是分佈於眾多的個人參與者之中，沒有一個計劃者可以獲得設計制度所需要的足夠多的信息（更不要說全部信息）；這正是計劃經濟失敗的原因。哈耶克所論的計劃經濟失敗的原因也是我們理解中國改革進程的關鍵。[2] 當然，這樣說並不是否定改革設計者們作為改革的第一推動力的重要作用，而是說，任何人為設計的改革方案，都不可能超越制度變革本身的演進邏輯。

中國的改革被認為是漸進式的改革（gradualism），但這種漸進式改革絕非人為設計的結果。中國的改革並沒有一個連續不變的目標，更沒有一個精心規劃的藍圖。改革的過程通常是「從易到難」循序漸進地展開，常常是走走停停，返返復復，表現出很強的試錯性質。許多重要的改革措施常常由地方政府甚至更基層的普通人發起的，而不是從上到下實施的。[3]

中國的改革過程多多少少像一個隨機行走（random walk）的過程，也就是鄧小平先生說的「走一步看一步」，「摸着石頭過河」。之所以「摸着石頭過河」，一個原因是因為當時沒有人知道對岸到底在哪裏。在 20 世紀 70 年代末期改革剛剛開始的時候，不論是國家領導人還是一般的民眾（包括經濟學家），都弄不清楚改革應該朝哪個方向走。即使當時中國知道朝哪個方向改革，仍然面臨一個如何去改的問題。設計一個從計劃經濟到

2　F. A. 哈耶克〈知識在社會中的運用〉，收錄於《個人主義與經濟秩序》。鄧正來譯，北京：三聯書店，2003 年版。

3　參閱張維迎、易綱〈中國漸進式改革的歷史視角〉，收錄於張維迎《市場的邏輯》第三版，西安：西北大學出版社，2019 年版。

市場經濟的轉型規劃並非易事。國家領導人和經濟學家都不清楚市場這個機器是怎樣運作的。經濟學家只能從教科書上學到一些市場經濟的理論，但是他們沒有實際的體驗。老一輩經濟學家又對馬克思主義經濟學十分着迷，他們有為什麼必須改革的理論，但無力回答改革應該如何進行的問題。青年經濟學家們少了很多意識形態方面的條條框框，更追求實用性的東西，但他們中間的很多人都存在理想主義。

之所以沒有人知道如何去改革，部分原因就像很多經濟學家所說的那樣，改革是一個「幹中學」的過程，改革不同部分的相互依賴性只能陸續地顯現出來。當我們在爭論「計劃為主」還是「市場為主」的時候，我們事實上不明白任何市場競爭的引入都會導致計劃體系的瓦解；當我們在討論「價格改革先行」還是「企業改革先行」的時候，我們事實上不明白無論任何一個方面先行，都會引起「多米諾骨牌效應」，推動其他方面的改革。

即使經濟學家們和改革的領導人有能力設計好改革的方案，實施這樣一個巨大的方案也需要一個強而有力的權力機構。構建改革方案的鼓吹者們暗含的假設是：這樣的權力機構已經存在，但是這個假設並不現實。缺少富有改革思想的權力支持是幾種全面改革方案最終在 20 世紀 80 年代失敗的主要原因之一。中國的權力結構實際上是一個分割型的。不只是上層領導者之間有權力分割，不同級別的政府都有着不同的權力範圍。正是在這樣一種情況下，主要的政策制定不僅僅要高層取得一致，還需要很多環環相套的政府部門有積極的合作態度，他們也許會操縱不合他們利益的政策的實施過程。套用現代經濟學理論來解說，改革方案只有在滿足相關政府部門的參與約束和激勵相容約束時才能得以實施。由於政府官僚的利益要求

是多樣性的，所以不可能有這樣都滿足的方案。政府官僚總是按照他們自己的利益來利用權力操縱改革，這經常會使得本來很大膽的改革舉措最後變得謹慎小心敷衍了事。最終的結果正像陳抗（1992）所説的：「所有那些被提出的改革方案，那些試圖實施但以失敗而告終的改革措施，以及那些已經成功實施的改革，都是在中央計劃體制下複雜政治勢力的結果，而不是簡單的應用抽象經濟學模型所能得到的。」[4]

經濟改革不僅僅是改變體制，還要改變人，包括人們的習慣、價值判斷以及行為。在計劃經濟中，所有的事情似乎都是確定的，人們過着十分平靜的生活。決定權集中在一小部分人手中，大多數人不須要為他們自己做出選擇，即使對於那些決策者，由於固定的環境，他們的大部分工作也僅僅是例行公事而已，不需要主動性，創造性，也不需要創新。對於那些長期生活在這種體制下的人來説，要適應市場經濟那種面對不確定的環境自己抉擇的情況並不是一件容易的事情。讓他們學會怎樣面對價格波動、不確定性、多重選擇和競爭，需要一個過程。如果我們想像一下，1980 年代將一盒火柴的價格從兩分錢提到三分錢都是一個政治問題，就可以明白，讓民眾適應市場經濟是多麼的難。很多改革的延誤都是因為普通人在這樣不確定環境中的猶豫不決和管理者無法操縱市場而造成的。企業家階層的出現對於市場經濟的效率是至關重要的，但是這個階層的出現也要花費一定的時間。擴大企業自主權是國有企業改革的一個主要目標，但是在早期，很多管理者卻不喜歡自主權，因為他們習慣於執行上級制訂的決策，而不適應自己制訂決策。

4　Chen, Kang. "Crossing the River while Groping for Planned Stone: A Public Choice Analysis of China's Economic Reform." Mimeo. 1992.

從某種意義上來說，中國經濟改革是一個「歪打正着」的過程。許多真正推動改革前進的措施，恰恰是當初被許多經濟學家嚴厲批評的、甚至是一些所謂的「保守派」執行的政策。這裏，我以「財政大包乾」和「雙軌制」為例説明這一點。

　　財政包乾制度於 1980 年首先引入，1984 年作了一些調整，1988 年才完全實現制度化。按照這一制度，下一級政府把本地財政收入的固定比例（或額度）上繳，剩餘部分自留，不同級別政府以及相同級別的政府部門的財政剩餘部分不能由中央政府隨意轉移。這一體制受到了中國很多富有改革意識的經濟學家的猛烈攻擊，他們認為這一體制「加強了地方保護主義，分割了市場，增加了地方政府對企業的干預」。實際上，最初引進這套體系也不是為了市場化的改革，而是為了穩固中央財政收入。然而，20 世紀 80 年代，這項政策對中國經濟的市場化起到了巨大的作用。

　　首先，這一體制實際上將整個中國經濟劃分成很多小的公有經濟體，相當於對不同級別的政府進行了財產劃分，每個地方都成了一個「大公司」，每一等級的地方政府變成了公共經濟剩餘部分的實際所有者。這樣的劃分提高了地方政府的監督積極性和企業的工作積極性。因為地方政府更接近於「代理人」（民眾），所以企業面臨着更大的上繳利潤壓力。[5] 更進一步説，由於地方政府不能通過印製貨幣的方式擴大財政支出，因此他們的預算約束比起中央政府來是更硬了。正是這一財政管理體系刺激了中國鄉鎮企業的發展，現在民營化的「鄉鎮企業」已成為非國有經濟的重要組成部分。

5　我在〈公有制經濟中的委託人─代理人關係：理論分析和政策含義〉一文中對此做了分析。見張維迎《企業的企業家─契約理論》，上海：上海人民出版社，1995 年版。

第二，財政包乾體制也迫使地方政府相互競爭，有利於整個經濟的市場化轉變。儘管地方政府也許會使用行政計劃手段來控制本地企業，但是它對其他政府只能採取討價還價的辦法。地方政府討價還價的過程加劇了中央計劃體制控制的難度，最終迫使計劃經濟走上了「雙軌制」。地方保護在短期內可能會起作用，但是反對保護的力量可能更為強大。經濟愈是有效率的企業和地區就愈是想要打破障礙，進入其他地區的市場。地方保護主義也在一定程度上對整個經濟的市場化作出了貢獻，之所以這麼說，是因為它迫使那些長期在中央政府低價原料供應保護下的企業和地區走向了市場。

第三，根據我和我的合作者的一項實證研究表明，地方分權政策導致了地區之間的競爭，地區之間的競爭引發了 90 年代的民營化浪潮。[6] 這裏的原因是，由於產品市場上地區之間的競爭非常激烈，每一個地區都必須盡可能降低生產成本以維持生存所必須的最低市場份額，因為沒有了市場，也就沒有了財政收入。為了促使經理降低生產成本，地方政府就必須讓渡全部或部分股份給經理。產品市場的競爭愈激烈，地方政府讓渡就愈多，而民營化程度也愈高。這是蘇南企業民營化的重要原因，也是其他地方民營化的重要原因。

90 年代，財政包乾制已被新的分級稅制所取代，這可以說是與時俱進，但財政包乾制度對中國改革的巨大推動力是無論如何不應被低估的。

6　Shaomin Li, Shuhe Li and Weiying Zhang. "The Road to Capitalism: Competition and Institutional Change in China." *Journal of Comparative Economics*, Vol. 28, No. 2, pp. 269–292. 2000.

推動中國改革的另一項重要舉措是「雙軌制」。儘管我本人在 1984 年 4 月第一次提出並系統論證了雙軌制的改革思路 [7]，但雙軌制實際上是隨着 1980 年代初經濟結構調整和地方分權而自發產生的。1980 年，政府決定在兩年的調整期內暫緩改革。然而，從結果來看，改革實際上並沒有因為調整而暫緩。相反，20 世紀 80 年代工業產品第一個大的市場擴張就是調整政策的後果。當政府將計劃資源配置的重點從重工業轉移到輕工業的時候，重工業和輕工業都產生了過剩的供給。重工業中，類似鋼產品這樣的原材料都變得過剩；由於計劃訂購取消，機械生產部門更是遭受了巨大的打擊。輕工業方面，在經歷了長期短缺之後，手錶、縫紉機等傳統消費品也出現了生產過剩。過量的供給導致了產品降價和競爭的強大壓力。開始的時候，政府力圖採取價格調整、限產等計劃手段來控制局面。但是問題的嚴重性讓政府最終不得不放棄了這種嘗試，因為對企業來說，產品在市場上銷售出去才是唯一的活路。因此，調整政策導致了第一次工業品市場的出現。手錶工業就是一個很好的例子。根據 Byrd 和 Tidrick（1984）的記載 [8]，從 1980 年到 1983 年，政府三次降低官方的手錶價格，共計降低了將近 20% 多。雖然如此，比起計劃部門的制定的產量目標，企業生產的產量遠遠大於這些目標。而銷售商只要那些容易按照計劃價格賣出的手錶。企業只好讓工人在大街上擺攤，按照市場價格賣手錶。於是手錶的計劃價格後來逐步消失了。值得注意的是，調整政策不僅導致了消費品市場的出現，生產資料市場的出現也是後果之一。其實早在 1980 年，一機部（編按：第一機械工業部）下

7　見張維迎〈以價格體制改革為中心帶動整個經濟體制改革〉，收入作者《市場的邏輯》一書，西安：西北大學出版社，2019 年第 3 版。

8　William A. Byrd, and Gene Tidrick. "Adjustment and Reform in the Chongqing Clock and Watch Industry." *World Bank Staffing Working Paper*. No. 652. 1984.

屬企業的計劃外直接銷售就佔到了總銷售額的 46%，機器生產的市場銷售佔到了 33%（Byrd, 1987）。[9] 到 1983 年，雖然官方沒有廢除計劃價格，但是大多數機械工業產品實際上已經按照市場價格出售了。1985 年，政府正式把「雙軌制」作為價格改革的思路。

雙軌制隨後同樣也被大多數其他改革領域所採用，包括外匯市場改革、勞動力市場改革、房改、社會保險改革以及所有制改革。最終的結果，到 80 年代後期，整個中國經濟成為了一個雙軌制經濟。

雙軌制是中國漸進式改革最重要的特徵，它包含了改革中大多數的特點。雙軌制的關鍵一點不是計劃和市場兩個交互存在的價格體系，而是它從邊際上把市場機制引入中國經濟，允許市場範圍不斷擴大。舉例來說，市場交易不是削減計劃的配置而是做出地域或者範圍的劃分；民營化的部分不是通過對國有企業進行私有化或者解除國有控制，而是放開新企業的進入門檻限制。這對於理解雙軌制來說至關重要。

雙軌制由於其產生的官員腐敗後果曾受到廣泛批評。但回過頭來看，這可能是制度變革不得不付出的代價之一。如果我們認為改革是必要的，新體制就必須至少應該是一個「卡爾多—希克斯改進」，也就是社會總財富的增加。但如果我們不能把「卡爾多—希克斯改進」轉化為一個「帕累托改進」，改革就可能根本無法進行。改革與革命的不同就在於它尊重既得利益，否則，就不可能是一個「帕累托改進」。雙軌制的主要特徵之一是尊重在舊有體系下形成的各個利益團體的現狀。這就

9　William A. Byrd. "Impact of the two-tier plan/market system in Chinese Industry." *Journal of Comparative Economics*. Vol. 11, No. 3, pp. 295–308. 1987.

是為什麼從它一開始在一個特殊的起點出現而沒有遭到任何強烈抵制的原因。很多經濟學家認為，經濟改革中因為一些人的境遇必須變壞，所以改革不可能是一個帕累托改進的過程。尤其是政府官僚被看作是改革最主要的損失者，因為他們大多數的特權和尋租行為都將在改革中被減少或者消除。如果事實確實如此，那麼改革要想成功，必須着重依賴於如何減輕來自擁有權力的官僚部門的抵制。雙軌制很好地解決了這一問題。在有些情況下，雙軌制事實上使得政府官僚的境遇更好而不是更壞，因為現在他們有更好的機會和更有效的方式去獲取經濟上的利益（尋租）。這一點可以解釋為什麼愈來愈多的政府部門轉為支持這種改革。在農村改革開始階段，很多鄉村的幹部因為失去了特權而反對改革。但是他們不久就意識到他們利用自己的人際關係和對外界的了解，可以比一般的農民更快地致富。今天農村那些最富有的人，許多都是人民公社時期的村幹部。城市的改革也有類似的現象，儘管官員們力圖按照自己的利益來控制改革。

市場經濟的主角是企業家。沒有企業家，就沒有市場經濟。雙軌制在保持經濟系統基本穩定的前提下，孕育了幾代中國企業家，他們是過去、也是未來中國經濟高速發展的主要推動力。

在改革 25 年後，雙軌制可以說是壽終正寢了。但這是雙軌制的成功，而不是雙軌制的失敗。

中國經濟改革的過程表明，「看不見的手」不僅是市場上資源配置的有效方式，也是支配制度創新的主要力量。經濟學家能夠從中國的經驗中得到很明顯的教訓。計劃經濟的市場化過程，是一個所有利益主體相互作用的博弈過程。儘管社會的精英們有能力組織一個計劃經濟，但是沒有人能夠規劃市場經

濟。原因在於，從本質上來説，市場經濟是所有參與者（包括政治家）在無形之手的控制下進行的追求利益的過程。中國的領導者們開始改革的時候並沒有想要建設市場經濟。相反，他們的目標是，通過調動人們的積極性，來完善已存在的公有制為基礎的計劃經濟。然而改革自己創造了一條通往市場經濟的路。政策鼓勵和容忍人們的自利行為，也鼓勵和默認自發的制度創新。當農民、工人、幹部被允許追求私利的時候，原有體制的缺陷就暴露出來了。有了進一步變革需要，新制度遲早會產生出來。

鄧小平先生的偉大之處就在於，他比我們許多經濟學家和學者更清楚，制度變革一定是一個自發的演進過程，不是任何人可以設計的。他推倒了舊體制的第一塊「多米諾骨牌」，我們有理由相信，他所啟動的改革事業一定會按照自身的邏輯持續下去。

12　知不知，小平也

　　鄧小平是一位堅定的市場化改革者。他之所以能成為這樣一位改革者，是因為他是有大智慧的人。他最大的智慧就在於知道自己的「無知」，承認自己的「無知」。正是因為知道自己有所知有所不知，知道沒有人無所不知，他相信市場經濟才是實現民富國強的康莊大道，並選擇了「摸着石頭過河」的漸進式改革道路。

智者知不知

　　人們習慣於用知識的多寡區分人的聰明和愚笨，如說聰明人滿腹經綸，愚笨者愚昧無知。

　　其實，就智慧而言，人與人之間最大的區別不在於是否擁有某些特定的知識，而在於是否認識到自己在知識方面的不足。

　　智者知道自己的無知，也勇於承認自己的無知；愚者不知道自己的無知，或者即便知道，也不願承認。

　　所以，老子說：「知不知，尚也。不知知，病也。」

*　全文發表於《財經》雜誌，2018 年第 27 期。

孔子說：「知之為知之，不知為不知，是知也。」孔子又說：「吾有知乎哉？無知也。有鄙夫問於我，空空如也。我叩其兩端而竭焉。」

蘇格拉底說：「我知道自己什麼也不知道。」（I know that I know nothing.）據說有個雅典人曾宣稱自己無所不知，要和蘇格拉底辯論。辯論之後，蘇格拉底對他的學生說：我比這個人聰明！學生問：何以見得？蘇格拉底答道：我們倆人都不知什麼是善惡，但他以為自己知道，而我知道自己不知道。所以，我比他聰明一點。

莎士比亞說：「傻瓜認為自己是聰明人，而聰明人自認為自己是傻瓜。」

哲學家羅素說：「有關我們時代最痛苦的一件事是，那些自以為什麼都確定無疑的人都是些傻瓜，而那些有一定想像力和理解力的人則充滿疑惑，猶豫不決。」

任何科學發現，都從承認無知開始。

無知者無畏

為什麼聰明人知道自己無知，而傻瓜不知道自己無知？

因為，一個人產生和擁有某種知識的能力，也正是評價該知識本身所必須具備的能力。缺乏這種技能，不僅意味着他沒有可能獲得這種知識，也意味着他沒有能力認識到自己不具有這種知識。比如說，一個不懂得語法的人，不可能知道自己在語法上犯了錯誤；反之，一個懂得語法的人，知道自己寫的句子是否犯了語法錯誤。

在心理學上，這被稱為「杜寧—克魯格效應」（Dunning-Kruger effect）。基於四個心理學實驗（涉及欣賞幽默的能力、邏輯推理能力、語法能力等），賈斯汀‧克魯格和大衛‧杜寧於 1999 年在《人格和社會心理期刊》上發表的一篇文章中[1]，給出如下結論：低能力的人有一種「虛幻的傲慢」（illusory superiority），會錯誤地高估自己的認知能力；這種認知偏差來自他們沒有能力認識到自己能力的匱乏；由於缺乏元認知（metacognition）的自我意識，他們傾向於高估自己的實際能力和業績，而且高估程度與實際能力成反比。比如實驗中成績最低一組的參與人，平均實際成績排名在第 12 個百分點，但參與者的自我評價排名在第 62 個百分點，不僅遠高於實際排名，而且高於平均排名（第 50 個百分點）。

杜寧—克魯格效應在現實中比比皆是。比如，1977 年參加高考的時候，和我同考場的幾個考生每門課考完都談笑風生，感覺良好。但他們沒有一個人最終考上大學。愈不知道什麼不是正確答案的人，愈不可能知道自己考得糟糕。

杜寧—克魯格效應的一個表現是俗話說的「無知者無畏」，作者在他們論文開頭引用的犯罪例子對此提供了很好的注釋。1995 年的某一天，一個名叫麥克阿瑟‧惠勒爾（McArthur Wheeler）的男子，在光天化日之下相繼搶劫了兩家銀行，並且在搶劫時沒有做任何偽裝。當天晚上 11 點，電視新聞節目播出了銀行的監控錄像，惠勒爾很快被拘捕了。當警察給他播放監控錄像的時候，他一臉愕然，喃喃自語道：「我臉上可塗着檸檬

---

1 Kruger, J., and Dunning, D. "Unskilled and Unaware of It: How Difficulties in Recognizing One's Own Incompetence Lead to Inflated Self-Assessments." *Journal of Personality and Social Psychology.* Vol. 77, No. 6, pp. 1121–1134. 1999.

汁啊！」原來，他以為只要臉上塗上檸檬汁，監控攝像機就難以識別其真面目。正是這種錯誤知識導致了他的不幸。

杜寧—克魯格效應之所以值得我們重視，不僅因為它給無能者帶來個人悲劇，更在於它可能導致整個社會的災難。不止一位哲人曾說過，人類歷史上許多壞事是好人幹的。好人之所以幹壞事，十有八九是因為他們不知道自己的無知。計劃經濟的悲劇，就是好人幹的壞事。

哈耶克的信徒

哈耶克為什麼在他年富力強、學術聲譽大振時，從經濟學轉向哲學、特別是認識論的研究？要不是 1974 年獲得諾貝爾經濟學獎，他幾乎被主流經濟學界遺忘，而他獲獎的理由是 1930 年代初對商業周期理論的貢獻，這一理論至今不被主流經濟學待見。

在很長一段時間，我曾猜想，哈耶克之所以「改行」，是因為他意識到在經濟學領域自己競爭不過凱恩斯。畢竟，許多原來他的追隨者相繼變成了凱恩斯主義經濟學家，並且博得大名，這不能不使他心灰意冷。

我現在認識到，這個猜想太膚淺！哈耶克轉向哲學研究的真正原因是，那場有關社會主義計劃經濟的大辯論使他認識到，如果不能從知識論和認識論的角度理解市場，就不能為市場經濟提供堅實的理論基礎，也就不可能摧毀人們對計劃經濟的信念。他知道，在新古典經濟學的範式內，市場和計劃難分伯仲，這就是當時許多經濟學家歡呼奧斯卡·蘭格已贏得大辯論的原因。蘭格正是用嚴格的新古典經濟學證明計劃經濟的可行

性的。事實上，直到今天，計劃經濟的幽靈（如產業政策）仍然不時登堂入室，它的護身符就是新古典經濟學的「市場失靈」理論。

哈耶克為市場經濟提供的認識論基礎，集中包含在他跨越半個多世紀寫的五篇論著中，包括：《經濟學與知識》（1937），《知識在社會中運用》（1945），《作為發現程序的競爭》（1968），《假裝有知》（1975），和《致命的自負》（1988）。其中《致命的自負》是哈耶克生前發表的最後一部著作，可以說是他學術思想的精華。

哈耶克的基本思想是，計劃經濟之所以不可行、市場之所以優越於計劃，就是因為人類的無知，以及由此產生的知識傳遞的困難。在一個由眾多人組成的分工社會，與經濟決策相關的知識分散在每個人的頭腦中，有關資源、技術和偏好的信息都是私人信息，不可能由任何人全部擁有，對任何人都不是給定的。也就是說，每個人都有一些局部知識，每個人又都是無知的。因此，社會經濟問題本質上是如何才能夠以最優的方式，把那些資源用以實現各種唯有這些個人才知道其相對重要性的目的的問題。簡而言之，經濟問題實際就是一個如何運用分散化知識的問題。

在哈耶克看來，從根本上來說，市場是一個認知裝置，是一個生產和傳遞信息的過程。通過價格和蘊藏在每個個體中的企業家精神，市場把分散的知識傳遞給分散的決策者，從而使他們能彼此協調行動，實現資源的有效配置，並不斷生產出新知識、新資源和新技術，推動社會進步。計劃經濟之所以不可行，是因為分散化的知識不可能集中於一個統一的中央計劃機關，任何試圖這樣做的行為都會導致信息本身的消散。之所以如此，不僅因為有關資源和環境的知識是不斷變化的，更由於

大部分與經濟決策攸關的知識是主觀的，是如邁克爾・博蘭尼（Michael Polanyi）說的「默性知識」（tacit knowledge），這些默性知識「只可意會不可言傳」，不能像科學知識那樣編碼，因而沒有辦法以非價格的渠道傳遞。

在西方學術界，對計劃經濟的失敗，最普遍的解釋是它不能給個體提供恰當的激勵。也就是說，計劃經濟之所以失敗，是由於人的自私。這種解釋當然沒錯。但哈耶克證明，即使撇開人的自私，僅僅由於人的無知，就足以導致中央計劃的失敗。利他主義並不能挽救計劃經濟的命運。

計劃經濟的擁護者，實際上既沒有認識到自己的無知，也沒有認識到人類知識的本質。他們以為，經過適當方式挑選出的專家組成的某個權力機關，只要被賦予足夠的權威，總有辦法收集到制定經濟計劃所需要的信息，做出合理的經濟決策。實際上，他們把有關事實性的「科學知識」和統計信息，理解為制定計劃唯一需要的知識，沒有認識到，現實生活中還有一種重要但不能系統組織的知識——默性知識，而正是在這個方面，每個人比所有的其他人都更具某種優勢，只有當立基於這種知識的決策是每個個體做出，或者經由他的積極合作而做出的時候，這種知識才能得到運用。哈耶克批評計劃經濟擁躉的幼稚是「致命的自負」，這種自負使他們無法洞見價格機制的真正作用和分散決策中體現的企業家精神，野心勃勃地試圖用中央計劃取代個體決策，導致了人類的災難。

人類的無知也意味着，市場可能出現協調失敗，企業家也會犯錯誤。

但是，在考慮一種經濟制度的可欲性時，我們不應該把現實中的某種制度與經濟學家想像的、完美無缺的烏托邦相比

較，而應該在不同的實際制度之間做比較。市場經濟之所以優越於計劃經濟，不是因為市場配置資源總是有效率的，而是因為在市場經濟下，由於逐利動機和競爭壓力，人們總是有積極性即時發現和糾正錯誤，無論這種錯誤是別人犯的還是自己犯的。一個企業家犯的錯誤，就是另一個企業家的賺錢機會。糾正別人的錯誤有利可圖，糾正自己的錯誤可以減少虧損。因此，市場是一個不斷糾正錯誤的機制。相反，在計劃經濟下，大權在握的決策者既沒有糾正錯誤的競爭壓力，也沒有糾正錯誤的盈利動機。事實上，他們最有積極性做的，是錯上加錯地掩蓋錯誤，結果通常的情況是，　系列的小錯誤累計成大錯誤，直至經濟到達崩潰的邊沿。

鄧小平沒有讀過哈耶克的著作，甚至可能壓根就不知道哈耶克是何許人也。但從中外計劃經濟的實踐中，他領悟到了哈耶克從認識論角度證明的結論：市場優於計劃。他認識到人類知識的局限性，認識到自己的無知，因而相信農民自己種地比公社幹部指揮農民種地好，「傻子」年廣久比想抓他的人更值得尊重，企業家決策比官員決策更有效，地方分權比中央集權更有利於因地制宜和發揮各地的比較優勢。這就是鄧小平發起市場化和分權化經濟改革的認識論基礎。從這個意義來説，他是哈耶克的信徒。

遺憾的是，由於不理解哈耶克的認識論，時至今日，一些經濟學家和政府官員仍然陷入「致命的自負」不能自拔。他們或者不知道自己的無知，或者假裝自己無所不知，藐視「藝高人膽大」，實則是「無知者無畏」，一會兒建議搞產業政策，一會兒沉迷於刺激總需求，結果是，根據他們的意見制定的政策不僅扭曲了中國的經濟結構，而且使中國的市場化改革受到傷害。

改革就是幹中學

鄧小平有關人類及他本人知識局限性的認知，不僅影響了中國經濟體制改革目標模式的選擇，而且影響了改革路徑的選擇。

與哈耶克一樣，鄧小平認為，經得起時間考驗的制度，一定是持續演化的結果，而不是人為設計的產物，因為沒有人有足夠的信息和能力設計出一個一勞永逸的完美制度。任何人為設計的制度都經不起時間的檢驗。這正是計劃經濟體制難以為繼的原因。

鄧小平被稱為中國經濟改革的「總設計師」。但鄧小平明白，經濟—社會改革不同於蓋大樓、修大橋，不可能按事前設計好的圖紙施工，而必須採取「走一步看一步」和「摸着石頭過河」的辦法。

「摸着石頭過河」是鄧小平漸進式改革思路最直觀、最樸素、最形象的表達。它的認識論基礎是，與經濟制度運行的所有知識一樣，改革所需要的知識也是分散化和地方化的，任何個體和領導集團都不可能擁有操作改革過程所必須的所有知識，鄧小平自己也不例外。

自上世紀 80 年代中期以來，「摸着石頭過河」的改革思路不斷受到批評。不論批評者對它的缺點論述得如何頭頭是道，他們實際上染上了「致命的自負」，自以為知道其實他們根本不知道的東西。就我所知，國家體改委從成立之日起，就以制定總體改革方案為己任，先後出台了十多個總體改革方案，但每一個方案充其量只是提出改革的一些原則性建議，沒有一個方案能稱得上是施工藍圖。這不是因為起草這些方案的人不努

力、不聰明，而是因為他們不可能有制定一個改革藍圖所需要的足夠知識。

鄧小平明白，改革所需要的大量知識是實踐知識，改革是一個「幹中學」的過程，不同改革之間的相互依賴性只能在改革過程中陸續地顯現出來。因此，他主張改革從容易的地方開始，先易後難，循序漸進，而不是畢其功於一役，不能因為「牽一髮而動全身」就搞「眉毛鬍子一把抓」。鄧小平對「一攬子改革方案」不感興趣。

由於同樣的原因，鄧小平主張搞改革先搞試驗，試驗取得成功後再大膽推廣。最為世人稱道的試驗是四個經濟特區的設立，它們可以說是市場化改革的綜合試驗區，承擔着為未來中國探索一條出路的使命。

事實上，在鄧小平時代，沒有一項重要的改革舉措不是從試驗開始的。價格改革、流通體制改革、工資和用工制度改革、財政稅收體制改革、金融體制改革、外匯外貿體制改革，等等，概無例外。即使像在上海和深圳建立股票交易所這樣重大的舉措，他也說，可以先試試，不斷總結經驗加以改進，實在不行了再關掉。

鄧小平知道，由於人類認知的局限，對可能發生的事情進行科學預測是不可能的，改革過程中免不了犯錯誤，但不改革沒有出路。所以在重大問題上，他往往願意在摸清全部事實之前就大膽推進，同時為可能發生的必要調整留出餘地。他總是鼓勵各級官員大膽地試、勇敢地闖，不要像小腳老太太走路，不要怕犯錯誤。他說，誰反對改革，就讓誰下台。因而在他的領導下，「寧可改革犯錯誤，也絕不允許不改革」成了一種官場

文化氛圍。許多成功的改革舉措都是各級地方官員冒着風險闖出來的。

鄧小平知道，中國改革和發展所需要的許多知識和思想觀念存在於別的國家，特別是發達的資本主義國家。所以他對外開放的決心從未動搖，他從來沒有想過害怕蒼蠅飛進來就把大門關上。1982 年訪問日本時，他曾說來日本是為中國的現代化尋找「仙草」。[2] 他堅持「拿來主義」，派遣官員出國考察，鼓勵年輕學者出國留學，邀請外國專家為中國出謀劃策。他把吸引外資當作引進先進技術和思想觀念的戰略性舉措，拒不接受「帝國主義夾着皮包回來了」的指控。他在國際上廣交朋友，並且虛心地聽取他們的意見，因為他知道，國際友人提供的信息，可以減少由於無知導致的決策失誤。

鄧小平有自知之明。他行事果斷，但不剛愎自用。即使不是他發起的試驗，只要行之有效，他就給予支持。他做出的決策，如果事後證明有誤，他會適時調整。對他沒有知識和信息做出判斷的新事物，他不輕易表態，而是採取「看看再說」的態度，等自己有了足夠的信息後再一錘定音，因為他相信，「實踐是檢驗真理的唯一標準」。他明白自己在經濟事務上不是高手，因而把經濟決策委任於更熟悉經濟事務的其他領導人。即使在他最擅長的外交領域，他也不急於解決那些棘手但並不迫切的難題，因為他相信，後人比今天的人更聰明、更有智慧解決好這些問題。

知不知，小平也！

2　傅高義《鄧小平時代》，第 255 頁。馮克利譯，中文大學出版社，2012 年版。

13 變革中的理念與領導力

　　我在五、六年前曾提出過一個分析中國改革的新框架，這個框架有兩個維度：理念和領導力。理念可以正確，也可能錯誤；領導力有強弱之分。理念和領導力的不同的組合對改革的影響是不同的。[1]

　　為什麼理念是重要的？我總結有兩個原因：

　　第一，支配人的行為的利益並不是客觀利益，而是主觀利益，或者說，是人們感受到的利益（perceived interests）。理念則幫助人們去構造他們對利益的理解。對於「什麼是你的利益，什麼不是你的利益，什麼有利於你，什麼不利於你」，人們是通過理念來理解的。以國與國之間的關係為例，如果我們認為貿易是零和博弈，那麼在國際貿易中就會主張貿易保護主義。二百多年前的重商主義就是零和博弈的意識形態，認為多出口，少進口，這樣黃金儲備增加，對本國有利。但如果我們接受了亞當·斯密和大衛·李嘉圖的自由貿易學說，就會認為貿易是互惠的，無論是進口還是出口，都會有利於貿易的雙方，

＊　2018 年是中國改革開放 40 周年，北大國發院在智庫品牌論壇【朗潤·格政】的基礎上，組織了改革開放 40 周年講座課，每周一位教授主講一個專題，以學術的視角回顧改革開放所帶來的變化與內在邏輯。本文是作者演講稿的部分內容。

1　Weiying Zhang. "The Power of Ideas and Leadership in China's Transition to a Liberal Society." *Cato Journal.* Vol. 35, No. 1 (Winter 2015), pp. 1–40. 2015.

我們就會贊成自由貿易政策。再看工人和資本家的關係，如果認為他們之間是零和博弈，工人受資本家的剝削，那工人為自己的利益考慮，就應該琢磨着怎麼推翻資本家，消滅企業家。但如果認為是正和博弈，有了企業家才可能有更多的就業機會，對工人是好事，那麼工人和政府所採取的行為和政策就會很不一樣。

第二，同樣非常重要的是，經濟學強調的利益主要是物質利益，而生活在社會中的人真正的利益不僅包括物質利益，還包括非物質利益，如別人怎麼看待我們，我們在社會中的相對地位、名聲，甚至在歷史上會留下什麼遺產。這種情況下，每個人就不會僅僅考慮什麼行為有利於自己的物質利益，還會想怎麼樣有助於提高自己的聲望，使別人更尊重自己。這依賴於每個人怎麼理解公平和正義。如果你所做的事情是正義的，你是一個公平的人、誠實守信的人，別人就會更尊重你。

在人與人的交往中，我們更希望交往一些有類似理念的人，而不是那些僅考慮自己利益的人，所謂「道不同不相為謀」。2018 年 3 月，美國總統的首席經濟顧問科恩（Gary Cohn）突然辭職了，為什麼呢？他有自己的理念。儘管在白宮工作令人尊重，有社會聲望，但他的理念和特朗普不一樣，就只能辭職了。國家之間的交往也是如此，不能只考慮物質利益，也要看各方持有什麼樣的理念，這對處理國際衝突非常重要。或者說，國際關係中不僅要談利害，也要講是非。就我理解，中美之間的衝突更多的是理念的衝突，而不是真實的利益衝突。

為什麼領導力如此重要？因為，無論革命還是改革，都不是在給定的遊戲規則下行動，而是要改變遊戲規則。傳統的經濟學思維是「箱內思維」（within-the-box thinking），變革是「箱外思維」（out-of-the-box thinking），這是很不一樣的。什麼樣的

規則要保留，什麼樣的規則要被替代，這是變革中最重要的選擇。要做出這樣的決策，決策者需要豐富的想像力。想像力非常重要，是企業家最重要的質素之一。一般人都是在給定的約束條件下做選擇，但領導人要改變約束條件。經濟學家喜歡假設，企業家和領導人則要改變原有假設，或者使假設變成現實。

還有一點，變革可能由少數人發起，但只有變成大眾的行動才能取得最終成功。這就要求領導人具有組織才能、動員才能，唯其如此，才有人願意追隨他。任何變革都會遇到阻力，因為變革意味着跟傳統觀念分道揚鑣，有些人的觀念沒轉過來，自然就會加以阻礙。利益受損的人往往也會反對變革。變革要想取得成功，主導變革的人一定要有堅忍不拔的意志，要有大膽的冒險精神。所以，我們可以將變革的領導人稱之為制度企業家或者政治企業家。

基於理念和領導力這兩個要素，可以得出四種不同的組合。如果用二維的圖來表示，橫坐標是領導力從弱到強，縱坐標是理念正確或錯誤。以數學的順序來說，第一象限就是理念很正確，並且領導力很強，這是最理想的狀況。第二象限是理念正確但領導力比較弱，所以這時正確的事情也無法推動，最後變革效果不理想，甚至會失敗。第三象限是理念錯誤，領導力也弱，社會就不會往前發展，甚至還有所倒退。第四象限是領導力很強，但理念是錯誤的，這時候容易出現可怕的情形。

我們可以用這個框架回顧一下人類歷史。

凡是某個國家在正確的方向上取得很大成就的變革，就處在第一象限，有強的領導力和正確的理念。凡是某個國家出現災難性後果的變革，則處於第四象限，領導人很強但是理念錯誤，社會走向錯誤的方向。

下面我們從這個角度來分析中國的變革。

在改革開放之前，中國有強而有力的領導人，但很多理念是錯誤的。大躍進時期以為依靠全民動員大煉鋼鐵就可以超英趕美，變成工業化國家，最後徹底失敗了，出現了大饑荒。文化大革命也是由於錯誤的理念得到了貫徹執行，使得國民經濟到了崩潰的邊緣，更糟糕的是人的基本權利都得不到保障。這都是第四象限的狀況。中國改革開放後，鄧小平有很強的領導力，同時也有正確的理念，他把中國帶向了完全不一樣的狀態，現在已是世界第二大經濟體，更重要的是絕大部分中國人感受到自己的生活得到了大大的改善。這是第一象限的狀況。

前段時間我寫了一篇文章 ——〈我所經歷的三次工業革命〉。我們知道第一次工業革命從 18 世紀中期開始在英國發生，19 世紀 60 年代開始第二次工業革命，上個世紀五六十年代又開始第三次工業革命。而中國僅用了四十年時間，就把西方世界二百五十多年完成的三次工業革命都進行了，所以中國人的生活才發生了如此大的變化。這就是改革開放的成就。

下面用一些具體的例子來分析，理念和領導力怎麼支配着中國過去四十年的改革開放。限於篇幅，我只談前 25 年，也就是從 1978 年到 2003 年這一段。

首先說說農村改革。農村改革首先是觀念的突破。原來認為搞集體化和人民公社是最好的方式。鄧小平主政以後，那時還有很多農村吃不飽飯，農民也不願意幹活，當時的體制沒有辦法解決中國人的吃飯問題。於是開始要把土地交給農民自己，當然這是個循序漸進的過程，從包產到組再到後來包產到戶，農民家庭成為生產主體。這是一種理念的變化，許多經濟學家在其中發揮了重要作用。在理念的變化中如果沒有強有力

的領導力，也很難推進。當時對於農村包產到戶，反對的聲音非常大，認為這樣一來就不是社會主義了；還有些既得利益者，包括當時農村的那些黨支部書記，也持反對意見。

農村改革的一個重要的推動者是時任安徽省委書記的萬里。一次中央會議上有人批評萬里，說他搞資本主義。萬里的回答是，如果你讓我在農民吃飽飯和你所謂的社會主義之間做選擇，我寧可要農民吃飽飯，也不要你的社會主義。還有一次在農業部開會，有個副部長批評萬里，萬里拍桌子說，你看你吃得腦滿腸肥，農民卻快餓死了，你還不讓他們吃飽飯，居心何在！[2]《人民日報》還發表了大篇的文章，以群眾來信的形式批評包產到戶。最後鄧小平拍板了，包產到戶逐步推開到全國，沒過幾年中國就不缺糧了，到 1984 年還出現了糧食過剩。糧食賣不出去了，而農民花在田間的時間卻比以前少。過剩的農村勞動力要出來找事幹，就有了後來鄉鎮企業的發展。

對外開放也是觀念變革的產物。新的觀念就是對外開放比閉關鎖國好，有利於中國經濟發展。廣東、福建是中國最早開放的兩個省，設立了四個經濟特區，之後還有一系列的開放措施，但最難的是一開始。這也要靠有領導力的人推動，中央層面有鄧小平、胡耀邦、趙紫陽等，下面有包括先後在廣東任職的習仲勳、任仲夷等人。開放之初爭議非常多，如果沒有強有力的領導力和正確的理念，不可能進行下去。

再看有關個體戶和私營企業的爭論。

2　傅高義《鄧小平時代》，第 394 頁。馮克利譯，香港：香港中文大學出版社，2012 年版。

個體戶在文革期間是違法的。1950 年代對工商業實行社會主義改造時就消滅了個體戶，但一直沒有完全消滅，界定為不合法。文革後二千多萬知識青年從農村回到城市，政府沒有辦法安排工作，最後讓他們自謀生路，就出現了城市個體戶。個體戶大量出現之後，市場活起來了，很多原來買不到的小商品開始出現了，政府漸漸開始鼓勵個體戶。私營企業也是這樣，1988 年之前私有企業不合法，那時就戴着所謂的「紅帽子」，但是有愈來愈多的人認識到私營企業在很多方面比國有企業更有效率，所以 1988 年修改《憲法》承認了私營企業的合法性。這個過程中有很多曲折的故事，有些人反對是因為理念不同，有些人是因為利益受損。

怎麼破除這些難題呢？需要魄力。舉個例子，很多人知道炒瓜子的年廣久，因為僱的人多了，違反了當時的法律規定，按當時的法律他要被抓起來。但在改革開放的大形勢下，下面的人誰也不敢做決定，最後報到鄧小平那裏。鄧小平說一個年廣久也不會撼動社會主義吧，這就救了年廣久一命，其他個體戶的生存環境也隨之寬鬆。溫州是私有企業最發達的地方之一，當時有八個最有名的個體戶，被稱為「八大王」，1982 年時因為政治風向不對，七個被抓，一個逃跑了，1984 年又給他們平反了。

國有企業的改革過程中也有很多曲折。擴大企業經營自主權、承包經營、股份制改造等，都有很強的反對聲，這中間經過了很多觀念的變化。到了基層國有企業民營化的時候，阻力更大。山東諸城市市長陳光把市屬的 58 家國有企業都進行了股份合作制改造，就是將企業賣給內部職工或外部人，所以得了一個綽號叫「陳賣光」，轟動全國，爭議很大。最後國務院派出調查組，結果說沒有問題。

中國加入世界貿易組織（WTO）的過程也爭議不斷。加入
WTO 之前，學術界、企業界、政界都有爭議。當時有人說，
怎麼能讓那些西方國家的企業自由地進入中國，我們的企業這
麼弱，怎麼競爭？還有人出於利益考慮而反對，因為一旦加入
WTO 以後，很多國有壟斷企業的利益就會受到損害，或者自
己的產品沒有競爭力賣不出去。最後是高層人士下定決心，在
2001 年 11 月加入了 WTO。這對中國來說意義非凡，包括現在
成了世界第一大外匯儲備國等很多成就，如果沒有加入 WTO 是
做不到的。

我想特別強調鄧小平的領導力，他能看準改革趨勢，能在
關鍵時候力挽狂瀾。1989 年之後中國的改革開放受到挫折，
反對的力量愈來愈強，局勢很緊張。這時鄧小平本來已經退休
了，但他不能看着改革半途而廢，在 1992 年南巡中做了重要講
話，最終不僅將改革開放的勢頭重新扭轉了過來，而且上了一
個新台階。因此，鄧小平很了不起，他有關經濟改革和對外開
放的理念是對的，又有很強的領導力，很果斷，敢擔當，敢冒
風險。如果沒有鄧小平 1992 年南巡講話，中國可能完全不一
樣。如果沒有鄧小平，我不認為中國今天會有這樣好的狀況。

14 知識分子可能持有愚蠢的理念

我喜歡一邊看書，一邊思考。有些名家說的話，堪稱經典，一讀，就讓我拍手叫絕，浮想聯翩。這裏和大家分享的三段話，是我最喜歡引用的。

喬治·奧威爾：知識分子可能持有愚蠢的理念

英國作家喬治·奧威爾曾說：「一些理念是如此愚蠢，以至於只有某些知識分子可能相信它，因為沒有任何一個普通人會愚蠢到相信這些理念。」這段話我是從美國經濟學家托馬斯·索維爾（Thomas Sowell）《知識分子與社會》一書中讀到的。[1] 索維爾評論說，在這方面，20 世紀知識分子的記錄尤其令人震驚，幾乎沒有一個獨裁者沒有受到某些著名知識分子的支持。

喬治·奧威爾的話，你聽了以後或許會覺得奇怪：知識分子受到良好教育，受過良好教育的人應該更聰明，怎麼會變得愚蠢？不要懷疑這一點，更不要以為受過良好教育的人說的道理就比沒有受過教育的人更正確。我在農村的時候就深有體會。上世紀搞人民公社、大躍進的時候，沒有受過教育的農

1　見托馬斯·索維爾《知識分子與社會》，第 4 頁，張亞月、梁興國譯，中信出版社，2013 年版

民都覺得不可行，是胡鬧，但一些知識分子覺得可行，大力鼓吹，他們到農村給農民做思想工作，批評農民沒文化，覺悟跟不上。事實證明在這件事上，一些知識分子比普通人蠢得多。20世紀人類最大的災難，就來自某些知識分子堅信不疑但確實非常愚蠢的理念。

為什麼會這樣？2002年獲得諾貝爾經濟學獎的心理學家丹尼爾·卡尼曼（Daniel Kahneman）有個解釋，他稱之為「理論導致的盲區」（theory-induced blindness）：一個人一旦接受了某個理論，並將其作為思考的工具，就很難注意到它的缺陷。任何一個與自身所認同的理論相違背的事件出現後，你會基於本能的排斥，找各種理由為原有理論辯解，或將此事件當成特例，或理解為自己掌握的數據不充分等等，但絕不會懷疑理論，就像信仰地心說的人不會因為火星有時倒着走就懷疑地心說一樣。[2]

我在研究企業家的時候就注意到這個問題。企業家是市場經濟的靈魂人物，經濟增長的動力。經濟學是研究市場的理論，但主流經濟學家說的市場裏根本就沒有企業家！為什麼？因為新古典經濟學的基本假設就排除了企業家的存在。新古典經濟學假定，未來是確定的，人的偏好、資源稟賦和生產技術都是給定的，每個人無所不知，每個人都有無限的理性。在這樣的世界裏，決策就是計算，每個問題都有唯一最優的答案，不需要想像力，不需要判斷，因而根本沒有企業家的用武之地。一個人一旦接受了這樣的經濟學理論，並且認為它是最好的市場理論，企業家在他的視野中就消失了！這就是理論導致的盲區。

2　參閱 Daniel Kahneman: *Thinking, Fast and Slow*. p. 277. New York: Farrar, Straus and Giroux. 2013.

哈耶克：事實本身並不能告訴我們什麼是正確的

哈耶克（Friedrich Hayek）在《致命的自負》一書中寫到：「事實本身不能告訴我們什麼是正確的，但如果我們有關什麼正確和有益的問題認識有誤，卻會改變事實和我們生存於其中的環境，甚至有可能不但毀滅已經得到發展的個人、建築、藝術和城市（我們早就知道，在各種類型的道德觀念和意識形態的破壞力量面前，它們是十分脆弱的），並且會毀滅各種傳統、制度和相互關係，而離開這些東西，幾乎不可能出現以上成就，或使它們得以恢復。」[3]

人們經常説「事實勝於雄辯」。但哈耶克的話告訴我們，並不總是如此。事實上，人們有關一些重要問題的爭論，經常不是因為對事實的認定有分歧，而是因為不同人對相同的事實有不同甚至完全相反的理解。比如，中國經濟過去四十年高速增長，沒有任何其他國家可以與中國相提並論。這是事實，大家沒有分歧。但中國為什麼取得這麼大的進步？不同人的解釋不同，甚至相反。有些人認為是由於龐大的國有部門和政府對經濟的控制，另一些人認為是因為市場化改革、對外開放和企業家精神的發揮。這兩種不同解釋導致的政策主張不同，中國經濟未來會是什麼樣的，依賴於我們相信哪一種解釋。這就是哈耶克説我們的認識會改變事實的含義。

打個比喻：如果一個人在大街上走得很快，你追上去後發現他少一條胳膊。走得快和少條胳膊都是事實，但並不能告訴什麼是正確的解釋。如果你得出一個結論，説這個人之所以

3　見哈耶克：《致命的自負》，第 27 頁，馮克利、胡晉華譯，中國社會科學出版社，2020 年版。

走得快，是因為少一條胳膊，你就會號召所有人只留下一條胳膊。如果你的號令得到有效執行，每個人都會失去一條胳膊。接下來的事實將是，許多人走得比原來更慢了！

所以，事實本身並不能告訴我們什麼是正確的。如果我們持有的理念是錯誤的，那麼我們給出的解釋也是錯的，錯誤的解釋可能帶來無窮的後患。

弗雷德里克·巴斯夏：好經濟學家與壞經濟學家的區別只有一點

19 世紀法國自由主義經濟學家克洛德 - 弗雷德里克·巴斯夏說：一個好經濟學家與一個壞經濟學家之間的區別就只有一點：壞經濟學家僅僅局限於看到可以看得見的後果，而好經濟學家卻能同時考慮可以看得見的後果和那些只能推測到的後果。他說，在經濟領域，一個行動、一種習慣、一項制度或一部法律，可能會產生不止一種效果，而是會帶來一系列後果。在這些後果中，有些是當時就能看到的，它在原因發生之後就立即顯現，人們能夠注意到它；而有些後果則得過段時間才能表現出來，它們總是不被人們注意到，如果我們能夠預知它們，我們就很幸運了。[4]

這一點非常重要，因為大多數人只能看到立竿見影的現象。

我用一個例子來說明。假如有法律或政策規定只有國企才能養雞，私人不能養雞，那麼，居民吃到的雞蛋、雞肉一定來自國有企業。如果一個經濟學家用統計數據證明國企對國計民

4　參閱弗雷德里克·巴斯夏：《看得見的與看不見的》，諶紫靈譯，中信出版社，2020 年版。

生的重要性，認為如果沒有國企，人們就吃不到雞蛋和雞肉，那他就是一個壞的經濟學家，因為他只看到看得見的，沒有看到看不見的。看不見的是，如果政府不禁止私人養雞，雞肉、雞蛋的數量會更多，且質量更高。

在有關產業政策的爭論中，總是有一些經濟學家犯類似的錯誤。他們只看到某項產業政策扶植起來的企業和產業，看不到這項政策同時消滅掉的企業和產業。我曾用「產業政策的自我證成」說明這一點。比如說，設想政府要鼓勵養狐狸，養狐狸的人可以得到財政補貼、稅費減免、廉價土地、優惠信貸，甚至他們的孩子可以優先上大學；所有經營狐狸的商家也可以得到財政補貼和稅費減免；吃狐狸肉、穿狐狸皮的人可以得到價格補助；任何人想養其他動物（如豬羊牛），或者吃其他動物的肉，都必須同時飼養或消費一定量的狐狸；等等。那麼，狐狸這個產業一定會發展得很興旺。如果再進一步，政府出台一項法律，規定任何人如果養了非狐狸動物就會受到嚴厲的懲罰，那麼，狐狸產業肯定能成為這個國家最大的養殖產業。但是，這不能證明扶植狐狸產業的政策是對的。

所以，有些經濟學家提供的一些所謂的證據、觀點，可能都是錯誤的，因為他們只看到了看得見的東西，沒有看到看不見的東西。

15　逆向淘汰的後果

　　一個組織（包括商業公司、學校、軍隊、政府等）的業績好壞，很大程度上取決於其成員的品質結構（即不同品質成員的比例）。組織中不僅不同級別成員之間的品質不同，而且同一級別內部成員的品質也相差甚大。本文證明，組織成員的品質結構依賴於三個因素：(1) 初始成員的質素；(2) 晉升規則（正向選擇還是逆向淘汰）；(3) 個體品質的演化。通過數學推演，本文將進一步證明，「晉升規則」對組織的品質結構起到決定性作用。而一個組織的晉升規則究竟是正向選擇主導還是逆向淘汰主導，則與如下四個因素有關：(1) 組織面臨的外部競爭程度；(2) 組織中個體業績的可度量性；(3) 組織是否有剩餘索取者；(4) 組織內部上一級成員的個人品行。

正向選擇

　　為了聚焦於本文的主題，我們考慮這樣一個假設的科層組織（hierarchical organization），該組織只有最底層的職位對外部

---

*　本文發表於《哈佛商業評論》，2018 年第 10 期。原文標題為〈職務晉升中的正向選擇與逆向淘汰〉。

市場開放，最底層以上的所有職位都通過內部逐級晉升補充，並且不存在越級晉升。為了敘述方便，我們將最底層級標定為層級 1，緊連層級 1 之上一層標定為層級 2，以此類推，直到最高層級（「大老闆」，可能一個人也可能數個人）。

我們假定每個成員的個人品質只有「好人」或「壞人」兩種類型。這裏的「好人」、「壞人」既可以指道德品行的好壞，也可以指工作能力的高低。現實中的人當然不止兩種類型，也沒有絕對的好人或絕對的壞人，工作能力的分佈也是連續的，但這個簡單化的兩點分佈足以說明本文的基本結論。

我們考慮兩種典型的晉升規則：正向選擇和逆向淘汰。在「正向選擇」規則下，好人比壞人有更大的機會得到晉升。反之，在「逆向淘汰」規則下，好人得到晉升的機會小於壞人。

為了說明正向選擇的重要性，我們再做一個極端化的假設：層級 1 成員（普通員工）的構成是 10% 是好人，90% 是壞人。這些普通員工可能是剛從大學畢業生中被招進來的，也可能是從勞動力市場上招聘的有一定工作經歷的人。我們先假定每個人的品質不隨時間演變，即好人永遠是好人，壞人永遠是壞人。第三節我們將放鬆這一假設。

假定不同品質的員工晉升的概率不同，其中好人晉升的概率 0.3（每十個人中有三個得以晉升），壞人晉升的概率是 0.2（每十個人中有兩個得以晉升），這樣不同級別混合（平均）晉升概率大概在 0.21 和 0.28 之間。好人晉升的概率高於壞人，這是「正向選擇」的基本含義。在這些假設下進行數學推演，我們得到如果表 15-1 和圖 15-1 所示的每一層級員工隊伍的品質結構（我們假定層級 11 是最高層）。

表15.1　正向選擇下不同層級兩類員工的比例

	好人比例	壞人比例	平均升遷率	累計升遷率
層級1	10.0%	90.0%	21.0%	21.00000%
層級2	14.3%	85.7%	21.4%	4.50000%
層級3	20.0%	80.0%	22.0%	0.99000%
層級4	27.3%	72.7%	22.7%	0.22500%
層級5	36.0%	64.0%	23.6%	0.05310%
層級6	45.8%	54.2%	24.6%	0.01305%
層級7	55.9%	44.1%	25.6%	0.00334%
層級8	65.5%	34.5%	26.5%	0.00089%
層級9	74.0%	26.0%	27.4%	0.00024%
層級10	81.0%	19.0%	28.1%	0.00007%
層級11	86.5%	13.5%		

圖15.1　正向選擇下兩類員工比例的變化

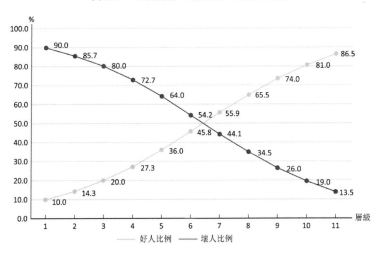

圖註：假定最底層員工好人和壞人的比例是 1:9
每一層被提拔的概率分別為 0.3 和 0.2

表 15.1 和圖 15.1 清楚地表明,即使最底層員工中 90% 都是壞人,每一層級好人晉升的概率比壞人只高出 10 個百分點,正向選擇會導致好人的比例隨層級上升而迅速增加,到層級 7 的時候,好人的比例就超過壞人近 12 個百分點(分別為 55.9% 和 44.1%),最高層(大老闆)是好人的概率達到 86.5%。如果我們假定每一層級好人晉升的概率比壞人高出 20 個百分點(即晉升概率分別為 0.4 和 0.2),到層級 6 好人的比例就超過壞人,大老闆是好人的概率接近 90%。如果假定最底層員工群體好人和壞人的比例是 5:5,而不是前面的 1:9,晉升概率分別為 0.3 和 0.2 的正向選擇規則就可以保證,到層級 6 的時候,好人的比例達到 92%,大老闆是好人的概率接近 99%。由此可見,最底層員工的品質結構愈好、正向選擇規則愈強,較高層收斂於高品質員工的速度就愈快,大老闆是好人的概率就愈高。給定高層崗位總是擁有更大的權力和責任,那麼收斂於高品質結構愈快的組織其業績當然愈好。

逆向淘汰

一個組織的職務晉升規則,既可能是如前所述的正向選擇,也可能是逆向淘汰。所謂逆向淘汰,是指好人晉升的概率低於壞人的情形,而不是說好人一定不能得到晉升。這種情況之所以會出現,可能是因為壞人比好人更會巴結上級,更會說假話,更會走歪門邪道,因而在晉升中獲得優勢地位。識別人是一件非常難的事情,即使上級主管主觀上希望提拔好人,但也可能得不到足夠的信息區別好人和壞人,最後提拔上來的可能是壞人而不是好人。

為了說明逆向淘汰對組織員工品質結構的影響,讓我們做一個與前面相反的極端假設:假定最底層員工隊伍中好人和壞

人的比例分別是 90% 和 10%；再假定好人晉升的概率是 0.2，壞人晉升的概率是 0.3，即壞人比好人高出 10 個百分點被晉升。使用與上一節類似的數學推演，我們得到如表 15.2 和圖 15.2 所示的逆向淘汰下每一層級的員工品質結構。

不算不知道，一算下一跳！即使最底層招進來的員工基本上都是好人，逆向淘汰會使員工品質結構隨層級的上升迅速惡化，到層級 7 的崗位，壞人已處於絕對主導地位，最高層（大老闆）是好人可能性只有 13.5%。真是失之毫釐謬以千里。我們看到，即使上級主管本身是好人，也渴望挑選好人，愈到高層級崗位，他的選擇範圍愈有限（我們假定不能越級提拔）。可以想見，基層員工隊伍的質素愈差，逆向淘汰愈嚴重，則較高層崗位品質惡化的速度也愈快，組織的整體業績表現也會愈糟糕。

個體品質的演化

前面我們一直假定人的品質是天生的、基因決定的，不隨時間而變化。事實上，人和動物最大的區別是人的品行不僅取決於天性，更取決於後天的養成。拉馬克的獲得性遺傳理論[1] 對動物不成立，但對人類是成立的。[2] 根據演化博弈理論，適者生存的競爭規則會誘使人們學習、模仿最成功者。如果壞人比好人更容易得到晉升，說假話比說真話更容易得到上級主管的青睞，原來的好人就可能變成壞人。

1　獲得性遺傳指生物在個體生活過程中，受外界環境條件的影響，產生帶有適應意義和一定方向的性狀變化，並能夠遺傳給後代的現象。由法國進化論者拉馬克（C. Lamark）於 19 世紀提出。——編者注

2　參閱 F. A. Hayek. *The Fatal Conceit: the Errors of Socialism*. p. 25. Edited by W. W. Bartley III. London: University of Chicago Press. 1988.

表15.2　逆向淘汰下不同層級兩類員工的比例

	好人比例	壞人比例	平均升遷率	累計升遷率
層級1	90.0%	10.0%	21.0%	21.00000%
層級2	85.7%	14.3%	21.4%	4.50000%
層級3	80.0%	20.0%	22.0%	0.99000%
層級4	72.7%	27.3%	22.7%	0.22500%
層級5	64.0%	36.0%	23.6%	0.05310%
層級6	54.2%	45.8%	24.6%	0.01305%
層級7	44.1%	55.9%	25.6%	0.00334%
層級8	34.5%	65.5%	26.5%	0.00089%
層級9	26.0%	74.0%	27.4%	0.00024%
層級10	19.0%	81.0%	28.1%	0.00007%
層級11	13.5%	86.5%		

圖15.2　逆向淘汰下兩類員工比例的變化

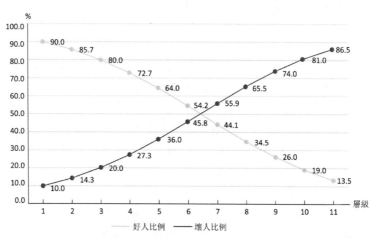

圖註：　假定初始好人和壞人的比例是 9:1
　　　　每一級升遷概率分別是 0.2 和 0.3
　　　　沒有演變（即好人永遠是好人，壞人永遠是壞人）

為了證明逆向淘汰下個人品質演化對組織帶來的影響，讓我們假定最底層員工隊伍好人和壞人的比例仍然是 9:1，每一層級得到晉升的概率仍然分別為 0.2 和 0.3。但我們現在假定，從層級 2 開始，由於模仿成功者帶來的效應，已經得到晉升的員工每一層中有 10% 的好人變成壞人（這個比例不算高）。表 15.3 和圖 15.3 給出了這一假設下不同層級的員工結構。

比較表 15.3（圖 15.3）和表 15.2（圖 15.3），容易看出，個體品質演變的可能性會使一個組織的員工隊伍質素更快地惡化。在我們的例子中，如果不存在個體品質演化，到層級 7 的時候，壞人的比例高出好人不到 12 個百分點，最高層級是好人的概率是 13.5%，但在存在個體品質演化的情況下，到層級 5 的時候，壞人的比例就高出好人 25 個百分點，最高層級是好人的概率只有 2.4%。由此可見，個體品質演化的概率愈高，員工隊伍質素惡化的速度也愈快。

好人哪去了？簡單地說，一是好人淘汰了；二是好人變壞了。這是逆向淘汰的雙重效應。

相反，在正向選擇的情況下，如果每一層級有 10% 的壞人轉變成好人，即使最底層員工 90% 都是壞人，到層級 5 的時候，好人的比例就會高出壞人 25 個百分點。

正向選擇和逆向淘汰的決定因素

前面我們分別討論了正向選擇和逆向淘汰兩種情形。那麼，是什麼因素決定一個組織究竟是選擇正向選擇主導，還是逆向淘汰主導？據我觀察，主要有以下四個因素。

表15.3　存在個體品質演化情況下不同層級兩類員工的比例

層次	初期比例		期末比例		平均升遷率	累計升遷率
	好人	壞人	好人	壞人		
層級1	90.0%	10.0%	90.0%	10.0%	21.0%	21.0000%
層級2	85.7%	14.3%	77.1%	22.9%	22.3%	4.6800%
層級3	69.2%	30.8%	62.3%	37.7%	23.8%	1.1124%
層級4	52.4%	47.6%	47.2%	52.8%	25.3%	0.2812%
層級5	37.3%	62.7%	33.6%	66.4%	26.6%	0.0749%
層級6	25.2%	74.8%	22.7%	77.3%	27.7%	0.0208%
層級7	16.4%	83.6%	14.7%	85.3%	28.5%	0.0059%
層級8	10.3%	89.7%	9.3%	90.7%	29.1%	0.0017%
層級9	6.4%	93.6%	5.8%	94.2%	29.4%	0.0005%
層級10	3.9%	96.1%	3.5%	96.5%	29.6%	0.0002%
層級11	2.4%	97.6%	2.1%	97.9%		

圖15.3　存在個體品質演化情況下兩類員工比例的變化

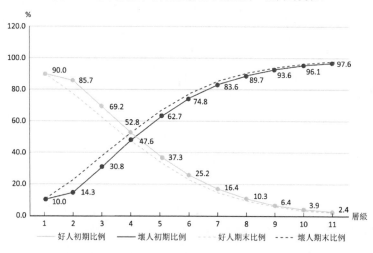

圖註：　假定初始好人和壞人的比例是 9:1
　　　　每一級升遷概率分別是 0.2 和 0.3
　　　　存在個體品質演變：每層有 10% 的好人變成壞人

第一，組織面臨的外部競爭程度。組織的業績與員工隊伍質素正相關。外部競爭愈激烈，生存壓力愈大，晉升規則愈可能由正向選擇主導。反之，壟斷性組織由於缺乏競爭壓力，更可能被逆向淘汰主導。同樣的原因，像軍隊這樣的組織，和平時期更可能由逆向淘汰主導，而戰爭時期更可能由正向選擇主導。

第二，度量個體業績的難易程度。對任何組織來說，個體品質之所以有意義，是因為它影響組織的業績。但品質通常不容易直接度量，外部人主要通過觀察到的個體業績推斷個體品質。在不同的組織，甚至同一組織的不同崗位，觀察個體業績的難易程度是不同的。個體業績相對容易度量的組織和崗位，更可能由正向選擇主導；個體業績不容易度量的組織和崗位，更可能由逆向淘汰主導。因此我們看到，逆向淘汰在非盈利性組織比在盈利性組織更盛行，在公司的行政部門比業務部門也更盛行。

第三，剩餘索取權的歸屬。剩餘索取權就是所有權。企業的擁有者（持股人）是最在意組織業績的人，因為他（她）拿的是扣除別人的合同收益之後剩餘的東西，而不是旱澇保收的合同收益。剩餘多少與組織的業績最相關。因此，有明確所有權的組織更可能由正向選擇主導，而沒有明確所有權的組織更可能由逆向淘汰主導。這就是國有企業中逆向淘汰比私人企業公司更為嚴重的原因。

第四，上級主管的個人品質。任何組織，領導人的個人品質都會直接影響提拔的標準。物以類聚，人以群分。個人道德品質和能力愈高的主管，愈傾向於正向選擇；個人道德品質和能力愈低的主管，愈傾向於逆向淘汰。所以正向選擇和逆向淘

汰都有一種自我強化的趨勢：好人把持的組織，會吸引更多的好人；壞人把持的組織，壞人會愈來愈多。「武大郎開店」的比喻說的就是這個道理。「兵熊熊一個，將熊熊一窩」說的也是同樣的意思。

上述四個因素既可以獨立影響組織的晉升規則，也可能相互作用。它們之間既有互補關係，也有替代關係。就互補性而言，比如說，外部競爭的存在會提高個體業績的可度量性（存在所謂的「標杆」），因而使得一個組織更可能由正向選擇主導；度量個體業績的難易程度也取決於組織是否有剩餘索取者，因為剩餘索取者最有積極性通過改變分工和調整組織結構提高個體業績的可度量性。就替代關係而言，即便個體業績是難以度量的，但如果外部競爭強度足夠大，組織成員之間就可能形成一種生死攸關的連帶責任，所以即便個體業績不易度量，主管也有較大的積極性採納正向選擇規則。同理，即使一個組織面臨的外部競爭很小，個體業績也不易度量，也沒有剩餘索取者，但如果主管是一個能力強、為人正派，又很有事業心的人，那這個組織也可能被正向選擇主導。反之，即便一個組織面臨很強的外部競爭，個體業績也不難度量，也存在剩餘索取者，但如果主管心術不正、嫉賢妒能，那麼這個組織也可能由逆向淘汰主導。不過這種情況不可能長久，或遲或早，這樣的主管會被替代，否則組織自行滅亡。但無論如何，缺少外部競爭壓力、沒有明確的所有權、個體業績很難度量、主管又昏庸無能的組織，更可能被逆向淘汰主導。

結束語：抓鬮也許是好辦法

前面我們分別討論了職務晉升中正向選擇和逆向淘汰及其對組織員工隊伍質素的後果，並且簡單分析了決定一個組織

是正向選擇主導還是逆向淘汰主導的四個因素。理論上，幾乎人人同意組織應該由正向選擇主導（沒有人敢公開說要搞逆向淘汰），但現實中，許多組織長期被逆向淘汰主導，而且，除非有特殊的事件發生，已經被逆向淘汰主導的組織要轉向正向選擇很不容易，這不僅是因為在這樣的組織，所有層級的主管都沒有積極性選好人，而且愈到高層，愈缺少好的候選人可供選擇。這種情況下，如果能把所有層級的崗位都向外部市場開放，而不是像我們前面假設的那樣只有最底層級崗位對外部開放，情況或許會好一些。此外，允許越級提拔也可能有助於緩解人才匱乏問題。

在一個組織難以做到正向選擇的情況下，抓鬮可能是解決職務晉升中逆向淘汰的最好辦法。抓鬮可以保證「好人」和「壞人」有同樣的概率得到晉升，因此，至少不會使得上級的質素比下級差。在我們前面的例子中，最底層級員工中 90% 是好人，10% 是壞人，抓鬮可以保證每一層級中好壞人的比例始終保持在 9:1，還可以節約每個人為晉升花費的遊說成本，組織也不需要為選拔人才花冤枉錢。

16　改革，要從功利主義轉向
　　　權利優先

　　到目前為止，中國的改革可以說是功利主義的改革。功利
主義改革的基本哲學是，經濟發展是社會最大的「善」，GDP 增
長是最大的「善」；衡量一切政策的標準就是是否有利於經濟發
展和 GDP 的增長，凡是有利於 GDP 增長的就是好的，不利於
GDP 增長的就是不好的；為了 GDP 的增長，我們甚至可以不考
慮人的基本權利和尊嚴。

　　功利主義（utilitarianism）當然不是中國人的發明。二百多
年前英國哲學家邊沁（Jeremy Bentham）創造了功利主義哲學，
用來指導英國法律制度的改革；經過他的學生、經濟學家約翰·
穆爾（John Stuart Mill）的改造，功利主義就變成了整個經濟學
的基本哲學基礎。[1] 功利主義包括個體功利主義和社會功利主義
兩個方面，個體功利主義就是每個人都趨利避害，最大化自己
的效用函數，社會功利主義就是最大化所謂的「社會福利」。社
會功利主義的基本特徵就是用目的的正當性來證成手段的正當

＊　本文根據作者於 2014 年 7 月 4 日在由亞布力中國企業家論壇與上海金融業聯合會
　　共同主辦的「第二屆外灘國際金融峰會」上的主題演講整理而成。發表於《經
　　濟觀察報》，2014 年 7 月 14 日「觀察家」版。
1　關於邊沁和穆勒功利主義的批評性評論，見默瑞·N·羅斯巴德《古典經濟學：奧
　　地利學派視角下的經濟思想史（第二卷）》，第二和第三章。張鳳林譯，北京：
　　商務印書館，2012 年版。

性。它評價任何事情的標準都是後果主義的，也就是說，只要我的目標是好的，我可以不擇手段，不論這個目標是「經濟增長」、「國家利益」，還是「社會福利」。

在許多情況下，功利主義經濟學也是擁護市場經濟的，但它把市場完全當作工具，也就是說，只有當市場被認為有利於效率、有利於所謂「社會福利」最大化的時候，它才擁護市場；一旦市場被認為不利於效率——比如說存在所謂的「市場壟斷」、「外部性」和「信息不對稱」等「市場失靈」的情況，它就主張用政府干預市場。功利主義對私有產權和自由的支持也是工具性的。

但我們人類做什麼樣的事情是正當的或不正當的，僅僅用功利主義標準可能是不行的，因為這樣的標準可能會侵害人類的基本權利。比如說，假定社會中有幾個長相奇醜無比的人，絕大多數人不喜歡他們，那麼，按照社會功利主義的標準，殺掉他們就可以提高社會總福利（「最大多數人的最大幸福」）。但我們能認為這樣做是正當的嗎？在現實中，按照功利主義的標準，任何個體的權利都可以在為了所謂的「國家利益」、「集體利益」、「社會利益」名義下被侵害、被剝奪，古今中外這樣的例子舉不勝舉。

與功利主義相對立的另一種正義標準我稱之為權利主義。權利主義是說作為個體，我們每一個人都有一些與生俱來的基本權利，這些基本權利是不可以以任何理由予以剝奪的，目標的正當性不能證成手段的正當性。權利主義也有很長的歷史傳統，它從古希臘斯多葛學派的自然法理論發展而來，二百年前德國哲學家康德提出的自由理論就是一種權利主義理論，當代政治哲學家羅爾斯的自由平等理論，諾齊克的自我所有權理

論，羅斯巴德的自然權利理論和哈耶克的自由演化主義，都可以歸為權利主義哲學，儘管它們之間也有很大的分歧。[2]

權利主義對於市場的捍衛是基於人的道德權利，人的自由本性和尊嚴，而不是效率，至少不僅僅是效率。也就是說，權利高於功利。

我們中國人雖然沒有發明功利主義哲學，但一直有功利主義傳統。秦始皇的「富國強兵」就是功利主義。當年搞計劃經濟也是功利主義的，它把國家的經濟發展（「趕超戰略」）當作一切政策的標準，也就為剝奪私有財產和個人自由提供了正當性理由。改革開放後，我們不再認為計劃經濟是發展經濟的有效手段，轉向發展市場經濟，但無論是對計劃經濟的否定還是對市場經濟的擁護，都是功利主義的。這樣的思維方式至今沒有改變。無論是「一切為了增長」，還是「穩定壓倒一切」，其實都是典型的功利主義，評價任何政策的標準就是看其是否有利於經濟增長（效率），是否利於社會穩定，而不考慮這些政策是否侵害到人們的基本權利。舉例來說，為了經濟增長，就要搞大規模的建設，要修路、蓋房子、建商場，所以就會有拆遷，這個拆遷就是正當的，至於用什麼樣的方式拆遷就無關緊要了。我們甚至可以用野蠻的手段來拆遷，造成了很多人的不幸，美其名為了國家的經濟發展。但仔細想一下，即使我們的目的是對的，你能以這樣的目的來證明我們在拆遷當中的所做所為就是正當的嗎？

2　大部分權利主義哲學可以歸入古典自由主義或「自由至上主義」(libertarianism)，羅爾斯的自由平等學術是個例外。有關自由至上主義的綜述性評論，見 Will Kymlicka (2002). *Contemporary Political Philosophy: An Introduction*. Second Edition. Oxford and New York: Oxford University Press. Chapter 4. 關於羅爾斯自由平等學術的評論，見上書第 3 章。

類似地，當「穩定壓倒一切」的時候，為了穩定，我們就可能不顧法治的基本原則和人的基本權利，甚至有人說出這樣的話，「如果不殺 XXX，就會天下大亂。」但我們能認為這是判一個人死刑的正當理由嗎？我們怎麼能證明不殺這個人天下就會大亂呢？

　　社會不能沒有正義，但功利主義和權利主義對正義的理解不同。功利主義談的是利害，不是是非。而權利主義講的是是非，不是利害。權利主義談論的正義就是尊重每個人的基本權利，這些基本權利不能以功利的目的予以否定。我們可以用計劃生育的例子來說明這一點。計劃生育的目的是為了控制人口。聽起來，這是很正當的，因為人口太多的話，我們資源有限，我們沒有辦法發展，沒有辦法過一個好的生活。但我們想一下，否定人的基本的生育權利，甚至用非人道的方式強迫墮胎，是不是符合基本的正義？顯然，功利主義與自由是不相容的。

　　我們也可以考慮一下我們應該如何看待民主。民主究竟是手段還是目的？在功利主義者看來，民主僅僅是手段，所以人們的爭論就集中在：民主制度是不是有利於經濟發展？如果有利於經濟發展就是好的，不利於經濟發展就是壞的，我們不能用它。功利主義者經常引用印度的例子證明民主是不可取的，因為印度的民主制度並沒有帶來經濟繁榮。但從權利主義的觀點看，民主不僅僅是手段，民主也是目的，因為民主是人們行使自己權利的一種方式，民主關乎權力的正當性問題。

　　功利主義為政府干預經濟提供了理由。按照功利主義理論，政府可以集中力量辦大事，這樣有利於經濟的短期增長，有利於應對經濟危機——比如在 2009 年發生全球金融危機時候，中國靠政府的力量很快就推出了很強的刺激政策。但是在

權利主義來看，如果政府干預侵害到個人的基本權利，就是不正當的，不能因為政府做事「效率」高就為政府的干預政策背書。

功利主義其實對社會道德形成了好多的破壞。再以計劃生育為例，曾有華南某大學的一位留學回國教授，因為超生被開除了，是什麼理由讓校長做出這樣的決定呢？計劃生育部門給校長打報告說，計劃生育一票否決，如果不開除他，學校今年的先進單位就拿不到了。其實還有比這個更殘忍的。有對夫婦意外懷孕之後，因為女方身體原因不適合墮胎，胎兒長到五六個月了，單位同事找他們，跟他們說，就因為你們兩個人鬧的，我們今年的獎金也發不成了。迫於同事的壓力，孕婦只好冒着生命危險墮胎了。一個社會，如果人們把獎狀、獎牌、獎金，看得比別人的生命還重要，我想這樣的社會很難有很好的道德秩序。

我們也會為了功利的目的，如增長、穩定等，限制人們說話的權利。但說話的權利，法律上指的言論自由，其實是人們最基本的權利。如果我們為了增長或穩定限制言論自由，必然導致媒體人缺乏職業道德，導致媒體的腐敗，導致學術腐敗。同樣，為了增長和穩定，不遵守法治的基本原則，否定司法的獨立性，法官就不會有職業道德，也必然導致司法腐敗。理由很簡單，沒有任何人可以為不是自己的決策承擔任何責任。當你寫出來的文章不是由你自己內心的自由意志所為；當你做了一個判決，不是根據法律和你的良知，要讓你對這篇文章或這個判決承擔責任，是不可能的，正如我們無法讓一塊石頭承擔責任一樣。

由此，也就可能導致整個社會的道德墮落。功利主義的嚴重道德後果，我們應該認識到。

當然，功利主義之所以能夠流行，無論在中國還是國外，是因為它有一定的歷史原因。這個歷史原因大致來說是這樣的：根據英格爾哈特 (Inglehard) 的現代化理論[3]，從傳統的社會農業一直到工業化社會，人們的生存價值是第一位的，為了集體的生存，個人的權利就會受到壓抑，人們有時候也願意接受這種壓制。在極端貧困的情況下，人們可能為了生存而自願放棄自己的自由和尊嚴。我在農村的時候遇到這樣的事，有的人為了吃上飯，故意犯罪坐牢，出獄回家沒有飯吃又繼續犯罪坐牢。但進入後工業社會之後，個人的權利、自主性、自我表達的價值就變得愈來愈重要，這其實也就是我們所熟悉的馬斯洛的需求層次理論所告訴我們的東西。社會在變化，傳統的生存價值將逐步被自我表達的價值所替代，這個時候，還是僅僅按照功利主義的標準來評判我們的政策和所作所為，我覺得跟人類本身的進步就不相一致了。

　　這就是我們今天必須面對的轉變。中國改革，無論我們思考問題還是制定政策，都必須從功利主義導向轉向權利優先。人類有一些基本的價值，這些基本價值應該優先於任何功利主義的考量，我們不可以以任何的理由，無論是為了 GDP 的增長還是為了維持穩定，去否定它們。當然，涉及到物質利益的選擇，我們可以用功利主義的標準，進行成本－收益分析，但涉及到人的基本權利，個體的人格和尊嚴，我們不可以用功利主義來衡量。政策的正當性不能僅看它是不是有利於經濟發展，是不是有利於提高效率來衡量。

3　羅納德・英格爾哈特《現代化與後現代化：43 個國家的文化、經濟和政治變遷》。嚴挺譯，北京：社會科學文獻出版社，2013 年版。

我們應該從這樣一個新的角度來看待民營經濟。在爭論公有好還是民營好的時候，我們過去的標準就是問哪種所有制有利於經濟發展，我認為這是不夠的。我們不能只從有利於經濟發展的角度來理解民營企業的價值；如果這樣來理解的話，我們隨時可能否定民營企業，甚至把民營企業收歸國有，因為任何情況下，有些人總能找到理由說民營企業不利於經濟發展。

　　我們應該認識到，自由創業、自由創新、自由交易是人類的基本權利，包括從事金融行業都是人類的基本權利，我們不可以以任何其他的理由剝奪它們。

　　功利主義的考量不可能建立起真正的市場經濟，因為就像剛才所提到，任何時候我們都可以從另外的角度說它不利於經濟發展，或者不利於社會穩定而去否定它。市場不僅僅是GDP增長的工具，市場是人類實現自我價值、追求卓越的一種途徑。只要我們尊重人的基本權利，給每個人平等的自由，市場經濟自然就會到來。反之，如果我們的體制和政策不尊重人的基本權利和自由，再多的改革措施都不可能建立起真正的市場經濟制度。

17 理解世界與中國經濟

　　中美貿易衝突的背後不僅僅是中美兩個國家之衝突，而是中國和西方世界之衝突，包括歐盟、英國等與中國貿易逆差並不嚴重的眾多國家，對中國的態度也從正面轉向負面。這意味着衝突不止是貿易衝突，更可能是背後價值體系之衝突、體制之衝突，而後一問題更為深遠、更難以用技術手段調和。為理解這一問題，需要我們從理解世界和理解中國經濟兩個角度出發探討：其一要理解西方思考問題的方式，其二要正確地理解我們自己。

理解世界

國際關係中的利害與是非

　　我說的理解世界，是指理解西方人怎麼看世界。首先要回答的一個問題是：國際交往中，國與國之間究竟是利益關係，還是價值關係？

＊　本文根據作者 2018 年 10 月 14 日給北京大學國家發展研究院 MBA/EMBA 學員講座整理。

以往的觀念認為，國際關係就是利益關係，國家之間的衝突源自於利益衝突。但近代以來尤其是二戰後新建的國際關係已經發生了改變，國家之間除了利益關係還包含價值關係。就是說，國與國之間交往的時候，不僅講利害，也講是非，就像人與人之間的交往一樣，道不同不相為謀。並且，當價值與利益相悖時，價值觀念經常會成為主導力量。這是人類百年來的進步。以美國和埃及的關係為例，穆巴拉克政府在維持中東和平上的政策與美國利益相投，因而儘管其為專制者，他與美國政府關係也一直十分融洽。但在埃及隨後的革命中，由於革命方所主張的價值觀念與美國所公開倡導的價值觀念契合，所以哪怕會帶來利益損害，美國政府依然不得不站在革命的一方，而不是幫助穆巴拉克鎮壓革命。進一步來說，西方世界歷史上的諸多戰爭，包括伊斯蘭世界與基督教世界的衝突、新教國家與天主教國家的戰爭等等，都是利益衝突和價值衝突的相互混雜。

西方世界的價值觀

所謂價值觀，簡言之即是人們對正義、善惡的理解。西方世界的價值觀有三個重要觀念：人權、種族平等和先進幫助後進。

人權的觀念上可追溯至 17 世紀末英國思想家洛克（J. Locke）提出的人權大於主權的觀點，進而影響了近代西方世界民族國家的概念。而此前所謂「國家」，更多指向統治集團、統治家族，所以一個家族可以統治幾個國家。現在國際上很多衝突都涉及人權的觀念，西方認為涉及人權之事不是內政，這也是聯合國派遣維和部隊阻止種族屠殺的道德和法理基礎。

二戰後種族平等的觀念逐漸確立，正是在這種價值觀的主導下，歐洲尤其是西歐國家不得拒絕接受難民，儘管由此會引發一系列問題。

先進幫助後進也是二戰後形成的觀念之一。此觀念下，不同發展階段的國家加入國際組織的條件是不對等的，中國一開始作為發展中國家受益良多，比如中國改革開放後所得援助位列世界銀行資金流向的首位，中國加入 WTO 也由於發展中國家的身份享受了很多優惠條款。反觀美國為了扮演世界領導者的角色，承擔了很大的成本，從其負擔約 1/5 強的聯合國經費就可窺一斑。特朗普政府提出「對等」要求，也是基於中國之發展階段的變化，所以中國是否仍然是發展中國家就成為一個重要爭議。

西方所理解的和平

西方世界認為，貿易、民主和國際組織是世界和平的三大基石，這是人類過去三百年的歷史所總結出的經驗教訓。[1]貿易使得各國的利益趨於一致，民主可以遏制統治者的野心，國際組織則促進各國通過溝通化解誤會和衝突。

法國啟蒙思想家孟德斯鳩曾說：商業的自然作用就是帶來和平。19 世紀法國自由派經濟學家巴斯夏（Frédéric Bastiat）曾

---

1 參閱 B. Russett and J. Oneal. *Triangulating Peace: Democracy, Interdependence and International Organization*. New York: Norton. 2001. 也參閱 Michael Shermer. *The Moral Arc: How Science and Reason Lead Humanity toward Truth, Justice and Freedom*. pp. 126–138. New York: Henry Holt and Company. 2015.

言：在商品越過國界的地方，軍隊便不會越過國界；商品不能越過的邊界，軍隊便會代而行之。[2]

民主和平論是德國哲學家康德（I. Kant）的發明，現在已成為西方人根深蒂固的觀念。在 2001 年出版的一本著作中，美國政治學家布魯斯・魯賽特和約翰・奧尼爾基於 1816–2001 年間兩千餘場戰爭數據的研究發現，民主國家介入戰爭的概率較低。當對抗的兩國中一方是非民主政體時，發生戰爭的概率比平均水平高出一倍；當兩個國家都是民主政體時，發生衝突的概率減少 50%。當把市場經濟和國際貿易加上之後，衝突的可能性下降。將民主、相對軍力、大國地位和經濟增長作為控制變量，他們發現，給定年份對貿易依存度高的國家，下一年則較少捲入軍事爭端；一個向全球開放的國家更少傾向於軍事衝突。換言之，民主和平只在兩個國家都是民主政體時發生，而貿易和平即使只有一方是市場經濟時仍然有效。就世界和平而言，貿易比民主更重要！[3]

理解中國經濟

理解中國過去四十年的成就

且不談中國幾千年的歷史我們是否理解，僅僅是中國近四十年來的歷史就需要我們認真思考。

2　引自 Michael Shermer. *The Moral Arc: How Science and Reason Lead Humanity toward Truth, Justice and Freedom.* p. 126. New York: Henry Holt and Company. 2015.

3　參閱前引 Michael Shermer 的書，第 127–128 頁。

以往四十年，中國經濟的突飛猛進與人民生活水平的提高是無人否認的事實，但對事實的理解和解釋尚有爭議。目前，對中國過去幾十年的增長有「中國模式論」與「普世模式論」兩種解釋。前者認為中國經濟的發展得益於獨特的中國模式，即強有力的政府、體量龐大的國有企業和英明的產業政策。後者則認為，中國之所以取得令人矚目的成就，和英國的崛起、法國的崛起、二戰後德國、日本與亞洲四小龍的崛起一樣，是基於市場的力量、以創造力和冒險力為代表的企業家精神，中國還利用了西方發達國家過去三百年間所積累的技術。我在〈我所經歷的三次工業革命〉一文[4]中，總結了中國是如何在改革開放後四十年的時間裏，經歷了西方世界二百五十年間所經歷的三次工業革命。後發優勢意味着我們少走了很多彎路，直接可以共享別人曾經花費巨大代價實驗得到的技術成果。

　　中國模式論不僅不符合事實，而且會對中國的未來產生很不好的後果。

中國模式論不符合事實[5]

　　根據北京國民經濟研究所編製的市場化指數報告，中國整體市場化指數自 1997 年的 4.01 上升至 2014 年的 8.19，期間在 2009 年「四萬億」刺激政策後，市場化指數有些許下跌。但不同地區市場化程度差別很大，其中，浙江、廣東、江蘇等省市場化程度位列前茅，東部的市場化指數領先於中部和西部。反觀地區 GDP 增長率，我們卻發現 2007 年之前，東部的 GDP 增

4　見《經濟觀察報》，2018 年 1 月 8 日觀察家版。
5　我對「中國模式」的批評，參閱 Weiying Zhang. "The China Model View is Factually False." *Journal of Chinese Economic and Business Studies*. Vol. 17, No. 3, pp. 287–311. 2019.

長率一直高於中部和西部，但 2007 年之後反而是西部的增長率位於首位，中部次之，東部最低。還有一系列的證據表明近五到十年來，各省市的市場化程度與 GDP 增長率呈負相關關係。

那麼，我們是否可以由此得出結論，有一個「中國西部模式」，西部地區的體制和政策優於東部地區，進而要求東部和中部向西部學習呢？答案是否定的。原因很簡單：西部的市場化改革起步晚，因而在後期具有了「後發優勢」。東部 1997 年和 2001 年的市場化程度，分別超過西部 2006 年和 2014 年的市場化程度。利用北京國民經濟研究所市場化數據和中國統計年鑒的經濟增長數據，我們發現不管是近十年還是近四十年，市場化指數的「變化」都與 GDP 增長率正相關。這便揭示了「中國模式」的問題：市場化是一個動態的漸進過程，我們不能僅憑某一時點上的經濟表現而不結合歷史就推斷出某種因果關係。

更多的實證證據可以用來證實市場化與經濟增長之間的正向關係。包括中國城鎮國有部門（或者私人部門）就業比重、國有（或外資與私人）工業資產比重等指標與人均 GDP 及增長率的相關關係等等，毫無例外地證明：國有部門愈大的地區，經濟增長速度愈慢；與國進民退的地區相比，國退民進的地區有更高的增長業績。

中國過去四十年的增長大部分靠的是技術後發優勢提供的套利機會，中國企業家和西方企業都可以靠套利賺錢。隨着套利空間的收縮，今後的發展則愈來愈依賴創新。

經濟學家用三個指標衡量創新：研發密度、專利、新產品銷售佔比，分別對應投入、中間和產出三個階段。就這三個指標而言，中國近十來年還是取得了不小進步，但地區之間差別

巨大。跨地區數據分析表明，這三個創新指標都和市場化和民營化程度顯著正相關，卻與每萬人擁有的政府機構數量和公共部門就業比重負相關。無論用企業數量、就業人數，還是工業資產，平均而言，國有部門比重愈大的地區，創新能力愈低；私有和外企比重愈大的地區，創新能力愈高。

「中國模式論」後果很嚴重

上述證據表明，「中國模式論」嚴重不符合事實。中國過去四十年的高增長，來自於市場化、企業家精神和西方三百年的技術積累，而不是所謂的「中國模式」。

更大的麻煩是，用「中國模式」解釋過去四十年的成就對中國未來的發展很不利。

第一，對內誤導自己，自毀前程。一味強調獨特的中國模式，對內就會走向強化國有企業、擴大政府權力、依賴產業政策的道路，導致改革進程逆轉，改革大業前功盡棄，經濟最終將陷入停滯。

第二，對外誤導世界，導致對抗。「中國模式論」將中國樹立為西方視角下之令人驚慌的異類，必須導致中國與西方世界的衝突。我們今天所面臨的不友好的國際環境，與一些經濟學家（有中國的也有外國的）對中國過去四十年成就的錯誤解讀不無關係。在西方人看來，所謂「中國模式」，就是「國家資本主義」，與公平貿易和世界和平不相容，絕不能任其暢通無阻、高歌猛進。

哈耶克曾說：儘管事實本身從來不能告訴我們什麼是正確的，但對事實的錯誤解讀，卻有可能改變事實和我們所生活的

環境。[6]當你看到一個人跑得很快，但缺失一隻胳膊，如果你由此就得出結論説，缺一隻胳膊是他跑得快的原因，你自然就會號召其他人鋸掉一隻胳膊。這就是哈耶克説對事實的理解會改變事實本身的含義。

經濟學家切勿把「儘管」（in spite of）當「因為」（because of）。

6　F. A. Hayek. *The Fatal Conceit: The Errors of Socialism.* Edited by W. W. Bartley III. Chicago: University of Chicago Press. pp. 27–28. 1988.

第三編

市場中的企業家

18　什麼是好的市場理論？

　　在我看來，人類有文字記載的歷史大致可以分為兩個階段：第一階段，是強盜邏輯主導的歷史；第二階段，是市場邏輯主導的歷史。強盜邏輯主導的歷史，充滿了戰爭、饑荒、掠奪，人們之間進行的主要是零和博弈，人類的進步非常緩慢，生活水平長期停滯不前。市場邏輯主導的時候，人們的主要精力在生產和交換上，人們之間進行的主要是正和博弈，技術不斷進步，財富不斷增加，生活水平不斷提高，人類取得了巨大的進步。

　　從全世界來看，強盜邏輯主導的歷史佔了絕大部分。即使按人類文明五千年算的話，前四千八百年都是強盜邏輯主導，市場邏輯主導只是最近兩百多年的事情。

　　經濟學是有關市場如何運行的理論，主流經濟學是有關市場如何運行的主流理論。所謂主流經濟學，就是我們在教科書當中學到的經濟學，簡單稱之為「新古典經濟學」。我認為我們在教科書學到的主流經濟學，並不是有關市場經濟的好理論，所以有必要對它進行反思和批評。

---

*　本文是作者 2016 年 1 月 15 號在「2015 年經濟觀察報・書評十大好書」論壇上的主題演講稿。

當然，長期以來主流經濟學就不缺少批評者。最主要的批評認為，主流經濟學美化了市場。但是在我看來，這樣的批評沒有抓到主流經濟學的實質性缺陷。恰恰相反，主流經濟學實際上醜化了市場。為了證明市場的有效性，主流經濟學做了一系列的假設，而這些假設現實中都不滿足，由此，就給反市場的人提供了口舌，因為既然這些假設都不滿足，市場就不可能像主流經濟學設想的那樣有效。讀了經濟學教科書，給好多人留下最深刻印象的，不是市場怎麼有效，而是市場如何會失靈，政府干預如何必要。事實上，市場的有效運行不需要這些假設，從這些假設的不現實性推出來的政府干預市場的理由也是不成立的！

　　在中國，對主流經濟學還有另一種批評，說它來源於西方，只能解釋西方的市場經濟，不能解釋中國，特別是不能解釋中國過去三十多年的經濟增長奇迹。我認為，這個批評是科學的相對主義觀點。

　　一種經濟學理論如果不能解釋中國經濟，一定是因為它不是好的理論，而不是因為中國太特殊，我們要創造一個適合中國的理論。好的市場理論，一定是普適性的，它對西方的解釋和中國的解釋是同樣有效的。

　　我所理解的好的市場理論，應該包括幾個方面：第一，它是有關市場如何促進人類合作的理論，而不是簡單的市場如何配置資源的理論；第二，它是有關市場上人類如何建立信任、聲譽機制如何發揮作用的理論，而不單單是價格理論；第三，它是市場如何帶來發展和變化的理論，而不是市場如何實現均衡和穩定的理論；第四，它不僅包括非人格化的價格理論，而且也應該包括企業家理論；第五，它能夠為經濟周期和經濟波

動提供正確的解釋；第六，它應該是基於權利的市場理論，而不是功利主義的市場理論。

下面，我就這六個方面做一些簡單說明。

第一，一個好的市場理論，應該是關於市場如何推進人類合作的理論。

人類的所有進步都來自合作，人類合作自古以來就存在，但只有在市場經濟下，我們人類的合作才達到前所未有的廣度和深度。簡單地說，傳統社會人類的合作都是熟人之間的合作，也就是相互認識的人之間的合作，合作範圍很小。市場能夠把人與人之間的合作，擴展到陌生人之間的合作。今天的人類合作，是全球範圍的合作，幾十億人之間的合作；為我們提供產品和服務的人，99.99% 我們從來沒有聽說過，更沒有謀過面，但是我們在跟他們合作。這就是哈耶克說的「擴展的秩序」（the extended order）。[1]

合作本身是一個正和博弈，給所有當事人帶來好處。但是，由於人類漫長的歷史都處在強盜邏輯主導的零和博弈階段，從進化心理學角度來說，人類現在的心智模式仍然是零和博弈的心智模式，所以現在很多人理解市場經濟，仍然是從零和博弈的角度：看到有人賺錢了，就認為一定是有人被剝削了，或者說別人的財富受到損失了。這是典型的零和博弈的思維方式。應該說，主流經濟學在破除零和博弈思維模式方面是作出了重要貢獻的。

---

1 F. A. Hayek. *The Fatal Conceit; the Errors of Socialism.* p. 19. Edited by W. W. Bartley III. Chicago: University of Chicago Press. 1988.

市場經濟下的人類合作，不是簡單的傳統社會中互相幫助，也不是幾個人一起抬石頭式的合作，而是互相依賴，這個互相依賴來自市場經濟下合作是基於分工和專業化，每個人做不一樣的事情。由於專業化和分工，每個人的潛能才能得到最大的發揮，每個人做事的方式才可以不斷改進，整個社會的財富才得以增長。但按照教科書中的主流經濟學理論，分工和專業化本身就會導致市場失靈和效率損失。為什麼這樣說？第一，分工和專業化的好處來自規模經濟，但按照教科書上的經濟學理論，規模經濟會導致不完全競爭和少數（甚至單個）大企業壟斷市場，從而導致資源配置上的效率損失。這就是傳統上說的「別針工廠和看不見手之間的矛盾」。[2] 由於理論上存在這樣的矛盾，亞當・斯密說的分工理論在新古典經濟學中就消失了——唯其如此，「看不見的手」的有效性才能在數學上被證明。已故傑出華人經濟學家楊小凱畢生努力的學術目標就是化解這個矛盾，可惜他的貢獻還沒有被廣泛接受！[3]

第二，專業化分工一定帶來信息不對稱，或者說，專業化分工的優勢正是來自信息不對稱（每個人只需要掌握自己專業的知識）。但按照主流經濟學理論，信息不對稱就會導致逆向選擇，逆向選擇就帶來市場失靈。如果信息不對稱導致市場失靈的理論是正確的，信息完全對稱的自給自足的傳統經濟怎麼可能演化成信息不對稱的市場經濟呢？

所以，傳統經濟學並不是一個正確的、好的市場理論。

---

2 Allyn Young. "Increasing Returns and Economic Progress." *Economic Journal.* Vol. 38, No. 152, pp. 529–542. 1928. George Stigler. "The Division of Labor is Limited by the Extent of the Market." *The Journal of Political Economy.* Vol. 59, No. 3, pp. 185–193. 1951.

3 Xiaokai Yang, and Y-K Ng. *Specialization and Economic Organization: A New Classical Microeconomic Framework.* Amsterdam: North-Holland. 1993.

第二，一個好的市場理論，應該能夠解釋市場中人們如何建立信任，聲譽機制如何約束人的行為。

前面提到，今天的市場都是陌生人之間的合作。相互不認識的人，怎麼能夠相信對方？這就是市場聲譽機制的功能。傳統經濟學認為，市場是一隻看不見的手（invisible hand），其實市場也是一雙隱形的眼睛（invisible eyes）。市場是一個信息存儲器和傳播器，個體的行為會被儲存和傳播。在真正的市場經濟中，你幹了任何壞事都會受到懲罰（特別是聲譽的損失）；同樣，你幹了好事就可以得到聲譽，發財致富。市場經濟下，天網恢恢，疏而不漏。善有善報，惡有惡報，不是不報，時候未到。正因為如此，誠實，才被認為是最好的商業策略。

在聲譽機制的形成過程中，企業作為一種人為構建的組織，承擔着非常重要的功能，它是整個市場經濟聲譽的載體。[4] 我們為什麼願意購買那些陌生的、我們從未謀面的人生產的產品，跟他們合作？因為他們生產的產品是在某個商號的名義下向我們出售的，我們能記得住這些商號的名字，並且，這些商號有老闆，如果他們騙了我們，商號的聲譽就會受損，商號老闆的利益隨之受損。因此，商號所有者就有積極性建立一個好的品牌，愈是好的品牌愈受客戶的青睞。我不認識生產汽車的人，但是我知道汽車廠家有一套制度，在這套制度下，任何員工犯的錯誤都有人承擔責任，這樣我才信任汽車廠家。

---

4 David Kreps. "Corporate Culture and Economic Theory." in *Technological Innovation and Business Strategy*. Edited by M. Tsuchiya. Nippon Keizai Shimbuunsha Press. 1986. Also, in *Rational Perspective on Political Science*. Edited by J. Alt and K. Shepsle. Cambridge MA: Harvard University Press. 1999.

不僅如此，一個汽車廠有好多的零部件供應商，汽車廠為汽車增加的價值，可能不到汽車最終售價的 20%，上游的成千上萬的供應商不跟我們直接接觸，我們為什麼相信他們？因為有汽車廠家替我們監督他們。如果這些供應商生產劣質的零部件，這些劣質的零部件被組裝在汽車上，汽車廠就得為此承擔連帶責任。市場上，汽車廠就像一個總承包商，它給消費者立了軍令狀，說你買我的車吧，任何部件出了問題，我都負責。這就是品牌企業的價值。

　　正是在這個意義上，我說利潤就來自責任，承擔責任的能力決定企業賺錢的能力。大企業之所以能賺大錢，是因為它要為大量的僱員和供應商承擔連帶責任。一個企業如果不想承擔這個責任，或者沒有能力承擔這個責任，它不僅做不大，最後還可能破產。

　　但是傳統經濟學認為，一個企業變大了，就有了定價力量，壟斷市場了，就會減少消費者剩餘，帶來效率損失。所以，反壟斷就變成了反大企業。但事實是，一個市場如果沒有巨無霸的企業，沒有規模達到相當程度的企業，就不可能有效運行，因為在「完全競爭」的原子式市場上，消費者與生產者之間不可能建立信任，陌生人之間的合作沒有可能。

　　經濟學家告訴我們，非對稱信息導致市場失靈，就是因為他們忽略了市場聲譽機制。政府干預，其實只能導致聲譽機制的失靈，並不能解決逆向選擇。看一下全世界，哪一個國家政府干預多，那一個國家的逆向選擇就嚴重，那一個國家市場秩序就混亂。而傳統的理論告訴我們，解決逆向選擇的辦法要靠政府的干預，我們看到的事實恰恰相反。

第三，一個好的市場理論，應該是發展和變化的理論。

市場自古就有，但作為一種經濟制度，只有二百多年的歷史。自工業革命以來的二百多年，市場經濟帶來的真正好處就是不斷的變化和發展，我們今天消費的東西，和二百多年前根本不一樣，和二十年前也有非常大的差別。市場上隨時有新的產品、新的技術出現，產品質量在不斷改進，產業結構在不斷變化，消費結構在不斷變化，這都是市場帶來的。正確的經濟學理論，必須解釋新產品、新技術是如何出現的。

但教科書上說的主流經濟學，是一個循環經濟的理論，它假定產品種類和生產技術都是給定的，它的關注點是一個不變的經濟體如何通過價格機制實現「均衡」和「穩定」，而且把均衡和穩定當作衡量市場是不是有效的標準。由於假定了人的偏好、資源和技術給定，傳統經濟學沒有辦法解釋發展和變化。50年代出現了所謂的「發展經濟學」，事實上是對主流經濟學缺陷的反應。但發展經濟學又常常變為反市場的經濟學。如果我們有一個好的市場理論，發展經濟學就是多此一舉。

第四，一個好的市場理論，也一定是一個好的企業家理論。

企業家是市場經濟的靈魂，但主流經濟學理論中沒有企業家的身影。傳統經濟學的基本假設本身，就排除了企業家，因為它假定這個世界是確定的，在確定的世界，每個人都一樣聰明，無所不知，所有的決策都可以通過計算完成，所以不需要任何人對未來做出具有想像力的判斷，也就是不需要企業家精神。但真實世界不是這樣，未來是不確定的，消費者需要什麼我們不知道，技術怎麼變化我們不知道，所以我們需要想像力，而這種想像力只能來自企業家精神。

經濟的發展，或來自資源配置效率的提高，或來自技術創新。無論是傳統資源的有效配置，還是新產品、新技術的出現，都是企業家精神作用的結果。沒有企業家精神，我們甚至不知道一個東西應該賣多少，市場不可能真正趨向均衡；沒有企業家精神，大規模的創新和技術進步都是不可能的。熊彼特將經濟增長等同於創新，創新等同於企業家精神，是非常正確的。[5]

我們知道傳統社會偶爾也有新技術出現，但這些新技術很少變成人類創造價值的手段，比如說蒸汽機在兩千多年前的羅馬帝國就有了，但是沒有變成羅馬人生活的一部分，沒有給羅馬帝國帶來真正的經濟增長。

強調企業家精神，在任何情況下都不過分。過去我們強調的需求側管理，最大的毛病就是忽視企業家精神，以為靠政府的貨幣政策，調節總需求，調節投資、消費和進出口，就可以使經濟走出衰退或防止經濟過熱。現在政府又開始強調供給側政策，這是好事。但如果供給側政策的着眼點不是解放企業家的精神，不是讓企業家更自由地創業和創新，不能使得企業家對未來有更穩定的預期，這樣的供給側政策不可能真正成功。

第五，一個好的市場理論，必須提供一個正確的有關經濟周期和經濟波動的理論。

目前我們從教科書上學到的經濟周期和經濟波動的理論，其實就是凱斯主義的總需求理論。這個理論認為，所有經濟的波動，無論是繁榮還是衰退，都來自總需求，或者由於總需求

5　見約瑟夫‧熊彼特《經濟發展理論》，北京：商務印書館，2009 年版。

過旺，或者由於總需求不足，所以解決問題的辦法，就是怎麼通過貨幣政策和財政政策來調整總需求。事實證明，這種理論是有問題的。任何一個國家，按照這種理論去做事，就會出現好多的問題。

2009 年全球金融危機的時候，我們按照這樣的理論來刺激我們的經濟，達到了 9.2% 的高增長，2010 年超過了 10%。但我們仔細研究一下，就會發現我們今天面臨好多的經濟問題，特別是產能過剩問題，恰恰是那個時候我們採取的總需求刺激政策所導致的。

在經濟學界有一個更好的周期理論，就是奧地利學派的商業周期理論，這個理論是由米塞斯最初發展出來，再由哈耶克系統發展的，哈耶克因這一理論獲得 1974 年的諾貝爾經濟學獎。[6] 根據這個理論，任何由貨幣政策、人為製造的繁榮一定會導致衰退，而且刺激的程度愈高，最後衰退的程度愈嚴重。如果我們理解和認同這樣一種理論的話，我想我們的經濟政策，特別是宏觀政策，犯的錯誤就會少一些。

第六，最後一點，我認為正確的市場理論，應該是基於權利的市場理論，而不是一個功利主義的市場理論。

市場本該是解放人，是讓人們掙脫神權和專制的枷鎖，獲得自由，活得有尊嚴。功利主義用目標的正當性證成手段的正當性，只要目標是正當的，就可以不擇手段。主流經濟學是功利主義的經濟學，這個功利主義的經濟學對任何政策的評價

6　關於奧地利學派商業周期理論的簡要介紹，參閱理查德·M·埃貝林《貨幣、銀行與國家》第二章。馬俊杰譯，海口：海南出版社，2019 年版。

都是基於「效率」和「增長」。但如果我們為了達到了「效率」和「增長」，忽視人的基本權利和尊嚴，帶來的問題會更多、更嚴重。

按照功利主義的經濟學，自由和人權都是手段，不是目的。反對自由的人經常說一句話「自由能當飯吃嗎」，也就是說，在他們看來，任何「不能當飯吃的」東西，都是沒有價值的。這就是功利主義思維。

按照權利主義的觀點，自由、人權，每個人的基本權利，本身就是目的，應該優先於效率和增長。一種制度或者政策，即使在某一種特殊的情況下，可能很有效率，可能帶來很高的經濟增長，但如果是侵犯個人基本權利的，它就是反市場的，是不應該採納的。

從長遠來看，功利主義政策的後果非常嚴重。中國有好多功利主義政策，比如建設中的強制拆遷。強制拆遷的理由其實很簡單：為了這個地方的經濟發展，我要修路、修廣場、修商場；如果有人的房子在這個地方上，阻礙了我這樣做，就會阻礙我的經濟發展目標，所以我有權強制拆除。這樣的拆遷政策，從短期看，可以使路修得快些，城市基礎設施更現代化，但長遠的後果是社會的不穩定和每個人的不安全感。中國今天發生的很多群體性事件都與強制拆遷有關。

另一個例子是計劃生育政策。當年實行一胎化生育政策完全是功利主義的，也就是為了中國經濟的發展，理由是人多不利於經濟發展。今天為什麼放開二胎？也是功利主義，也為了經濟的發展。一胎化政策三十多年之後，中國的勞動力供給變少了，老年化變得嚴重了，沒有年輕人的市場，也很難是真正具有創新力的市場，所以我們要放鬆人口控制。如果從權利的

角度出發，生育權是人的基本權利，政府不可以以任何其他理由剝奪這個權利。

如果按照權利主義的觀點來思考問題，我們在政策上犯的錯誤就會少得多。剛剛說到的拆遷，現在由於拆遷積累下來的一系列社會矛盾，包括了國家好多的文化、文物古迹的破壞，都是沒有辦法去彌補的。所以我想我們經濟學家有責任，把市場理論從功利主義轉向權利主義。

以上就是我對市場理論的反思。

19 新古典市場理論的八個悖論

　　儘管人們普遍認為，主流的新古典經濟學是一個邏輯嚴密的體系，但事實上，作為一種市場理論，這個體系存在嚴重的邏輯悖論，因而誤導了人們對市場的理解。下面是我總結的新古典經濟學的八個悖論。

悖論一：市場的有效性以市場的不存在為前提

　　根據福利經濟學第一定理，只有完全競爭市場，才能達到帕累托最優，因而完全競爭市場是最有效率的市場，任何對完全競爭的偏離都會導致資源配置的效率損失。完全競爭的前提是沒有規模經濟，沒有收益遞減，或者以技術術語來說，生產集是凸的（convexity）。也就是說，完全競爭與規模報酬遞增是不相容的。

　　但市場存在的前提是分工和專業化。正是專業化和分工帶來的好處，使得生產不同產品的人們相互交換成為一種多贏，比自給自足的自然經濟對所有人都好。而分工和專業化的好處主要來自生產上的規模報酬遞增（除了外生的比較優勢）。這意

＊　節選自作者〈關於市場的兩種不同範式〉一文。原文發表於《經濟觀察報》，2018年 3 月 2 日「觀察家版」。

味着，邏輯上來說，最有效率的市場以市場不存在為前提，導致市場出現的因素反倒成了市場失靈的因素。

這被稱為「看不見的手」與「別針工廠」（分工定理）的矛盾：二者不能同時為真。新古典經濟學家沒有辦法解決這個矛盾，只好把「分工」當作一個「給定的」存在，從而也就假定市場中的產品和產業都是「給定的」。這就決定了新古典市場理論只能是靜態的，不可能是動態的。

悖論二：市場的有效性與創新不相容

完全競爭是指無數個小企業用相同的技術、以相同的成本生產完全相同的產品，因而每個企業面臨的都是具有無限彈性的水平需求曲線，在市場上無足輕重。但現實中，創新是市場競爭的基本手段。創新意味着做與眾不同的事情，如生產新的產品，或者用新的生產方式生產差異化的產品。因此，創新者的需求曲線一定是向下傾斜的，不可能是水平的。而且，愈是顛覆性的創新，創新者面臨的需求曲線愈陡。

因此，完全競爭與創新是不相容的：要實現完全競爭，就不能有創新；反之，只要有創新，就不可能有完全競爭。或者按照正統經濟學的邏輯，創新一定導致壟斷，帶來資源配置的效率損失，有效市場和創新不可兼得。

主流經濟學家在研究創新的時候，從經驗分析中得出了所謂「創新和競爭負相關」的結論（最近又有所謂的「倒 U 性關係」的結論）。[1] 這個結論聽起來令人彆扭，完全不同於「競爭是

1　見 Philippe Aghion, Nick Bloom, Richard Blundell, Rachel Griffith, and Peter Howitt. "Competition and Innovation: An Inversed-U Relationship." *Quarterly Journal of Economics*. Vol. 120, No. 2, pp. 701–728. 2005.

好事」這個經濟學的基本原理，其原因就在於「完全競爭」的概念性錯誤。經濟學家宣稱經驗研究印證了熊彼特的「壟斷有利於創新」的觀點，其實他們完全誤讀了熊彼特。熊彼特的真正想說的是，主流經濟學把競爭概念搞錯了，把真正的競爭當壟斷了。[2]

悖論三：市場的有效性與市場的有序性不相容

按照新古典經濟學理論，最有效的市場是原子式市場，每個生產者都是無名小卒，不能有自己的品牌，消費者無法在他們之間做出區分。但真實的市場上，品牌是使市場有序運行不可或缺的機制，是生產者對消費者的承諾，是生產者吸引消費者和消費者監督生產者的重要手段。如果沒有品牌，坑蒙拐騙等欺詐行為不可能受到有效約束，生產者不可能得到消費者的信任，市場交易活動不可能超出熟人範圍。

進一步來說，一個企業要有品牌，就必須有足夠大的規模，佔有足夠大的市場份額。這是因為，人的認知能力和記憶有限，消費者沒有辦法記住太多的生產者的名字。如果一種產品有無數多的小企業生產，每個生產者的市場份額微不足道，市場一定是無序的。所以我們看到，每個市場上的每個行業，通常都由有限的少數廠家主導。

因此，依照新古典經濟學的邏輯，最有效率的市場（完全競爭市場），一定是無序的市場；反之，有序運行的市場，一定是沒有效率的市場。

---

2 見約瑟夫·熊彼特《資本主義、社會主義與民主》第八章。吳良健譯，北京：商務印書館，2009 年版。

悖論四：外部性理論與技術進步的事實是矛盾的

按照新古典經濟學理論，外部性的存在會導致個人最優與社會最優的不一致，因而帶來效率損失。特別地，由於創新和技術進步存在外溢效應，在競爭的市場上，個人和企業並不能獲得創新帶來的全部社會收益，因而不可能有足夠的激勵從事創新，市場經濟中的技術進步一定很慢。只有當創新者得到政府補貼的時候，創新速度才會足夠快。

但事實是，市場經濟下的技術進步是人類有史以來最快的。自工業革命以來，技術變化突飛猛進，新產品、新技術層出不窮，讓每一代人可以享受前一代人根本無法想像到的東西。正是快速的技術進步把人類拉出了馬爾薩斯陷阱，這一點馬克思和恩格斯早在 1848 年就認識到了。在《共產黨宣言》，他們說：資產階級在它不到一百年的階級統治中所創造的生產力，比過去一切世代所創造的全部生產力還要多，還要大。

另一方面，按照主流經濟學理論，政府是解決外部性的有效手段。但事實是，那些經濟由政府主導的國家，技術進步恰恰是最慢的，甚至是停滯的。這些國家的消費者能享受到的新產品、新技術，都是市場經濟國家發明的。

悖論五：資源最優配置與經濟增長不相容

前面四個悖論導致了第五個悖論：有效市場與經濟增長是不相容的。這是因為，最優的資源配置要求市場是完全競爭的，也就是不能有規模報酬遞增，不能有創新，不能有品牌，而經濟增長的真正源泉來自分工和專業化、報酬遞增、創新和技術進步，以及市場規模的擴大。這幾個方面又是相互依存

的：分工和專業化依賴於規模報酬遞增；分工和專業化促進創新和技術進步；創新和技術進步提高收入水平，推動市場規模的擴大；市場規模的擴大又進一步深化分工和專業化；如此等等。

在新古典經濟學的框架下，經濟增長只能來自配置效率改進，而配置效率的改進以資源沒有得到有效配置為前提；一旦資源達到了最優配置（即市場處於均衡狀態），經濟就不可能再增長了。

因此，按照新古典經濟學理論，市場要有效，就不能有增長；反之，經濟要增長，市場就不可能有效（或市場還沒有達到均衡）。正因為如此，新古典增長理論不得不假定技術進步是「外生的」（天下掉下來的餡餅）。羅墨等人為了把技術進步內生化，不得不用「壟斷性競爭」假設取代「完全競爭」假設，而壟斷性競爭又是按照完全競爭概念定義的，因而是非帕累托最優的。所以，內生增長理論實際上是一個「雜種」（hybrid），類似天文學中的第谷體系（Tychonic system）（太陽圍繞地球轉，其他行星圍繞太陽轉）。[3]

3　內生增長理論的主要文獻包括：Paul Romer. "Endogenous Technological Changes." *Journal of Political Economy.* Vol. 98, No. 5, pp. 71–102. 1990. Philipppe Aghion and Peter Howitt. "A Model of Growth through Creative Destruction." *Econometrica.* Vol. 60, No. 2, pp. 323–351. 1992. Gene M. Grossman and Elhanan Helpman. "Endogenous Innovation in the Theory of Growth." *Journal of Economic Perspective* Vol. 8, No. 1, pp. 23–24. 1994. 等。

悖論六：市場的有效性與計劃的有效性是等價的

在新古典經濟學中，市場的有效性以一系列的假設 —— 包括偏好、資源和技術給定、完全競爭、完全信息等 —— 為前提。這意味着，一方面，由於這些假設在現實中一個也不滿足，因此，現實的市場一定是沒有效率的、失靈的；另一方面，如果這些假設都能得到滿足，如同奧斯卡·蘭格等人在上世紀 30 年代的大爭論中就證明的，計劃經濟和市場經濟是同等有效率的。蘭格的論點當時被主流經濟學家認為在邏輯上無懈可擊，因為，在新古典理論框架下，市場經濟有效運行和計劃經濟有效運行的前提條件確實完全相同。

因此，新古典經濟學無法在計劃與市場之間做出優劣之分。如果你真的認為新古典經濟學是一個好的市場理論，遵循邏輯一致性原則的話，你不可能理直氣壯地反對計劃經濟。

悖論七：外部性市場失靈理論與壟斷市場失靈理論是矛盾的

主流經濟學以完全競爭為基準，證明外部性和壟斷都會導致市場失靈，因而需要政府干預。但這兩種市場失靈理論是相互矛盾的。

一方面，按照外部性市場失靈理論，如果存在負外部性（如生產時排污），私人利潤最大化的決策將導致產量大於社會最優；另一方面，按照壟斷市場失靈理論，如果企業有定價權，利潤最大化的產量將小於社會最優。這意味着，同一個行業，如果存在負外部性，壟斷倒是一件好事，因為它可以矯正外部性導致的效率損失（生產過度）；同樣，如果存在壟斷，

負外部性也是一件好事，因為它可以矯正壟斷導致的效率損失（生產不足）。至於矯正到何種程度，最終的產量究竟是仍然生產過多，生產不足，還是剛好等於社會最優，是個經驗問題。至少理論上，你不能同時既反對負外部性，又反對壟斷！

悖論八：壟斷理論與代理理論是矛盾的

如前所述，根據新古典經濟理論，壟斷者利潤最大化的產量低於完全競爭情況下的均衡產量，因而帶來效率損失（生產不足）。但根據代理理論，由於信息不對稱，股東沒有辦法完全監督經理人，經理人的目標不可能是股東偏好的利潤最大化，更可能是銷售收入最大化（或市場份額最大化），因為經理人的控制權收益與銷售收入或市場份額的關係更密切。此時，經理人選擇的最優產量會大於利潤最大化的產量，因此導致生產過度。

如此看來，如果壟斷者利潤最大化的產量不是社會最優的，經理人的道德風險反倒可以緩解壟斷導致的效率損失；或者反過來，如果道德風險是件壞事，壟斷反倒可以緩解道德風險帶來的效率損失。同一個行業，同時反壟斷和反道德風險是矛盾的。

20　市場失靈理論的謬誤

張五常教授的《經濟解釋》[1]，是他五六十年經濟學思想的總結。我本人從 80 年代開始受楊小凱的影響讀他的著作，目前仍然在讀，而且我認為這本書需要我們反復去讀，因為他提出的很多經濟學思想是創新性的，反傳統的，而這些創新思想過了幾十年並沒有被我們經濟學界所普遍地接受。

我今天要談的問題就是「市場失靈理論的謬誤」。我們知道，市場失靈理論仍然是我們經濟學，特別是新古典經濟學的一個重要的組成部分。新古典經濟學被認為是證明市場有效性的理論，但實際上它給我們留下深刻印象並對經濟政策產生最重要影響的結論，是市場的失敗，而不是市場的成功。這些市場失靈理論我認為都是錯誤的。我們必須反思經濟學本身，特別是新古典經濟學的基本範式，因為市場失靈理論是從這一範式推出來的。新古典經濟學為了證明市場的有效性做了很多的假設，而這些假設在現實當中幾乎都是不成立的。結果，人們就開始用這些假設的不現實性來攻擊市場本身。在我看來，市場的有效運行不需要新古典經濟學的那些假設，新古典經濟學

＊　2014 年 11 月 1–2 日，由浙江大學科斯經濟研究中心主辦的《經濟解釋》學術研討會在浙江大學召開。本文根據作者在這次研討會上演講整理而成，全文曾發表於《信報財經月刊》，2014 年第 12 期。

1　張五常《經濟解釋》（四卷本），北京：中信出版社，2014 年版。

的假設只是為了證明理論家腦子裏的市場的有效性，而不是現實市場的有效性。

下面，我談三個問題。第一是關於外部性問題，這是張五常教授做出最重要貢獻的一方面；第二是關於壟斷；第三是關於信息不對稱。

外部性概念的謬誤

先談一下外部性問題。我們知道新古典經濟學家在證明市場的有效性時，假定不存在外部性。假定不存在外部性，等於假定不存在社會，因為只要存在兩個人以上，一定就有所謂的「外部性」。比如你的長相怎麼樣就會對我產生一些感官上的、情感上的影響；你說話聲音高還是低，我會感受到舒服或者是不舒服。所以沒有任何一件事是沒有外部性的。如果我們以外部性來證明市場失敗，並由此推出政府干預的正常性，那麼可以說沒有任何一項活動不需要政府干預。但像科斯已經證明的，外部性其實是個產權界定問題。[2] 張五常教授「蜜蜂的寓言」告訴我們，當事人之間也有能力解決相互的外部性。[3]

按照傳統經濟學理論，當一個企業造成環境污染的時候，他對別人造成損害但沒有賠償，所以他的選擇不是最有效率的，需要政府來干預。但假如我開一個飯館，我的飯館比競爭對手做得好，我把他擠垮了，這是不是外部性？這也是外部性。那麼我應不應該賠償他？我想我們經濟學家不會認為要賠

2　羅納德・科斯《企業的性質》，北京：商務印書館，2009 年版。
3　張五常〈蜜蜂的寓言：一項經濟調查〉，見丹尼爾・史普博編《經濟學的著名寓言》，上海：世紀出版集團上海人民出版社，2004 年版。

償他。那麼為什麼前一種情況要賠償，後一種情況不要賠償？外部性理論沒有辦法回答這個問題。問題核心是產權界定，就是什麼是我的權利，什麼不是我的權利。我做得好，價廉物美，打垮了競爭對手，這是我的權利。他也有同樣的權利。但是，比如說，我在你家門口堵塞客戶進入你的飯館，我侵害了你的權利，需要政府干預。所以簡單說，這個問題只能通過產權來定義，也就是說任何侵害個人產權的行為，都是不正當的，都應該受到限制。反過來說，任何沒有侵害他人產權的行為，不論它造成多大的外部性，都是不需要進行補償的。所以福特汽車公司當年打垮了很多馬車夫，很多馬車夫失業了，但是福特公司不需要賠償他們。同樣，今天我們看到大量的互聯網公司打垮了傳統的公司，這種外部性也不需要去補償。所以簡單的一個結論是，我們必須從產權角度來看待過去被稱之為外部性的東西，否則就會陷入誤區。

我再強調一下技術進步。經濟學家大量地研究技術進步中的外部性，就是溢出效應。按照現在的經濟學理論，因為發明者、創新者沒有辦法享受所有技術帶來的好處，所以在市場經濟中技術進步一定低於最優水平，如果社會要有最優的技術進步，就需要政府給技術進步以補貼。這個結論太荒唐。市場經濟、資本主義經濟最有效地促進技術進步，而我們經濟學家卻認為它沒有為技術進步提供足夠的激勵。理解技術進步的一個重要方法是包括張五常教授在書中談到的自然選擇、生存競爭，而不是傳統的成本收益分析。也就是說，在市場經濟中，你發明創新，是因為你必須比別人做得更好，是你的生存問題，而不是說看是否獲得了發明創造的全部好處。

這就是我的第一個觀點，用外部性理論證明政府干預市場的合理性，或者證明市場的失靈，是完全錯誤的。

傳統反壟斷理論反對的是真正的競爭

第二，壟斷問題。傳統經濟學認為企業一旦有了壟斷地位，效率就降低了，市場就失靈了。為什麼呢？因為壟斷理論是以完全競爭為參照的。但是把完全競爭作為有效市場的標杆是完全錯誤的，因為所謂的完全競爭是沒有競爭。比如，我們經濟學教授怎麼進行「完全競爭」？就是所有的經濟學教授寫一樣的文章、教一樣的課、收一樣的錢。這就叫完全競爭！但是我們知道，任何一個經濟學教授，要跟人競爭就要跟別人有不一樣的觀點、不一樣的寫作風格，這才是真正的競爭。但是按照經濟學傳統解釋，只要你跟人不一樣就會帶來壟斷。以這個標準，張五常也是經濟學市場的壟斷者，他佔有的市場率太高，他的讀者太多，政府應該干預他。這顯然是錯誤的。

傳統經濟學上說的好多所謂的壟斷行為，恰恰是市場中的競爭行為，而反壟斷法所反的恰恰是真正的競爭行為。按照我們現在的經濟學理論，企業是沒有辦法做任何競爭的。如果你的價格比別人定得高，說你是壟斷定價；如果你的價格比別人定得低，說你是在傾銷；如果你的價格跟別人定得一樣，說你是合謀。任何一種價格行為都可以被說成是壟斷行為，那麼企業在市場上還怎麼去競爭呢？

經濟學的壟斷理論與現實完全不符。壟斷理論說兩個企業合併之後價格就會上升，但我們看一下歷史，大量的研究已經證明，歷史上沒有任何兩家相當規模的企業合併之後價格出現上升的趨勢，反而是價格都在下降。[4] 經濟學理論認為企業取得

4　參閱馬克·史庫森《朋友還是敵人？奧地利學派與芝加哥學派之爭》第 7 章。楊培雷譯，上海：世紀出版集團上海人民出版社，2006 年版。

　中國改革新理念

市場力量後，就不思進步了，技術進步就慢了。但我們看看世界上大量的新技術是怎麼出現的？就是這些所謂的「壟斷企業」帶來的，無論是早期的美國鋁業公司、IBM，還是現在的微軟、蘋果、谷歌，都是技術進步的主要推動者。按照經濟學關於壟斷的定義，馬化騰的騰訊公司和中國移動同樣是壟斷者，這是非常荒唐的。中國移動不需要多大的努力仍然可以賺錢，而騰訊公司即使佔有 80%、90% 的市場份額，只要它半年不努力就完蛋了。所以僅僅幾年時間，微信技術就推出了 6.0 版。所以我們經濟學家要改變傳統的思考方式，要正確認識到現實的市場是怎麼來進行競爭的，市場的有效性靠的是什麼。

　　傳統的經濟學有關壟斷和反壟斷的理論，建立在企業只是一個生產函數的假設上。其實企業不只是生產函數，企業還是一個創新函數。同樣重要的是，企業還是聲譽機制的載體，是市場信任的建立者。[5] 我們看現在人類的合作，為什麼能在全球範圍展開？因為有大企業！如果沒有那些大企業，都靠我們經濟學假設的無數的小企業進行競爭，誰會信任誰？誰都不會信任誰！正是這些大企業，以它們的品牌、聲譽作為擔保，對所有的上游企業承擔着連帶責任，我們才有了有效的、可信任的市場。比如我們去買寶馬車，我們不需要監督生產零部件的，也不需要監督生產鋼材的，更不需要監督生產鐵礦石的，只要監管寶馬公司就行了，寶馬公司替我們承擔了對所有上游生產環節的監督責任。如果汽車行業不是有十來家大的企業，而是有成千上萬幾十萬家小企業，沒有任何企業能影響價格，我們能有今天這樣發達的汽車工業嗎？不可能。所以我說這是傳統

5　參閱張維迎〈反壟斷的隱憂〉，《市場的邏輯》第三版，西安：理想國 / 西北大學出版社，2019 年版。

經濟學一個非常重要的失誤，它只把企業看成生產函數，沒有把企業同時看成創新函數，沒有把企業看成信任機制的建立者。

沒有非對稱信息就沒有市場

我想談的第三個問題是信息不對稱。信息不對稱理論非常有用，但是這個理論的很多結論如果我們不加深入地思考就會陷入誤區。按照傳統經濟學理論，存在信息不對稱就會導致逆向選擇，優勝劣汰就沒有辦法實現，而變成劣勝優汰，所以需要政府干預。所以我們就需要大量的政府監管機構，包括食品醫藥管理局、質量管理局等等，決定誰有資格進入，檢查產品質量，批准產品能否出售，等等。我覺得這些理論也是完全錯誤的。

為什麼錯誤？因為按照非對稱信息理論，非對稱信息導致市場失靈甚至消失，但如果市場消失了就不存在非對稱信息，也就是說，非對稱信息本身是市場創造的。如果我們都自給自足，生產自己消費的東西，沒有任何非對稱信息，就像我當農民的時候沒有什麼非對稱信息，也沒有了市場。市場就是需要非對稱信息，因為有專業化，因為有分工，就有非對稱信息，沒有非對稱信息，市場的任何優勢都不會存在。當然，非對稱信息理論提出的一些問題對理解市場機制如何運作是重要的。市場為什麼能創造非對稱信息？是因為它能夠解決非對稱信息帶來的問題，任何情況下市場如果不能解決非對稱信息帶來的問題，它就不會創造出非對稱信息了，這時候市場是根本不存在的。

非常重要的一點是要認識到，市場不只是一隻「看不見的手」，而且是「一雙隱形的眼睛」，你做的任何事情，好事

壞事，其實市場都有很強的記憶力。你做了好事會獎勵你，你的聲譽愈來愈好，企業愈做愈大；你如果做了壞事，它一定會懲罰你，你一定會完蛋的。所以我們看到市場上那些最成功的企業，不是靠利用非對稱信息騙人的企業，而是最值得消費者信賴的企業。按照阿克洛夫的文章，在二手車市場由於信息不對稱，造成「劣幣驅逐良幣」現象，好車賣不出去，壞車才能賣出去。但你調查一下，哪個市場上是好車賣不出去，壞車好賣？所有真正的市場都是壞車不好賣，好車才好賣。「劣幣」之所以能驅除「良幣」，是因為政府扭曲了不同貨幣的價格，而不是因為非對稱信息。[6]

按照非對稱信息理論，政府干預可以減少逆向選擇。但現實中，哪一個國家的逆向選擇最嚴重？一定是政府干預市場愈多的國家逆向選擇最嚴重。我們比較一下中國和美國，不看其他市場就看人才市場，哪個地方劣勝優汰？哪一個地方優勝劣汰？很顯然，在我們中國一定是劣勝優汰的，競爭成功的不是最優秀的人。如果我們真正按照市場的規律，那一定是最優秀的人才最能得到高的回報，最能成功。

總結一下，傳統經濟學有關市場失靈的理論都是錯誤的。第一，外部性並不是政府干預市場的正當理由，沒有外部性就沒有社會。第二，傳統的反壟斷理論是完全錯誤的，反壟斷法反的是真正的競爭。第三，沒有非對稱信息，就沒有市場，沒有市場的有效性，也就不會給我們人類帶來什麼進步。

因此，我們要重新反思經濟學的基本範式，因為所有這些市場失靈理論都是建立在經濟學基本範式的基礎上，如果我們

6　參閱 Murray N. Rothbard. *What Has Government Done to Our Money?* p. 59. Auburn, Alabama: The Mises Institute. 1991.

不反思這些範式，政府干預的時候就會有強大的經濟理論基礎支持。比如說，如果你問國家發改委為什麼要管價格，他會說市場的有效性依賴於完全競爭，依賴於信息對稱，而現實中有那麼多的大企業使得競爭不完全，又有那麼多的信息不對稱，所以我們政府需要干預解決市場失靈。

我們不要把傳統市場理論的失敗理解為市場本身的失敗！

21　市場中的企業家和資本家

　　企業家與資本的關係，是我過去三十多年研究的主題。我在 1984 年發表了一篇關於企業家的文章[1]，後來與盛斌合作寫成《企業家》[2]一書，到現在，我始終沒有離開那篇文章和那本書所設定的主題。

　　下面我談六個觀點。

第一個觀點：企業家是市場的主體

　　企業家是市場的主體，無論是資源配置，還是技術進步，都來自企業家精神的發揮和應用。但非常遺憾，如果你學過經濟學的話，你從經濟學教科書當中得到的結論是，市場就是價格，就是通過價格不斷的調整令供求達到均衡。為什麼主流的經濟學裏面沒有企業家？有兩個原因。

---

*　本文根據作者 2015 年 9 月 19 日在「創業時代：資本與企業家」論壇上的演講整理。

1　張維迎：〈時代需要具有創新精神的企業家〉，刊登於《讀書》，1984 年第 9 期。

2　這本書第一版由人民出版社，1989 年出版，書名為《經濟增長的國王：論企業家》；最新版（第三版）由上海世紀集團北京文景公司 2014 年出版，書名為《企業家：經濟增長的國王》。

第一個原因是主流經濟學的假設。主流經濟學假設這個世界是確定的，信息是完全的，偏好和技術是給定的，並且還假定所有人都是同樣聰明的。如果世界是確定的，每個人都能看到未來的樣子；如果信息是完全的，每個人都有充分的知識和信息做決策；如果每個人都是一樣的，誰也不比誰更聰明，誰也不比誰更笨，那麼，每個人都是無所不能的「企業家」。自然也就不需要企業家。實際上，世界是不確定的，判斷未來並不是一件容易的事情。我們在投資的時候，其實並不知道未來有沒有收益，好多的信息都沒有，沒有辦法按電腦程序做決策，只能靠自己的判斷力、想像力。而且人與人不一樣，有些人比另一些人更有想像力和判斷力。市場是不是有效依賴於市場當中最具有智慧、最具判斷力和想像力的人，要看他們怎麼去做決策，這類人就是企業家。

　　主流經濟學裏沒有企業家的第二個原因，是因為主流經濟學關注的是均衡和穩定，而不是發展和變化。但市場經濟真正的本質不是均衡，不是穩定，而是發展和變化。過去二百年，西方世界最早實現了市場經濟，不斷有新的產品出現，不斷有新的技術出現，產業結構在不斷變化，消費結構也在不斷變化。所以，今天使用的產品和二百年前不一樣，和三十年前也不一樣。三十年前我們沒有手機，現在大家都有手機。十年前沒有微信，現在我們都使用微信。市場經濟實際上就是不斷變化和發展的經濟。

　　這種變化和發展來自創新。誰是創新的真正主體呢？企業家。但是，主流經濟學的假設，以及它關注的重點，使得我們的教課書當中沒有了企業家；甚至一些研究增長的經濟學家，也沒有真正關注企業家。

舉個例子，增長理論中最著名的所謂新古典增長模型，關注的是資本積累如何帶來經濟增長，或者說經濟增長如何依賴於資本積累，但它並沒有關注資本積累是如何進行的，資本積累如何推動新技術、新產業的出現。它只關心資本的數量，不關心誰在積累資本，誰在進行投資。最新的所謂內生增長理論，關注的是知識、R&D 對經濟增長的重要性，但它沒有關注知識和 R&D 如何通過一種特定的人群，也就是企業家，來變成經濟發展的源泉的。

　　29 年前，也就是 1986 年，我有一篇文章，開篇第一句話就是，「商品經濟 = 價格 + 企業家」。那時候說的商品經濟就是我們現在談到的市場經濟。只可惜主流經濟學只關注價格，不關注企業家。

　　可以說，今天中國很多有關政策的爭論，如經濟發展應該由政府主導還是市場主導，產業政策是否有效，其實都依賴於我們怎麼去理解企業家和市場的關係。如果不能真正理解市場當中企業家在怎麼發揮作用，市場的有效運行和人類的技術進步如何依賴於企業家精神，我們所提出的政策建議，實際上就可能得到相反的結果。在計劃經濟時期，我們只強調資本積累的重要性，而不理解企業家的重要性，以為政府可以代替企業家進行資本積累，我們得到的結果是災難性的。其實，資本只是企業家調動資源、實現創新的工具，離開了企業家精神，靠政府進行的積累並不能帶來真正的增長。

第二個觀點：資本家的職責是選擇企業家

　　我在 1984 年寫了企業家的文章及其後出版了《企業家》一書之後，應該說，中國經濟學家對企業家的重要性，逐漸形成

了共識，這個共識就是：企業家是重要的；中國改革要成功，需要企業家。

但是什麼樣的所有制下才能產生真正的企業家？當時有一種觀點認為，企業家重要，但是所有制不重要，我們需要企業家，但不需要資本家。我不同意這個觀點。

1986 年，我寫了另一篇文章，就是〈企業家與所有制〉。[3]這篇文章的核心觀點是，企業家是私有財產制度的產物，沒有私有財產制度，就不可能有真正的企業家。這篇文章後來成為我在牛津大學撰寫的博士論文的主題。我發展了一個理論，即「企業的企業家—契約理論」，試圖解釋資本僱傭勞動，也就是為什麼在市場經濟當中，資本所有者處於那麼重要的地位，它與企業家精神有什麼關係。我的理論有兩個重要的結論。

第一，企業家是最容易偷懶的一批人。他們做決策時，我們沒有辦法用一個確定的硬性指標來監督和約束他們，如果要讓他們對自己的行為負責，唯一的辦法是讓他們承擔風險，也就是讓他們拿剩下的，不能拿固定的合同收入。普通工人拿的是合同收入，無論企業的收入是多少，只要按時上下班，也沒有明顯的過失，他們就有權利領取事前約定的工資。企業家不能領工資，只能在所有人該拿的拿走之後，剩下的才能歸他所有，所以他的收入叫剩餘收入（利潤）。為什麼呢？只有這樣，企業家才有積極性做正確的決策。

3　張維迎〈企業家與所有制：經濟體制改革中的一個重要理論問題〉，刊登於中國經濟體制改革研究所內部刊物《經濟體制改革研究報告》1986 年第 30 期；文章第一部分發表於《經濟研究》1987 年第一期，全文收入作者《價格、市場與企業家》一書，北京大學出版社，2006 年出版。

第二，在任何社會當中，只有一小部分人真正具有足夠高的企業家才能。但是誰具有企業家才能，我們也沒有硬的指標進行衡量，諸如通過考試，或者通過資格認證，來確定誰有企業家才能。為了確保真正具有企業家才能的人經營企業，就需要有一種機制，使得沒有企業家精神的人不敢說自己具有企業家精神，有企業家精神的人才敢去創業，才敢去創新。我證明，這個機制就是資本僱傭勞動。

如果任何人可以不受約束地拿別人的錢去辦企業，賺了，利潤是自己的；虧了，損失的是別人的；那麼，將會有太多的不具有企業家精神的人，會來冒充企業家混進企業家的隊伍。

如果一個人必須拿自己的資本去冒險，那他就會掂量一下：我究竟是自己去做企業呢，還是交給別人做更合適？如果他的企業家能力不夠高的話，他就不會假裝自己能力高。

當然，我們知道，現實當中，有很多具有企業家精神的人並沒有足夠的資本。這就使得資本所有者取得了一種選擇企業家的權力。

一個企業家有一個想法，想辦企業，最後能不能成功，依賴於有沒有人給你提供資金，給你提供資本；因為只有通過資本，企業家才能調動資源。由於不確定企業家的才能，而企業家的才能難以觀察，提供資本的人是要冒險的；如果選錯了人，把資本交給了沒有企業家精神的人，企業搞砸了，資本家就虧了。反過來說，正因為資本家必須承擔風險，他們才有積極性選擇具有企業家精神的人經營企業。所以資本家獲得了這樣一種所有者的職能。這個職能進一步延伸到我們現在的股份制企業。

所謂的風險投資，就是如何判斷和選擇企業家。自然，拿到投資的企業家必須受到投資者的監督和約束。

我的理論意味着，一個國家，在它消滅了私人資本家的時候，其實也就消滅了選擇企業家的機制，消滅了企業家產生的環境。所以你看到，凡是沒有資本家的國家，誰來經營企業就沒有了章法，管企業的人不大可能是具有企業家精神的人。這是所有計劃經濟國家國有企業的實際情況。

第三個觀點：政府不可能替代企業家，也不可能替代資本家

所有的計劃經濟國家，在做計劃時，靠的是政府或者說政府官員，企業的每個決策，生產什麼，如何生產，為誰生產，全是由政府官員或者說由計劃機關決定的；所有生產資料全部收回國有，由政府決定如何分配。政府既替代了企業家，又替代了資本家。簡單地說，計劃經濟的本質，就是試圖由政府來替代企業家，替代資本家。

我們看到，全世界的計劃經濟實驗都失敗了。凡是用政府替代企業家，替代資本家的國家，都失敗了。這就是蘇東垮台的原因，也是中國要進行改革的原因，同樣是包括像印度這樣的發展中國家要實行改革的原因。這裏，我要順便指出一點，好多人以為印度一直是市場經濟國家，其實不是。印度獨立之後，政府效仿的是蘇聯的計劃經濟，只是計劃程度不像蘇東和中國高，還留有一部分的私人企業，但是主體仍然是國家計劃。到上世紀 90 年代，印度已經完成了八個五年計劃，從 90 年代初開始市場化經濟改革。

回過頭來說為什麼政府沒有辦法代替企業家，沒有辦法代替資本家。這個道理其實也很簡單。第一點，政府官員並沒有企業家那樣的經營才能。企業家是特殊人才，需要對未來做出獨立判斷，不能人云亦云，政府需要的是執行命令的人。企業家是不害怕犯錯的人，政府需要的是不犯錯誤的人。企業家做的是正確的事情，政府官員則是用正確的方法做事。政府官員注重的是程序，而不是事情本身對還是不對。

這一點，觀察一下政府官員的實際表現就會清楚。任何人，如果到了政府部門，按照政府規定的方式去做事的話，就不可能成為一個企業家，不可能具有企業家精神。

第二點，政府官員沒有企業家的那種激勵機制。一個企業家做出錯誤的決策，可能就破產了，甚至要跳樓。政府官員只要遵守程序，即使決策失誤，個人也不承擔成本。政府官員也不像資本家那樣為選錯人承擔責任。資本家選人選錯了，他要自己承擔風險，你有再多的錢，如果你把錢交給不具有企業家精神的人去給你管理、去給你投資，最後你可能血本無歸。政府官員將國家的錢交給不具有企業家精神的人去做的時候，這個企業虧了，他承擔任何責任嗎？不承擔。這就是為什麼政府在選任國有企業經理人時出現嚴重的任人唯親，而不可能任人唯賢。我們現在仍然有一種錯誤的觀念，就是用政府來模仿市場，用政府機構持股的方式來模仿資本所有者。這是不會成功的，因為你永遠沒有辦法使得政府官員像真正的私人資本所有者那樣，為自己的決策承擔風險。

政府不能替代企業家和資本家，也與企業家的創新職能有關。

所有創新都是不可預見的。我們今天使用的最好的技術和新產品，二十年前、三十年前，沒有人預見到。在往回推一點，二百多年前，瓦特發明蒸汽機的時候，很少有人預料到蒸汽機會很重要，所以瓦特要找錢是很難的，只有羅巴克和博爾頓這樣的企業家願意冒着破產的風險資助他。二百年前，當喬治·斯蒂芬森製造出蒸汽火車的時候，也沒人認為火車有什麼了不起，所以英國政府規定，火車的速度不可以超過馬車的速度。一百三十年前，卡爾·本茨發明汽車的時候，也沒有人認為汽車有什麼了不起，德國地方政府規定，汽車的速度不可以超過人步行的速度。如此等等，這樣的例子不勝枚舉。

　　創新的不可預見性，意味着創新不可能由政府規劃，只有留給市場中的企業家去試錯；也不可能由政府資助，只能由市場中的投資者自己去判斷，也就是投資者必須是多元化的。政府要扮演企業家和投資人的角色的時候，必須按照程序化的統一的標準，但是創新沒有統一標準。

　　我舉兩個例子。第一個例子，世界上著名的思科公司，創立公司的夫婦倆，是斯坦福大學畢業生，創辦思科公司以後，他們需要錢，卻找不到錢，找了72個投資者，都不看好，沒人願意給他們投資，最後找到第73個投資者，才願意給他們投資。

　　另外一個例子是我們國內的馬化騰，馬化騰創辦騰訊公司時找投資也挺難。我曾經遇到一個很有名的風險投資人，他說，現在一想起馬化騰，就想扇自己兩個耳光。我問他為什麼？他說，馬化騰當時就跟他要50萬美元，他愣是沒有給，因為他根本不看好這個技術。馬化騰最後終於找到一個叫 Naspers 的南非的風險投資公司。所以，騰訊公司最大的股東不是馬化騰本人，而是這家南非的投資人。

這兩個故事告訴我們創新不可預測，一定得靠多元化的投資融資機制。我有一個想法，我要把它變成一個產品，我找你，你不給我錢，我找他，他也不給，也許我轉一圈就找到了，我就能做起來，我就能做成改變人類命運的事情。

政府設立一個委員會管投資的話，比如，要給一個投資項目打分，合格的才投資。但是，誰來打分？由政府官員打分？除非他比企業家還有企業家精神，否則他不可能有能力評價企業家提出的方案。由專家打分？專家也不是企業家，只是某一個方面的專家，並不具備判斷市場前景的能力。大量實例證明，許多專家認為不可行的想法是可行的，而許多專家認為可行的想法最後恰恰失敗了。專家打分還有專業偏見，強調自己專業的重要性，好多專家寫的技術前景報告，目的是給自己搞研究經費。

那麼，能不能由企業家組成的委員會代表政府來做決策，決定將這錢投資給誰呢？也不行。因為你找企業家只能找到已經成功的企業家，但過去成功的企業家不等於未來成功的企業家。而創新，按照熊彼特的說法，是創造性的毀滅，就是新的產品替代舊的產品，新的企業家替代老的企業家。火車不是生產郵政馬車的人搞出來的，而是跟郵政馬車毫無關係的人搞的，最後把馬車替代了，把運河也替代了。現在的數碼相機，不是傳統相機廠商研發成的。互聯網也不是由電信公司開發出來的。可見，重大的創新，全是由新的企業家做成的。

成功的企業家，他的思路很容易以自己的成功本身為出發點。設想一下，1990 年，美國政府組織一個產業委員會，由比爾•蓋茨任主席，決定政府的投資方向，那麼會出現什麼結果呢？據我所知，1990 年的時候，比爾•蓋茨根本不看好互聯

網，只看好 PC。如果讓他主導這個產業政策委員會，會有什麼結果呢？一定是大量投資 PC 而不會投資互聯網。

要是 15 年前中國成立一個由企業家組成的產業投資委員會，由當時最有名的、最受人尊重的企業領袖（如柳傳志、張瑞敏）來主導，會是什麼樣的結果呢？最可能的結果是，國家的投資將主要投向電視機、顯像管和電腦產業。所以說，無論政府多麼重視專家和企業家的意見，都不可能克服產業政策的困境。

中國企業創新不多，與政府試圖替代企業家和資本家有關。時至今日，大部分投資資金仍然是政府和國有銀行控制的。但那麼幾家有名的互聯網公司，你告訴我哪一個是中國政府投資的？沒有。中國是世界上儲蓄率最高、儲蓄總量最大的經濟體，但是那寥寥無幾的新技術公司沒有一個是中國自己的資本投資出來的，百度不是，阿里巴巴不是，騰訊不是，而是外國資本投資出來的。郭凡生先生的慧聰網，也不是中國人投資的，而是 IDG 投資的。政府和國有銀行不可能真正為創新提供資金，充其量只能在維持一種循環經濟。

第四個觀點：國有企業制度不可能產生企業家

在 1986 年的那篇文章裏，我提出一個「國家有所有制下的企業家不可能定理」。當時好多人幻想，只要把國有企業變成股份制公司，成立好多控股公司，進行交叉持股，我們就實行了跟西方資本主義一樣的市場經濟，實行經營權和所有權的分離，我們就有了企業家。我說這是不可能的。為什麼不可能？我列了五個理由。

第一個是政企分開的不可能。只要是國有企業，你就不要想有真正的政企分開。早在上世紀 80 年代，我們國有企業改革的方向就是政企分開，可是直到現在，我們仍然做不到政企分開，不僅做不到政企分開，甚至做不到黨企分開。黨企分開應該說相對而言還容易一點，但是仍然做不到。我們沒有辦法做到國有企業的領導人真正按照市場的方式去選擇。

第二個不可能，是所有權約束的不可能。市場經濟中企業家之所以要努力做好企業，之所以要創新，是因為背後有着所有權的激勵和約束。國家或者政府官員作為所有權的代表，是不可能真正像資本家那樣約束企業經營者的。

第三是解決經營者行為短期化的不可能。所有國有企業都存在行為短期化問題。國有企業領導人考慮的都是短期的問題，不可能考慮三年以上的事情，但我們知道，做一個企業，沒有長遠的考慮，你不可能把它真正做成優秀的企業、一個創新的企業。為什麼？創新是一個持續的過程，一個新產品從創意到被市場接受，一項重要技術的突破，可能需要三年五年，甚至十年二十年。如果一個企業領導人不考慮長遠，他做的實際上不可能是真正市場經濟當中的創新型企業。

為什麼國有企業的領導人不可能考慮長遠？因為他的位置是政府官員任命的，任命的標準不可能是企業家精神的高低，也不可能是經營者長期績效的好壞。有權任命你的人不會因為你做得好，就讓你繼續做下去；也不會因為你做得不好，就必須把你拿掉。你的位置是否穩固，更多地依賴於政治因素和人際關係。國有企業領導人的對調就是這樣。

我說過這樣的話，國有企業領導人，要想位置穩定的話，最好的辦法就是把企業做得不死不活。為什麼呢？搞得太好

了，就是一塊肥肉，有關係的人就要來佔這個位置。當然搞得太差，連年虧損，也是一個問題。我知道一個很大的國有集團公司，下面有五個分公司，有一個很能幹的領導人，把排名第五名的分公司做成第一名，非常有成就。後來，集團公司的老總就讓自己的秘書來接替他，這個秘書又將公司從第一名做到了第五名。這樣的例子應該是非常多的。所以我說，國有企業下，不可能使得經營者真正有長遠的考慮。

第四個是預算約束硬化的不可能。我們知道國有企業有一個制度性的毛病，就是匈牙利經濟學家科爾內（J. Kornai）定義的「預算約束軟化」。私有制下，預算約束是硬的，如果你的收益持續不能彌補成本，你就破產了。「預算約束軟」是什麼意思呢？即使你的收益小於成本，你仍然可以活下去，因為有政府財政資金不斷的支持。從上世紀 80 年代開始，政府就試圖不斷硬化國有企業的預算，但是現在仍然沒有辦法解決這個問題。國有企業一旦出問題之後，政府一定要去救它。當然，企業愈大，政府花的力氣愈大。現在，我們財政預算仍有國有企業虧損補貼這一塊。甚至一些很賺錢的國有企業，仍然每年拿到數百億的所謂「政策性補貼」。

第五個是經營者與職工制衡關係的不可能。上世紀 80 年代的時候，很多經營者和職工合起夥來，不斷地提高自己的工資和獎金，用現在的話說，就是瓜分國有資產。現在這個問題仍然沒有解決。所以，凡是靠壟斷賺錢的國有企業，職工拿的工資都高於市場的均衡工資，實際上工資當中的一部分應該是資本收益，或者是消費者剩餘，而不是勞動收益。

除了以上五點之外，我現在要補充一點，就是國有企業不可能變成創新型企業，更不可能變成創新的主體。之所以不可

能，除了前面提到的國有企業領導人行為的短期化外，也與國有資產需要的監管有關。

前面提過，創新是不可預見的，有成功的可能，也有失敗的可能。設想一下，一個國有企業，領導人搞創新，失敗了，應該怎麼辦？我們可以設想，如果失敗了，政府可以原諒你，因為創新總是有可能失敗。可是如果這樣，許多國有企業領導人就會做大量毫無意義的創新（包括從個人手裏購買專利），依此來侵吞國有資產。

另一方面，如果創新失敗了，就要追究個人責任的話，真正有創新精神的人會去創新嗎？他也不會創新。因為就算是 100 個成功，只要一個失敗，他面臨的可能不僅是一個紀律處分，甚至可能是牢獄之災。現在就有這樣的例子。這樣的話，真正有創新精神的國企領導人也不會去創新。維持現狀，按部就班做事，而不是創新，才是國有企業領導人的理性選擇！

第五個觀點：公司治理應該以企業家為中心

自上世紀 90 年代開始，公司治理成為一個熱門的詞，在我們中國也是耳熟能詳。國家證監會、銀監會、保監會出台了大量的文件和政策，都在規範公司治理結構，特別是上市公司的治理結構。但在我看來，所有這些文件也好，背後的理論也好，都有問題。當然，背後的理論不是中國人發明的，但是仍然有問題。問題在哪兒呢？問題在於它是一個管理者中心的模型，這個模型把公司治理理解為如何激勵和約束經理人的行為問題，也就是怎麼讓他不偷懶，怎麼讓他不貪污。這個問題當然重要，但不是最重要的。回到我前面所說的，企業家才是市場經濟的核心。我們需要的是一個企業家中心的公司治理模

型。一個有效的公司治理結構，一定要使得最具有企業家精神的人去掌控公司，並且有積極性去創新，去創造，而不是僅僅選一些不會腐敗的人就行了。目前公司治理理論存在的缺陷，導致了我們把過多的精力、法律、政策放在怎麼去約束企業家精神，使得公司變得愈來愈官僚化，而不是愈來愈充滿活力。按照現在的公司治理模型做下去，我想，未來我們公司的腐敗可能會少一點，但同時也意味着公司的企業家精神會更少，這時候不可能有真正的經濟持續發展。

第六個觀點：企業家隊伍的轉型依賴於制度改革

我前面提到的五個觀點，也可以說是「企業理論四書」重要觀點的一個概述。[4] 今天，在中國面臨經濟轉型的時候，我要特別說一下企業家隊伍本身的轉型。

中國過去三十多年的高速增長，靠的是套利型的企業家，他們發現市場當中有不平衡，就將一幫人組織起來，低買高賣，生產出市場需要的產品，個人賺了錢，社會資源配置的效率提高了，整個經濟也就發展起來了。但隨着經濟的發展，套利的機會愈來愈小。未來中國經濟增長率不可能太高，即使要有 5% 的增長，我覺得仍然要靠創新，靠創新型企業家。創新型企業家和套利型企業家不一樣，套利型企業家從古到今都有，但創新型企業家是現代經濟才有的。為什麼？因為創新和套利對制度的敏感程度是很不一樣的。

---

4 「企業理論四書」指《企業家：經濟增長的國王》、《企業家的企業家─契約理論》、《企業理論與中國企業改革》和《理解公司：產權、激勵與治理》。這四本書全由上海世紀集團北京文景公司出版。

套利型企業家在政府最嚴苛的管制下也會存在。我舉一個例子。大家可能聽過一首陝北民歌，叫《趕牲靈》，原作者張天恩，和我是同一個縣的。趕牲靈的人，也就是傳統社會的企業家，他們把東西從這兒倒賣到那兒就賺錢，所以是套利型企業家。張天恩本人在「文化大革命」期間投機倒把，坐了四年牢。那個時候管得那麼嚴，仍然有人要套利，因為有些套利活動可以偷偷摸摸去做。但創新不一樣，創新需要三年五年、十年八年，甚至更長時間，不可能偷偷摸摸去幹，不可能像套利一樣，今天晚上天黑了偷偷摸摸買進來，明天晚上天黑了再偷偷賣掉。如果沒有一個穩定的預期，如果私有產權得不到有效的保護，如果法治不能由口號變成現實的制度和文化，我不認為中國可以轉向一個創新的國家，因為中國企業家不可能真正有積極性去創新。

　　因此，要使我們國家真正從過去的配置效率驅動的增長，轉向創新驅動的增長，我們必須進行大的經濟體制和政治制度的改革。鄧小平的經濟體制改革給了人們一定的自由，喚起了套利型企業家。未來只有進行政治和法律制度的改革，我們國家才有可能產生出真正的創新型企業家。如此，中國經濟才有希望持續增長，不陷入所謂的「中等收入陷阱」。

22　企業家與創新

　　「企業家」這個詞，最初是愛爾蘭裔法國經濟學家坎蒂隆使用的，指的是那些承擔銷售農產品和工業品風險的批發商。[1]在英語中出現 entrepreneur 一詞之前，人們用 undertaker（承辦人），或 adventurer（商業冒險家）來指代企業家。現在英語當中企業家指的就是願意從事冒險活動，以追求經濟利潤的那些人。

　　簡單地說，企業家一定要獨立地從事某一種工商業活動。企業家一定不是追隨者。他是給別人提供保險，而自己承擔風險的人。當你做一個企業的時候，你首先要給別人許諾工資、租金等等，但你生產的產品究竟能賣多少錢，你完全沒有把握。所以你一定是一個把風險留給自己、保險給予別人的人。我記得曾經有一個企業家後來把企業賣給別人，自己轉變成職業經理人，當記者問他：當職業經理人和企業家有什麼不一樣？他說：我當企業家的時候，每到月底就着急，要找錢給別人發工資，現在我每到月底就去領工資，很開心。這就是企業家和職業經理人的不一樣。

＊　本文根據作者 2015 年 5 月 31 日在北京大學國家發展研究院主辦的「互聯網＋企業家 4.0」創新創業論壇上的演講整理。

1　理查德·坎蒂隆《商業性質概論》。余永定、徐壽冠譯，北京：商務印書館，2009年版。

所以一個企業家，必須要有冒險精神，這就是傳統上人們把企業家等同於冒險家的原因。我們中國人把做企業稱作「下海」，下海有可能有去無回，你面臨的挑戰非常大，非常不確定的未來。

　　這個精神我們可以延伸到非商業領域。我們也可以談政治企業家、社會企業家、學術企業家，等等。比如說，鄧小平就是一個政治企業家，孔子就是社會企業家，他們都是做別人沒有做過的那些事情，所以一定是冒着很大風險的。這類企業家冒的險比商界企業家還要大，歷史上很多的政治企業家都沒有好下場的，他們是冒着殺頭的風險。

　　我再強調一下職業經理人跟企業家不一樣，職業經理人就是用正確的方式做事，企業家是必須做正確的事。職業經理人按程序做事，企業家絕不能循規蹈矩。職業經理人拿的是合同收入，企業家拿的是剩餘收入，沒有剩餘企業家就沒有收入。還有就是職業經理人只對自己的行為負責，企業家要對所有員工的行為承擔連帶責任。所以你辦任何一個企業的時候，等於你對所有的僱員提供保險，他犯錯你就得承擔責任。哪怕開一個餐館，廚師洗菜沒有洗乾淨，客戶吃了中毒了，你是老闆就要承擔責任。所以企業家要做好承擔責任的準備。

　　那企業家究竟要做什麼呢？企業家的基本功能，第一是發現不均衡，第二是創造不均衡。我們經濟學者都知道，如果市場處於均衡狀態，所有的收益全部化為成本，包括工資、租金、原材料價格，就沒有經濟利潤。只有當市場處於不均衡的時候，才有利潤可圖。企業家就是發現這個不均衡，然後利用不均衡去賺錢，最後推動市場趨向均衡。主流經濟學教科書沒

有企業家，因為經濟學家假定市場總是處在均衡當中，所以不需要企業家。這是不對的。企業家的第二個功能，就是打破均衡，也就是創新。

我們先簡單看一下發現不均衡。發現不均衡其實就是抓住一個機會，進行套利。這類企業家從古到今都有，中國歷史上都有。有三類套利行為。第一類是跨市場套利，同樣的產品，你發現一個地方便宜另一個地方貴，你從便宜的地方買來到貴的地方賣，就能賺錢。這就是商人。第二類就是跨時間的套利，如果你預期未來一個東西會變貴，現在買下以後賣，如果你的判斷是正確的，你就能賺錢。現在最典型的跨期套利是金融市場的套利，股票和債券的買賣。第三種是產品市場和要素市場之間的套利。如果你發現有些產品供不應求，而有些人無所事事，你把無所事事的人組織起來生產供不應求的產品，就可以賺錢。這就是典型的中國企業家會去做的事情。

接下來看一下創新。創新就是打破均衡。套利使得市場趨向均衡，當市場達到均衡之後無利可套了，那你怎麼賺錢呢？就要靠打破均衡。打破均衡的辦法就是創新。説一個具體例子，比如說蘋果公司引入了 iPad 就是打破了均衡。原來只有個人電腦（PC）和筆記本電腦，到 2000 年的時候，個人電腦和筆記本電腦市場幾乎處於均衡狀態，電腦廠家和商家都賺不到錢，中關村商家賣一台電腦賺的錢和賣天津煎餅賺的差不多。喬布斯生產了 iPad，打破了均衡，他就可以賺大錢了。

最早對創新經濟做研究的就是熊彼特，他 1911 年的《經濟發展理論》裏提出，經濟發展本質上就是企業家不斷創新的過程。他認為，創新包括五個方面：引入新產品、引進新技術、

開闢新市場、發現新的原材料、實現新的組織形式。[2] 我曾將其歸納為三大類：技術創新、管理創新、市場創新。[3]

我們可以用經濟學的生產可能性邊界描述企業家的兩種功能。在給定的技術條件下，每個社會都有一個生產可能性邊界，即可能生產的最大產品組合，滿足消費者偏好的組合就是最有效率的組合（即生產上邊際轉換率（機會成本）等於消費上的邊際替代率時達到）。市場不均衡意味着實際市場處在生產可能性邊界的內點或不合理的邊界上。企業家的第一類活動，也就是套利活動，使得經濟從內點走向生產可能性邊界，或者從生產可能性邊界上不合理的點轉向一個更為合理的均衡點。創新是什麼意思呢？就是不斷地把這個生產可能性邊界往外移。

中國企業家在過去做了一些什麼呢？簡單來說，過去三十多年，中國企業家主要做的就是套利。我曾經概括了三代企業家：80 年代的農民出身的企業家，90 年代的官員轉變的企業家，和世紀之交互聯網時代的海歸企業家。前兩代企業家沒有多少創新，就是套利。互聯網時代的企業家有一些創新，但還是以套利為主。未來如果我們想用「企業家 4.0」這個概念，和前三代最重要的不一樣，就是我們要由套利型企業家轉向創新型企業家。原因在於經過三十多年的套利，套利的空間愈來愈小。不是說未來完全沒有套利的機會，套利空間始終存在，但是愈來愈小，不可能是企業家生存的主要空間。發達國家創造的產品和技術，能模仿的東西，我們也模仿得差不多了。所以未來第四代企業家，一生出來就不可能模仿第一代和第二代，

---

2 約瑟夫・熊彼特《經濟發展理論》。張培剛等譯，北京：商務印書館，2009 年版。
3 張維迎、盛斌《企業家：經濟增長的國王》，上海：世紀文景／上海人民出版社，2014 年版。

甚至不可以模仿第三代。你一定要做出一個跟別人不一樣的東西。如果你還是做和別人一樣的東西，我估計你是沒有希望的，你是賺不了錢的。

這個轉變我們可以放在整個中國的轉型來看。我們過去三十多年從計劃體制向市場體制轉型，計劃經濟下資源配置嚴重不合理，意味着一旦開放市場以後不均衡到處都是，只要你膽子大辦一個企業，生產任何東西都可以賺錢，所以這一代企業就是套利的企業家。現在我們要有一個增長模式的轉化，也就是從配置效率驅動的增長轉向真正的創新驅動的增長，這就需要創新型企業家。

沒有新一代的創新型企業家，中國不可能變成創新型國家。如同熊彼特說的，新的產品和新的產業通常來自新的企業家，而不是原來已經成功的企業家。企業家定型以後自身轉型是很難的，所以企業家隊伍經常是一代淘汰另一代，而不是原來的一代轉變成新的一代。這一點非常重要。

人類過去三百年的進步，都來自創新，就是新的產品和新的技術不斷淘汰舊的產品和舊的技術，新的企業淘汰老的企業。三百年前也有企業家，但都是套利的企業家。過去三百年的發展主要靠得是創新型企業家，我們現在使用的產品基本上都是企業家創新的結果。

創新是什麼？就是一個與眾不同的想法，變成一個消費者、客戶願意買單的東西。這個想法非常重要，這個想法一般人沒有，而且如果它真是一個新的想法，當你提出來以後大部分人都不太認同，這才是創新。如果你提出來一個想法大部分人都馬上認同，這就不可能是創新了。所以，我對各種方式的評比本身有點懷疑，尤其靠專家評比一個人有沒有創新，完全

是胡扯。投資人要真金白銀放進去，聽聽他的意見才是有道理的。

談到創新，大家馬上想到發明，其實企業家創新和發明家發明不一樣。發明家可能變成企業家，最典型的是愛迪生，但是企業家不一定是一個發明家。一個人只要做出新的、過去沒有的東西就是發明家，企業家的創新必須有商業價值，沒有商業價值，創新不可能成功。像瓦特是一個典型的發明家，但是談不上是企業家。瓦特發明蒸汽機靠得是兩位企業家，羅巴克和博爾頓，後兩個人做的就是 VC（Venture capital，創意投資）和 PE（Private equity，私募股權投資），沒有這兩個人，就不會有瓦特的蒸汽機。

創新有兩個方面，第一是能不能給別人帶來價值，第二是能不能降低成本。如果一個創新既不能給客戶帶來價值，也不能降低成本，就沒有意義。

要做到這一點就要理解人性。凡是偉大的企業家都對人性有透徹的理解。國外最典型的就是喬布斯，這樣的企業家甚至不做市場調研，但是他生產的東西消費者都非常喜歡。國內的話我覺得馬化騰可以稱為這樣的企業家，他對人性有非常透徹的理解。我們可以想像一下微信這樣的產品，沒有做任何市場調研，就是完全憑想像和對人性的理解。

我要強調一點，我們有好多的企業家喜歡利用人性的弱點來賺錢，這是我不贊成的。比如說黃色的東西，或者令兒童容易上癮的東西。我們在營銷學教科書中提到的一個例子，就是怎麼把梳子賣給一個和尚，這就比較糟糕。你要把梳子賣給需要梳子的人，而不是想辦法賣給不需要的人，所以不要學趙本山小品裏的忽悠，你一定要創造真正的價值。

現在市場上很大的一個客戶是政府，政府需要的有些產品是有價值的，但也有很多產品是沒有價值的，但是你可以賺錢，因為政府願意買單。政府的採購，你要仔細分析一下是扭曲創造出來的還是真正需要的。有些東西，即使你能賺錢，這個東西從道德判斷上也是不對的。

　　創新面臨着很大的不確定性。不確定性與一般説的風險不同，它是獨一無二的，沒有統計規律可循。所有新產品出來的時候，都不可能用統計去研究它，不可能用市場調研預測它。

　　這就要求企業家確實要有一些非常特殊的本領。企業家最重要的工作是判斷未來，這需要很好的想像力。像比爾蓋茨，在電腦像房子這麼大時候，他能想到未來的電腦會變得那麼小，可以放在每個人的桌子上。如果沒有這樣的想像力，他不可能開創軟件產業。大數據不能代替企業家，再多的數據，再全面的數據，也沒法代替企業家的判斷。

　　要使得我們這個社會真正有這樣的創新型企業家，非常重要的一點就是改變我們的制度環境。對企業家創新而言，最重要的制度環境是自由、法治和產權保護。一個社會如果沒有創業的自由，我們就不可能創新，好在我們這個國家在不斷地改變。

　　套利和創新對制度的敏感度是完全不一樣的。即使自由很少、產權保護很弱、法治很不健全，仍然有套利的企業家。比如説，文化大革命期間仍然有搞投機倒把的，戰爭期間都有好多成功的套利企業家。但是要有大批創新的企業家，這種環境下是不可能的。這是因為，套利的利潤曲線和創新的利潤曲線是很不一樣的。套利企業家一開始就賺錢，而且賺大錢，然後隨着競爭者的加入，利潤愈來愈少了，最後趨於零。創新的企

業家一開始一定是虧損的，可能三年五年，甚至十年八年，所以如果沒有對未來產權的穩定預期，不可能有人真正有積極性去創新，這就是中國現在面臨的問題。同時我們也可以理解，為什麼創新對金融市場融資如此敏感。創新企業家必須過了虧損期，然後才可能賺錢，這一階段就需要別人的投資。如果金融不自由，創新企業家就很難起步。

政府的產業政策經常被認為是推動創新的工具，很多企業家可能都會被政府的產業政策所誘惑。但是無論是理論上還是經驗上，產業政策都是不成功的。產業政策隱含的一個基本假設是，政府官員（或專家學者）比企業家還企業家，更有能力判斷未來。這個假設是非常不現實的，所以產業政策注定是失敗的。創新在本質上是不可預見的，只能靠自由試驗和自由競爭來選擇。甚至過去成功的企業家也不大可能判斷未來，更不要說專家學者和政府官員了。今天的主導產業是三十年前沒有人想到的，甚至二十年前都沒有人預測到。同樣未來的主導產業是什麼，沒有人知道。產業政策必須有統一的評選標準，而統一的評選標準一定扼殺創新，鼓勵尋租行為。所以企業家在創業和創新的時候，應該有獨立的判斷，不應該跟着政府的產業政策走。你要考慮的是你所做的東西最後有沒有市場，是不是給消費者帶來了價值，而不是政府支不支持，能不能拿到政府的補貼。

23　知識的本質與企業家精神

一個優秀的企業和一個平庸的企業差距有多大？不會超過5%，我深信比這個比例還要小。這聽上去有點危言聳聽，其實並不奇怪，想想人類和黑猩猩基因差距也不超過2%，人類和大部分哺乳動物基因差距不超過5%。但正是這個小小的差距決定了人類是這個地球的統治者，而其他哺乳動物不是。

對於企業來說，這種小小的差距導致有的成功、有的失敗。這種差距究竟是什麼？我認為最重要的就是企業家精神的差距。企業家精神是1，其他是0，沒有了這個1，再多的0也沒有用。

要理解這一點，我們要談到知識的本質。

在上世紀30年代有關社會主義計劃經濟的大爭論中，哈耶克對知識的本質有過深刻的闡述。他把知識簡單分為兩類：科學知識和實踐知識。[1]我稱之為硬知識和軟知識。硬知識是指能用諸如語言、文字、數字、圖表、公式等方式表達和傳播的知識。此種知識人人都能得到，也可以集中使用，比如牛頓力

＊ 本文根據作者於2017年4月28日北京大學國家發展研究院EMBA開學典禮上作的主體演講整理而成。全文發表於《經濟觀察報》，2017年5月8日第33版。

1 參閱赫蘇斯・韋爾塔・德索托《社會主義：經濟計算與企業家才能》，第28–36頁。朱海就譯，長春：吉林出版集團有限公司，2010年版。

學、愛因斯坦的相對論,都是硬知識。軟知識是指沒有辦法用語言、數字、文字、圖表公式等方式表達和傳遞的知識,比如訣竅,只可意會不可言傳。老子說「道可道非常道,名可名非常名」即是此意。邁克·博蘭尼將知識分為顯性知識和默性知識(tacit knowledge),硬知識就是顯性知識,軟知識就是默性知識。[2]

軟知識的基本特點是沒辦法進行有效傳遞,但它對決策非常重要,特別是對創造性的決策非常重要。邁克·博蘭尼認為,默性知識是所有知識的支配原則,甚至最形式化的與科學化的知識也是無一例外地遵循某種自覺或創造行為,體現的完全是默性知識。比如,牛頓的萬有引力和愛因斯坦的相對論都是硬知識,但為什麼是牛頓和愛因斯坦,而不是其他人發現了這些硬知識?因為他們具有其他人不具備的默性知識。牛頓是如何發現萬有引力的?愛因斯坦又是如何發現相對論的?我們不知道,他們也沒有辦法給我們說清楚。

企業家和管理者之間有什麼差別?簡單說就是他們制定決策所基於的知識不太一樣。企業家決策主要靠軟知識,管理者決策主要靠硬知識。經濟學和大部分管理學裏討論的決策都是基於硬知識的決策:給定目標和可選手段,如何選擇特定的手段滿足給定的目標。這跟真正的企業家決策相距甚遠。真正企業家的決策不是來選擇手段滿足給定目標,而是尋找可選擇的目標和手段本身。企業家精神的高低很大程度上取決於這些選擇能力的高低。換句話,管理者是使用工具,企業家是創造工具。管理者是實現目標,企業家是創造目標。

---

2 M. Polanyi. *The Study of Man*. Chicago: University of Chicago Press. 1959.

從決策的角度來說，如果手段和目標是給定的，並且是相同的，那麼在同樣的數據下，所有理性人都會做出相同的選擇。就像我們考試，給定條件，每道題目的標準答案只有一個，如果你跟別人給出的答案不一樣，或者是你錯了，或者是別人錯了。但企業家決策時，恰恰是同樣的數據和硬知識，不同人做出選擇完全不一樣，你不能說誰對誰錯，甚至多數人覺得對的，反而是錯的。

　　為什麼？因為企業家決策不僅取決於數據、硬的知識，更依賴於默性知識，個人對市場前景、技術前景和資源可獲得性的想像力、感知、判斷力。而判斷力不是計算出來的。企業家決策類似於科學家的發現，不同於所謂的「科學決策」！

　　企業家精神是超越數據的。有人認為大數據的出現可能會使計劃經濟重新變得可行，這完全是錯誤的。為什麼？硬知識和數據儘管對企業家非常有用，企業家決策時確實也需要數據，但這些數據是誰都可以得到的，真正的企業家精神一定是超越這些知識和數據的，也超越我們現在說的大數據。僅僅基於數據的決策只是科學決策，不是企業家決策。企業家必須看到這些知識和數據背後的、一般人看不到的東西，而且不同企業家看到的東西可能完全不同。

　　傳統經濟學認為市場的主要功能是配置稀缺資源，假定資源、技術和偏好給定，然後根據目標去選擇手段。實際上，市場真正最重要功能不是配置資源，而是改變資源，用新技術、新產品、新組織形式來改變資源的可用程度，甚至獲得全新的資源。這些改變就是我們說的創新，社會的進步很大程度上是企業家創新帶來的，這種創新不是數據能提供的，包括大數據。

就創新而言，數據能提供的幫助是非常有限的。汽車出現之前有郵政馬車，有關郵政馬車運輸業務的數據無法幫助卡爾・奔茨（Karl Benz）、戴姆勒（Daimler）和邁巴赫（Maybach）去發明汽車，否則，發明汽車的就應該是馬車夫，而不是卡爾・奔茨、戴姆勒和邁巴赫。比爾・蓋茨創造軟件產業，也不是基於已有的電腦數據，否則，創造軟件產業的應該是 IBM，不是比爾・蓋茨。同樣，電信數據也不可能告訴馬化騰去創造微信，否則發明微信的就應該是中國移動公司而不是騰訊公司。

所以，企業家的決策一定是超越數據的。

以電腦行業為例。1945 年 IBM 推出第一台商用電腦以後，電腦經歷了大型電腦、微型電腦、個人台式機、筆記本電腦、平板電腦再到智能手機的多次顛覆式創新。但每一次的顛覆者都不是原來的電腦廠家。大型電腦的壟斷者 IBM 錯失了微型電腦市場；沒有一家微機公司製造商最終發展為台式電腦的主要製造商；筆記本電腦則是日本企業索尼、夏普、東芝獨領風騷。為什麼？顯然不是數據的原因，不是因為早前的主導企業佔有的數據沒有後來者多，也不是因為他們不關注客戶需要，而是因為他們判斷失誤！這樣的判斷失誤與數據的多少無關。

之所以如此，與我們經常說的不確定性概念有關。不確定性意味着什麼？基於過去無法預測未來，這就是我們需要企業家的原因，如果能用數據預測出未來就不需要企業家，只需要管理者，甚至機器人即可。企業家對未來的預測不是基於統計模型，不是基於計算，而是基於自己的心智、想像力、警覺性、自信心、判斷和勇氣。任何可以通過統計模型做出的決策，都不是企業家的職能，只是日常管理工作。所以毫不奇怪，企業家的判斷通常是常人不能理解的。產業革命時期英國

鋼鐵大王威爾金森在一片質疑聲中建造第一隻鐵船，被認為是個「鐵瘋子」，他寫信給朋友說：「它符合我的一切期望，並且說服了那些不相信的人，這些人的數目是千分之九百九十九。」[3]奇虎 360 的創始人周鴻禕曾說，在他的互聯網生涯裏無論搞什麼，一開始大家都不理解，都不屑，甚至嘲笑。幾乎所有偉大的企業家都是被嘲笑過的，是被嘲笑出來的。

讓我用一個有關冰的故事說明這一點。

今天，冰是很重要的消費品，在西方國家你走進餐館，服務員首先給你端上來的就是一杯放冰塊的水。但在古代生活裏，冰塊是很稀罕的珍品，通常只有皇帝和達官顯貴才能享受得起。冰是怎麼變成大眾消費品的？這就是 19 世紀上半期一名叫弗雷德里克·圖德（Frederic Tudor）的美國企業家的創造。[4]他於 1783 年出生於波士頓一個比較富有的家庭，父親是律師。17歲那年，父親讓他帶着他哥哥去加勒比海航行，他哥哥身體有殘疾，北方太冷，希望南方温暖的氣候能改善他哥哥的健康。但結果適得其反，熱帶酷暑和潮濕氣候反而加速了哥哥的死亡。

但這個災難性的經歷使得弗雷德里克·圖德產生了一個非常激進的、聽上去甚至有些荒謬的想法：如果他能把冰塊從天寒地凍的北部運到西印度群島的話，也許能夠賺錢。哥哥死後過了兩年，他與弟弟和妹夫一塊兒開始了這樁生意：把自家莊園附近湖水裏毫無用途的冰塊運到炎熱的南方。1805 年 11 月，圖德派兄弟威廉去馬提尼克打前哨，自己買了一條名為「至愛

3　保爾·芒圖《十八世紀產業革命》，第 275 頁。楊人楩等譯，北京：商務印書館，2009 年版。

4　下面的故事引自 Steven Johnson. *How We Got to Now: Six Innovations That Made the Modern World.* pp. 46–55. New York: Riverhead Books. 2014.

號」的雙桅橫帆船，開始收集冰塊，籌備旅行。1806 年 2 月，他從波士頓啟航，滿載一船冰塊駛向西印度群島的馬提尼克。花了三周時間冰船到了馬提尼克，但結果證明這是一次徹頭徹尾的失敗。弟弟威廉沒能找到儲存冰塊的合適地點，冰塊在急速融化，更大的麻煩是，馬提尼克島居民對來自異國的冷凍恩惠沒有興趣，他們根本不知道該拿冰做什麼用。他虧了 4,500 美元。

這樣慘淡的場面在以後幾年不斷重演，還遭遇過船難和海關禁運這樣一些災難性後果。所有人都嘲笑他，《波士頓公報》報道說：「這可不是開玩笑！」。1813 年他負債累累還不了欠債，被債權人投入監獄。但出獄又重整旗鼓，1815 年設法借到 2,100 美元，1816 年甚至以 40% 的利率借債 3,000 美元，建冰庫，修改冰庫的設計，並不斷改進運輸和儲存中冰塊的保存方式，以減少冰塊的融化速度，這涉及一系列的創新。但他利用了三種在市場售價實際為零的物品——冰、木屑和駛向南方的空船，最終取得了生意上的成功。靈光乍現 15 年後，圖德的冰塊貿易開始盈利了。到了 19 世紀 20 年代，他的冰庫已遍布美國南部，裏面堆滿了來自新英格蘭的冷凍水。到了 19 世紀 30 年代，他的運冰商船遠行至巴西的里約，西班牙的馬德里，甚至印度的孟買。至到 1864 年去世的時候，圖德已積累了一大筆財富，價值超過今天的 2 億美元，被稱為「波士頓的冰王」。當然，後來模仿他的人愈來愈多，冰塊貿易成了一個頗具規模的新產業。

冰變成商品還改變了美國的人口和政治地圖，因為炎熱潮濕的南方變得不再像之前那樣令人難以忍受，人們就更願意往那裏遷徙。冰塊貿易還導致了冰箱的發明。發明冰箱的是佛羅里達州 Apalachicola 鎮的一名醫生，他原來用北方運來的冰給

病人降溫，但一次暴風導致的船難使得冰的供應的中斷。這個醫生就想着怎麼能夠造出冰給病人降溫，結果就發明了製造冰塊的冰箱。冰箱出現後，人造冰逐步取代了自然冰。冰可以保鮮，就使得肉類食品的長途運輸成為有利可圖的事情，芝加哥在美國的地位改變了。

我用這個例子就是想説明一下什麼是真正的企業家精神。如果非要對企業家精神做一個概括，我想強調以下數點：

第一是對盈利機會的警覺性。在別人看不到機會的地方，你能夠看到機會，這是企業家與眾不同之處。從北方去過加勒比海的人很多，但只有弗雷德里克·圖德這樣的企業家意識到把冰從北方運到南方能成為一種有利可圖的生意。

第二是簡單化。經濟學家經常會被人批評説想問題太簡單，我認為企業家把問題看得更簡單。這或許也是企業家和管理者之間的重要區別。管理者通常把問題想得複雜，企業家則把問題想得簡單。恰恰因為把問題看得簡單，他才能變成企業家，一個把問題看得很複雜的人不可能是企業家。簡單化當中包含很多道理，它能幫你抓住問題的本質，同時也給你解決問題的勇氣。李書福為什麼敢造汽車？就是因為他把造汽車想得很簡單。他有兩個著名的比喻，一個是，汽車有什麼難的？不就是兩輛摩托車並排起來嗎？另一個是，汽車不就是把一個沙發放在四個輪子上嗎？這就是他當時對汽車的認識。正因為這個簡單化的認識使他走上了製造汽車的不歸路，成為中國最有影響力的民營汽車製造商。我曾聽過多位企業家説過這樣的話：如果當初知道這麼難，根本不會去創業了！

第三是想像力。熊彼特説，創新就是一種新的組合，一種產品或技術從無到有一定是組合而來的。新組合是什麼？新組

合就是一種想像力。斯蒂文森把軌道馬車和蒸汽機想像在一起就有了蒸汽火車。我這裏引用一段奧古斯塔·埃達·洛夫萊斯夫人（Augusta Ada Lovelace）説的一段話，她是英國著名詩人拜倫的女兒，被稱為「軟件編程之母」，她在 1842 年就説過：「想像力是什麼？這是一種組合的能力，它可以採用新穎的、獨特的、無限的、不斷變化的方式將事物、事件、思想和概念組合起來 …… 它可以洞察我們周圍看不見的世界，那是科學世界。」[5] 大部分人想像力什麼時候最豐富？睡覺的時候，所以才稱之為夢想。對企業家來説想像力是醒着的時候做的夢，非常重要。

第四是毅力和耐心。事情看起來簡單，但是做起來沒有那麼簡單，所有偉大的企業家沒有不經過失敗的。弗雷德里克·圖德因還不上欠款而坐牢，亨利·福特創業三次，前兩次都失敗了。如果沒有堅強的毅力和很大的耐心，你不可能屢敗屢戰，成為一位成功的企業家。萬通公司創始人馮侖説「偉大是熬出來的」，四通掌門人段永基説自己做企業最大的感受是「要硬撐着」，表達的就是這個意思。

大家來到北大國發院學什麼？

我必須坦率地承認，學校能教給你們的主要是硬知識，可以形式化的知識，不是決定企業家命運的軟知識。但硬知識也非常重要，沒有一個企業能只靠那 5% 的軟知識活着，5% 發揮得怎麼樣，還要看那 95% 的基礎好不好。這有兩個原因。第一個原因是，企業家也得承擔一些管理職能。現實中沒有一個企業家只履行純企業家職能，儘管許多管理職能可以代理出去，

5　引自沃爾特·艾薩克森《創新者》，第 13–14 頁。關嘉偉、牛小婧譯，北京：中信出版社，2016 年版。

但還是有一些管理職能需要企業家自己承擔，何況尋找到合適的代理人並監督他們的行為也需要一些企業家質素。第二個原因是，知識還在水漲船高，一些軟知識隨着時間推移慢慢變成硬知識，原來只可意會不可言傳的東西後來可以模型化，人人都能很快學會。有這些知識，你不一定成功，但沒這些知識，你也很難成功。特別是在今天這個知識經濟的時代，如果別人有的知識你都沒有，你不可能成為真正成功的企業家。並且，硬知識積累多了，如果能融會貫通，也有助於提高你的軟知識，使你的企業家能力提高；即使你做企業家失敗了，還有可能成為一個比較優秀的管理者。

哥倫布竪雞蛋的故事大家都知道，他從美洲回來後，成了西班牙人民心目中的英雄，國王和王后也把他當座上賓，封他做海軍上將。可是有些貴族瞧不起他，説這有什麼稀罕？上帝創造世界的時候，不是就創造了海西邊的那塊陸地了嗎？只要坐船出海，誰都會發現那塊陸地的！在一次宴會上，哥倫布把一個雞蛋放在桌子上，問誰能把它竪起來，許多人試了，但沒有人成功。哥倫布把雞蛋一頭輕輕磕了一下，雞蛋就竪起來了。這就是企業家精神：能想到別人想不到的。但以後你再用同樣的方式把雞蛋竪起來，就算不上企業家精神了。

24 市場的邏輯即君子之道

　　討論「君子」這個話題通常是文化學者和道德哲學家的事情，我作為一位經濟學者談這個問題是有點為難，但我還是願意給出一些自己的想法。

　　我要從人類最基本的一個問題說起。人類社會的一個基本事實是，我們每一個人都是自利的、自我為中心的，但是我們只有相互合作才能生存和發展。兩千多年前，中國古代思想家荀子就說過：人的力氣沒有牛大，跑的速度也沒有馬快，為什麼牛馬能為人所用？因為「人能群，彼不能群」，也就是人會合作，牛馬不會。

　　因此，人類社會面臨的一個基本問題就是：如何讓自利的人能夠相互合作。在西方的思想史上，這被稱為「格勞秀斯難題」。[1] 格勞秀斯是四百年前荷蘭的自然法學家，他說：作為存在物，我們確實是在追求私利，追求自我保持，並且愛爭吵；但是，我們也渴望友善的社會交往，即使在獲得生活必需品上無須相互幫助，我們也會渴望社會生活。人性的這兩個方面因素使維持社會秩序問題變得非常明確：像我們自己一樣喜歡吵架

*　本文根據作者 2016 年 8 月 28 日在廣州《拙見》演講整理而成，首發於 2017 年 4 月 6 日《南方周末》。

1　參閱 J. B. 施尼溫德《自律的發明：近代道德哲學史》，第 84–88 頁。張志平譯，上海：上海三聯書店，2012 年版。

又渴望友善社會交往的存在者應該如何在一起生活？為了滿足我們進行友善社會交往的願望，我們必須對自己喜歡爭吵的傾向作出什麼樣的限制？

破解「囚徒困境」

格勞秀斯難題也就是經濟學家現在說的「囚徒困境」：儘管合作對所有當事人都是好事，但是自利的人基於個人理性的考慮可能選擇不合作。為了解決這個問題，人類需要有一些共同遵守的基本行為準則，這些行為準則的基本功能就是使得自利的人能實現相互交往，不僅和平相處，而且合作共贏，「相偶不相殘，相爭不相害。」

這些行為準則就是我們通常說的「道」。從古到今，偉大的思想家就是「為天下立道」，東西方都是如此。但不同的思想家提出的「道」不盡相同。儒家的「禮」，就是孔子為人類立的道。君子是「禮」的人格化表述。如果一個人按「禮」行事，就是「君子」。所以君子不是一個具體的人，而是做人的標準，是合作的楷模。

但是在古代社會，由於人類基本上處於零和博弈狀態（一方所得即另一方所失），「利己」與「利他」經常處於對立之中，結果，倡導「君子」變成了要求犧牲個人利益的「利他主義」的道德說教。用儒家的語言來說，就是所謂「君子謀道不謀食」，「君子憂道不憂貧」，「君子喻於義，小人喻於利」等等。類似地，在中世紀歐洲，基督教會說基督教徒不應該成為商人，賺錢是不合道德的。但人類的本性決定了絕大部分人不可能不考慮自己的利益，不可能做到「不謀利」、「不謀食」，結果就出現了大量的「偽君子」，他們以利人之名行損人利己之

實。所以在古代社會，人類的合作程度非常低，基本局限在熟人範圍之內。

亞當·斯密的道德思想革命

兩百多年前，人類發生了一場道德思想的革命，這場革命是英國經濟學家亞當·斯密發動的。亞當·斯密之前，追求個人利益就被認為是不道德的。亞當·斯密顛覆了這個傳統觀念。他證明，自利本身並不是不道德的；相反，在市場經濟下，自利之心正是利他之行的主要驅動力。

斯密說：

人類幾乎隨時隨地都需要同胞的協助，但要想僅僅依賴他人的仁慈，那一定是不行的。……如果能夠刺激他們的自利心，並表示對他們自己有利，那麼，他們的行動就容易展開。我們每天所期望的食物，不是出自屠夫、釀酒師或麵包師的仁慈，而是出於他們自利的打算。我們不要討論他們的人道，而要討論他們的自愛；不要對他們講我們的需要，而是要談對他們的好處。

他還說：「每個人都在不斷努力以尋找與其能力相稱的最具優勢的就業，這確實是出於對他自身利益而不是對社會的考慮。」但他受「看不見的手的指引，去盡力實現一個並非其本意所要達到的目的。沒有考慮社會利益，並不見得就對社會有害。一個人通過追求自身利益對社會利益的促進，往往比他有意為之還要有效。」[2]

---

2 以上引文分別見亞當·斯密《國富論》（上冊）第 12 頁和（下冊）第 30 頁，北京：商務印書館，2009 年版。

亞當・斯密揭示的自利和利他之間的關係，我稱之為「市場的邏輯」：一個人要自己獲得幸福，首先要使別人幸福；如果你不能讓別人幸福，自己也不可能獲得幸福。比如說，企業家要賺錢，首先要給消費者創造價值，讓消費者滿意。如果你不能生產出消費者滿意的產品，你不可能賺錢。這個邏輯不僅適用於企業家，也適用於每個人。

現在，我按照市場的邏輯給出一個有關「君子」的分析框架。一個人做的任何一件事情都有兩個評價維度：第一個是對自己好還是不好（個人善），第二個是對他人好還是不好（公共善）。這樣就有四種可能：第一種，對自己有利也對別人有利；第二種，對自己有利，對別人沒有利，甚至損害別人；第三種，對別人有利，但對自己不利；第四種，對自己不利又損害別人。

我們用這樣一個框架來理解中國古代思想家談論的幾種人：第一類人利己又利人，就是「君子」；第二類人利己但損人，就是「小人」。注意，君子和小人的區別不在於是不是利己，而在於是不是損人；第三類人損己而利人，做事情給自己帶來傷害，但是成全了別人，就是「聖人」。聖人和君子的區分不是他是不是利人，而是他是不是願意為他人而犧牲自己的利益；最後一類人既損害別人又傷害自己，可以叫做「惡人」，也可以叫「愚人」，因為他不僅惡，而且非常愚蠢。

市場的邏輯就是君子之道

依此來看，市場的邏輯就是君子之道。市場不要求我們變成損己利人的「聖人」，但市場會懲罰損人利己的「小人」。市場中君子做人做事的標準，我歸結為以下五點：

第一，利己先利人。所謂「君子愛財，取之有道」，這個「道」是什麼？就是你要給他人創造價值。如果你是一個企業家、老闆，你向消費者收取的價格，不應該超過你為他們創造的價值。如果做到這一點，你再賺錢，那就是君子。在市場當中，不僅企業家，包括每一個人，我們在謀取自己的利益的時候，都要問一下我做這件事是不是給別人帶來好處。如果給別人帶來的好處超過我從中得到的收益，就是君子所為；如果你給別人帶來的收益小於你自己從中所得，就是小人所為。用這個標準來看，一個真正的君子，不能利用人性的弱點而賺錢。如果你明明知道別人買了這個東西之後會後悔，你仍然忽悠別人買，你就是在利用人性的弱點賺錢，這就不是君子所為。君子也不應該利用政府關係或者政府給予的特權賺錢。如果一個企業家不是真正的去討好消費者，給消費者生產出最好的產品，而是想辦法怎麼討好政府，從政府拿到特權來賺錢，這就是小人所為，不是君子愛財應採取的道。

第二，誠實守信。市場經濟不是一次性博弈，不是一錘子買賣，我們玩的是重複博弈。重複博弈當中每個人都知道，最重要的是你的名聲，別人是不是相信你。如果別人相信你，就願意跟你持續地做生意，買你的東西，或者與你形成其他的合作關係，這時候你才可以賺更多的錢。所以誠實守信可以說是市場經濟中最好的商業政策。一個人如果不能建立一個良好的聲譽，就不可能在市場上持續賺錢。靠坑蒙拐騙即使短期內成功，長期一定會失敗。這樣的人之所以是「小人」，不是因為他自利自私，而是他愚蠢，寸目鼠光，不知道誠實守信才是自己的長遠利益所在。

從這個角度我們可以重新解釋一下「君子喻於義，小人喻於利。」這裏的「義」可以理解為長遠利益，「利」是眼前的蠅

頭小利。君子注重長遠利益，小人注重眼前利益。這樣就可以把古代儒家倡導的行為準則與現代市場當中人們應該遵守的行為規則統一起來。

第三，換位思考或者叫「忠恕之道」。「己所不欲勿施於人」，「己欲立而立人，己欲達而達人」，這是儒家的「忠恕之道」。「忠恕之道」來自人類換位思考的能力，沒有這個能力，人類就不可能合作。忠恕之道隱含的一個假設是人與人是平等的，你是人，別人也是人，所以我們要平等對待每一個人。因此，我們做任何事情不僅要考慮自己，也要考慮別人；你自己想從交易當中得到好處，別人也想。只有這樣思考問題，你才能夠真正實現自己的利。這就是亞當‧斯密説「不要對他們講我們的需要，而是要談對他們的好處」這句話的含義。一個人做生意時如果只想着自己得好處，不同時想着別人也想得好處，交易就不可能發生。「忠恕之道」不僅對個人適用，對處理國與國之間的關係也適用。如果一個人做事情只考慮自己不考慮別人，可以説他是愚蠢的，也可以説他是極端自私的。同樣，如果我們認為我們自己國家的利益才是唯一重要的，其他國家的利益不用考慮，這不是君子之道。

第四，尊重產權和每個人的基本權利。產權是市場邏輯的基礎，尊重產權意味着尊重別人的意願，任何交易都要建立在別人意願的基礎上，只有別人願意才是好的事情。我們不能用暴力和威脅的方式強迫任何人做交易。尊重產權是正義的基本要求，比仁慈更重要。一個人即使成天為慈善捐款，但是如果他不尊重別人的產權和基本權利（包括言論自由的權利），無論是商人還是政府官員，這樣的人絕對不可以稱為君子。

第五，有創新精神。從長遠來看，人類社會的進步都來自創新。市場經濟是創新經濟，不是循環經濟。我們今天消費的

東西跟二百年前非常不一樣，二百年前人類消費的產品總量是 10 的二到三次方，今天是 10 的八到十次方，這些新產品都是創新的結果。現代社會當中，每一個人如果要成為君子就要有創新思維和創新精神，至少你不應該阻礙別人創新。一個人如果不僅自己不創新而且總是試圖阻礙別人創新，這樣的人也不能夠叫做君子。由於創新總是面臨不確定性，有失敗的風險，君子也應該具有寬容精神。

為什麼做君子難？

依照市場的邏輯，市場經濟一定是君子主導的經濟，因為對每一個人來說，只有對別人做出貢獻自己才能得到好處。企業家賺錢的前提是為客戶創造價值；員工如果不能為企業的生產做出貢獻，也不能保住自己的飯碗。像比爾·蓋茨、馬化騰這樣的企業家之所以能變成億萬富豪，正是因為他們服務了最多的消費者，因而是真正的君子，君子中的君子。我們每個人口袋裏面裝着手機，每個人都在用微信，有了微信，跟家人、朋友間的交流就變得方便多了，還可以獲得否則不可能獲得的信息。這就是馬化騰為什麼富有的原因。

相比之下，傳統社會其實是小人社會，不是一個君子社會。為什麼？因為在這樣的社會，發財致富和高官厚祿主要靠強盜邏輯，而非市場邏輯。社會地位最高、積累財富最多、最受民眾頂禮膜拜的人，通常就是那些殺人最多、掠奪財富最多、統治和奴役人最多的人。殺人愈多愈英雄！所謂「竊鈎者誅，竊國者侯」。按我剛才提到的標準，包括古代好多貴族、騎士、將軍、政治家，談不上君子。下面這個故事就說明了這一點。

上個世紀初，英國首相勞合・喬治設了一些新的爵位，授予那些靠自己打拼成了百萬富翁、剛剛置辦了大片地產的人。這引起了英國上院的一位世襲議員的強烈不滿。當問這位議員「您祖上又是怎麼得到爵位的」時，他厲聲回答説：「全靠戰斧，先生，全靠戰斧！」[3] 這是古代貴族的起源。

遺憾的是，時至今日，我們的社會文化中，許多人對傳統社會中殺人的「英雄」仍然充滿敬畏之心，把他們當作「君子」，而對創造財富的企業家則充滿了敵意，認為他們「為富不仁」。

「利己先利人」當然是理想狀況，在現實市場中總是存在損人利己的「小人」。為什麼？主要原因是我們的制度有漏洞。最重要的制度是法律制度，還有社會規範。如果一個社會中私有財產得不到有效的保護，不能夠形成一個公平競爭的商業環境，這時候君子就很難在競爭當中勝過小人，君子就不會多起來。

有一個需要討論的問題是：能否用守法還是違法來區別「君子」和「小人」？簡單地說，在理想狀態下是可以的，現實中卻不一定成立。在理想狀態，合理的就是合法的，合法的就是合理的。此時，守法既利人又利己，違法既損人又害己，做合法的事情就是合理的，做君子就容易，不守法的人不可能是君子。但是，現實中，如果一個社會的法律不合天理（自然法），合理的不合法，合法的不合理，做君子就很難，違法的未必是「小人」，守法的也未必是「君子」。比如說，當市場受到過分管制時，企業家精神不能得到正常發揮，為消費者創造價

3　斯蒂芬・平克《人性中的善良天使》，第 103 頁。安雯譯，北京：中信出版社，2015 年版。

值的商業活動經常是違法的（像過去的「投機倒把」），君子也可能違法。

如果我們發現一個社會當中，對個人來說，利人不如損人，君子競爭不過小人，這個社會就會小人愈來愈多，君子愈來愈少，說明這個社會的制度真的出問題了。

這時候我們最應該做的是改變這個制度，只有改變這個制度之後，才使得更多人成為君子，而不是小人。一個好的制度可以讓小人變成君子，一個壞的制度可以讓君子都變成小人。任何法律、政策，如果它妨礙自由競爭，抑制企業家精神，它就是在為小人開道，也就是幫小人的忙，阻礙君子的發達。

對中國來說，只有我們變成了真正的市場經濟國家，我們才能夠變成一個君子之國。我希望通過我們共同的努力，使我們國家變成一個更加開放、自由、公平的法治國家。我相信到那個時候，我們國家的君子要變得多得多。而且我相信我們每個人都可以成為君子。

25 沒有企業家，
　　就不可能有共同富裕

引言

　　最近，中國官方發起了一場「共同富裕」運動。它特別強調通過政府的再分配政策和所謂的「第三次分配」——即慈善捐贈，縮小收入差距。共同富裕的説法本身沒有錯，共同富裕的理念在中國也不是什麼新鮮事，但官方措辭的急劇升級，加上最近一段時期政府對互聯網公司和私教等行業的過度打擊，引起了中國企業家和投資者的極大焦慮。[1]「第三次分配」是一個新穎的官方口號；這給企業家帶來了很大的壓力。在官方呼籲共同富裕之後，兩家領先的互聯網公司 —— 阿里巴巴控股和騰訊控股，立即分別宣布向慈善基金捐款 1,000 億元和 500 億元人民幣。許多其他公司也紛紛效仿。一些地方政府甚至開始把慈善

---

* 本文原題為《市場經濟與共同富裕》，2021 年 8 月 26 日初稿，2022 年 3 月 22 日定稿。部分內容取自作者〈理解和捍衛市場經濟〉一文，見《市場的邏輯》一書。

1 西方媒體有關「共同富裕」運動的報道，參閱：https://www.thetimes.co.uk/article/xi-promises-third-distribution-of-wealth-in-billionaire-crackdown-c9xxl5hsc; https://www.reuters.com/world/china/what-is-chinas-common-prosperity-drive-why-does-it-matter-2021-09-02/

捐款作為外來企業在當地投資的前提條件。企業家的信心正在動搖。

為了安撫焦慮的企業家，一位黨內高層官員公開強調，「共同富裕」不是平均主義，也不是「殺富濟貧」。[2] 但考慮到中國當前的政治、意識形態和輿論氣氛，淡化市場和引入更多政府干預是過去十年中國的主要政策實踐，這一新的共同富裕運動可以理解為中國向「去市場化」邁出的又一步。

儘管追求共同富裕有其自身的正當性，共同富裕運動的基礎是對市場的普遍不信任，對企業家和利潤的普遍誤解。在我看來，市場經濟是實現共同富裕的唯一可行制度。企業家利潤是共同繁榮的必要條件。如果中國試圖通過去市場化和政府主導的再分配政策來實現共同富裕，而不是繼續市場化改革，結果只能是回歸共同貧困。

市場經濟就像一個有機體，是一種通過自發演化形成的複雜秩序，不是人為設計的，也沒有設計者。[3] 由於人性的不完美，實際的市場經濟總是不盡人意，現實中也不存在純粹的市場經濟。[4] 但人類有理想主義情結，烏托邦總是令人着迷。當人們將實際的市場經濟與理想化的烏托邦社會進行比較時，他們總是看到它的問題，而不是它的好處。哈耶克（1988）批評了基於簡單系統（如物理現象）的「科學主義」或「建構主義－理性主義」思維，這種思維將科學知識視為唯一的知識，高估

---

2 中央財辦副主任韓文秀：〈共同富裕要靠共同奮鬥，不搞「殺貧濟富」〉，見《新京報》，2021 年 8 月 26 日。

3 Hayek, F. A. (1988). *The Fatal Conceit: The Errors of Socialism*. Edited by W. W. Bartley III. London: Routledge.

4 Zitelmann, Rainer. (2019). *The Power of Capitalism*. pp. vi–vii. New York: LID Publishing Limited.

理性的力量，誤導了人們對市場的理解。尤其是當政府或某種政治力量的不當干預，擾亂了市場經濟的正常運行，使市場經濟表現為病態的市場經濟時，人們往往認為這是市場經濟本身的錯。這形成了一種普遍的反市場心態。尤其是在知識分子中，包括物理學家阿爾伯特·愛因斯坦、哲學家伯特蘭·羅素和劇作家蕭伯納在內的一大批西方知識分子，都是反市場活動家。

捍衛市場經濟，使人們正確認識市場，是經濟學家的責任。不幸的是，主流的新古典經濟學並沒有為我們提供一個好的市場理論。[5] 主流經濟學的主要缺陷是缺少企業家。沒有企業家精神的市場理論不可能是正確的市場理論。主流經濟學假設每個人都是完全理性的，並且無所不知（至少在概率意義上），偏好、資源和技術都是給定的和已知的。在這些假設下，決策相當於基於數據的計算，即使計算機也可以完成，不需要想像力、警覺性和判斷力。因此，在主流經濟學家想像的市場中，企業家精神既沒有必要，也沒有可能。雖然亞當·斯密很久以前就將我們的思維從零和遊戲轉變為正和博弈，但主流的新古典經濟學實際上將我們帶回了零和思維：給了資源和技術，蛋糕的大小就是給定的，生產和分配可以分開處理。結果，即使是像諾貝爾經濟學獎得主約瑟夫·斯蒂格利茨這樣的經濟學家，也無法真正理解市場，從而成為反市場的先鋒。

在本文中，我試圖提出一個關於市場經濟如何產生共同富裕的簡短而正確的理論。我將證明：（1）市場經濟是陌生人之間的合作，每個人都可以充分利用自己的才能和資源，發財致富；（2）利潤是一種責任制，每個人只有在為他人創造價值時

5　參閱：Zhang, Weiying. (2021). "A paradigmatic change is needed for understanding the real marke," *China Economic Review* 66: 101602.

才能獲得收入；(3) 企業家是創造財富的主要推動力；(4) 普通民眾是市場經濟的最大受益者。在本文中，我不僅提出了理論說明，而且提供了經驗證據，以表明中國未來的發展取決於我們的信念。如果我們對市場失去信心，引入越來越多的政府干預，中國只能走向共同貧困。

從歷史看市場經濟的奇迹

要講市場經濟對人類的貢獻，就要回顧歷史。根據美國伯克利大學經濟學家德隆的研究，在人類歷史上，從舊石器時代到公元 2000 年的二百五十萬年間，人類花了 99.4% 的時間，即到 15000 年前，世界人均 GDP 達到了 90 國際元（這是按照 1990 年國際購買力核定的一個財富度量單位）。然後，又花了 0.59% 的時間，到公元 1750 年，世界人均 GDP 翻了一番，達到 180 國際元。從 1750 年開始，到 2000 年，即在 0.01% 的時間內，世界的人均 GDP 增加了 37 倍，達到 6,600 國際元。換句話說，人類 97% 的財富，是在過去二百五十年 —— 也就是 0.01% 的時間裏創造的。[6]

如果把德隆的數據畫在坐標圖上，可以看到，從二百五十萬年前至今，在 99.99% 的時間裏，世界人均 GDP 基本是一條水平綫，但在過去的二百五十年中，突然有了一個幾乎是垂直上升的增長。無論是所謂的西歐衍生國，如美國、加拿大、澳大利亞，還是西歐國家本身，包括英國、法國、德國等 12 個國

---

6 轉引自 William Oliver Beinhocker. (2006). *The Origin of Wealth: Evolution, Complexity and Radical Remaking of Economics*. pp. 9–10. Boston: Harvard Business School Press.

家，抑或是後起的日本，經濟增長都發生在過去一二百年的時間裏。而中國的經濟增長主要發生在過去四十年。

僅僅數字還不能說明所有問題。我們的祖輩，也就是在一百多年前的普通中國人，甚至四十年前的中國農民，能够消費的東西，和秦漢隋唐時期沒多少區別，甚至還不如宋代。在歐洲也一樣，一個普通英國人在 1800 年時能消費的東西，古羅馬人都能享受到，甚至羅馬人比他們享受得更多。而我們今天能消費的東西，是一百年前的人無法想像的。

生活的改善大大延長了人的壽命。1820 年的時候，世界的人均預期壽命是 26 歲，與古羅馬時代差不多，到 2019 年變成了 72.6 歲（聯合國的估計）。現在，中國人均壽命預期達到了 77 歲。或許，市場經濟的最大弊端是導致了人口老齡化和長壽時代的出現。

有些年輕人不瞭解歷史，可能不知道，中國的糧票是 1994 年廢止的。在票證廢除之前，去糧店買糧食要有糧票，買油要有油票，買布要有布票。四十年前，中國一個處級幹部的月工資是六十多元，那時候一斤雞蛋是六毛多，也就是説，一個處級幹部一個月的工資只能買 100 來斤雞蛋。現在，北京一個保姆的月工資大概是 5,500 元左右，可以買 1,000 斤雞蛋，每天吃十個，兩年都吃不完。我在農村的時候，農民幹一天活掙的工分值兩毛錢，價值相當於半斤白麵。現在我的老家，一個沒有任何技能、只上過小學或初中的人去打工，一天的工錢是 150 元，可以買將近 100 斤白麵。

為什麼人類的奇迹在過去的二百五十年裏出現，而中國的經濟增長只是在過去的四十年裏出現？是不是人變得更聰明了，比過去的人智慧更高了？當然不是。人類的智商、智慧，

在有文字記載的歷史以來，沒有太大的進步。今天的中國人再聰明，我相信沒有幾個能超過孔子、孟子、老子。在西方也一樣，人類的智力在過去幾千年裏沒有太大的變化。

難道是資源變多了？也不是。我們生活的地球，還是原來那個地球，資源不僅沒有變多，相反，與土地相聯繫的自然資源還在慢慢減少。那是什麼發生了變化？我能提供的唯一答案，就是人類實行了一種新的經濟制度，即市場經濟。英國在二百多年前開始搞市場經濟，所以在二百多年前經濟開始起飛。中國在四十年前開始走向市場經濟，所以中國在過去的四十年裏，發生了翻天覆地的飛躍。

人們通常認為，人類生活水平的提高來自技術進步。問題是，是什麼推動了技術進步？為什麼有的體制下技術會進步，有的體制下技術就不會進步？歷史發展的事實證明，只有市場經濟才能推動技術進步，並使新的技術很快商業化，惠及普通大眾。古代社會也有一些技術發明，但這些發明很少為消費者創造價值，為社會創造財富，因為它們不是在市場競爭的壓力下產生的，很難商業化。聰明人靠靈感想像出來的東西，不一定能真正滿足消費者的需要。

市場經濟是陌生人之間的合作

市場經濟是陌生人之間的合作。合作可以創造價值，這是經濟學中的一條基本原理。市場經濟下的合作，不是簡單的像人民公社一樣，所有的人在一起，幹同樣的活，而是分工、專業化基礎上的合作，不同的人做不同的事，然後相互交易。分工和專業化可以最大限度地發揮每個人的優勢，人盡其才、物盡其用，推動技術進步；交易使每個人各得所需。因為沒有

好處就沒有人願意交易，市場經濟一定是正和博弈，不是零和博弈。

在傳統社會中，合作只限於熟人之間、有血緣關係的人之間，比如兄弟姐妹，或者同一個村的人，或者同一個教堂的人之間進行合作，很難找到陌生人之間的合作。而人類今天的合作，不僅超越血緣、親緣，而且超越地區、超越國界，走向全球。今天你所消費的商品，99.9%的生產者你不認識；一個企業的產品賣出去了，買產品的絕大部分消費者，生產者也不認識。哈耶克把這稱為「擴展的秩序」。[7] 正是這種人規模、大範圍的合作，使全世界的財富以驚人的速度增長。

但要使陌生人之間達成合作，有一個非常重要的問題必須解決，那就是信任。如果買者不信任賣者，前者不敢買後者的東西，後者生產的東西賣不出去，專業化對他就沒有好處。結果，每個人只好自己給自己生產，那就回到了自給自足的自然經濟。

所以，市場經濟中，不光有一隻「看不見的手」，還有一隻「隱形的眼睛」。[8] 陌生人之間能夠合作，是因為有一隻隱形的眼睛在監視我們，每個人必須好好表現，對自己的行為負責。過去對市場經濟的批評，往往是由於人們只知道前一個因素，而沒有看到後一個因素的作用，所以認為市場上一定充滿欺詐。而實際上，我們看到，市場經濟越發達的地方，人們越注重自

7 Hayek, F. A. (1988). *The Fatal Conceit: The Errors of Socialism.* Edited by W. W. Bartley III. London: Routledge.

8 Daniel B Klein. (1997). *Reputation: Studies in the Voluntary Elicitation of Good Conduct.* p. 2. Ann Arbor: The University of Michigan Press.

己的信用。企業要在市場上取得成功，必須建立良好的聲譽。如果企業的聲譽不好，沒有人信賴它，就會被淘汰。

利潤就是讓老闆承擔責任

市場中的信任是如何建立起來的？我重點談三個概念：企業、利潤和企業家。這三個概念是理解市場經濟的關鍵。[9]

中國有 14 億人，如果每個人都生產自己的商品，到市場上去賣，誰能信得過誰？換一種說法，如果把市場上所有商品的商標都去掉，你敢買什麼東西？可能敢買土豆、大米、水果這些最簡單的商品。像汽車、電腦、礦泉水、投影儀這些質量和功能不容易辨別的東西，你敢買嗎？不敢！市場上 99% 的商品你都不敢買。那怎麼辦？有一個辦法，14 億人分成了不同的組，比如說分成 30 個組，河南人、河北人、山東人、陝西人、北京人等等。有了這個分組之後，我們不認識每個人，但我們知道這是山東人，那是廣東人，就可以做出某種責任歸屬，如果被騙了，至少知道究竟是山東人騙了我，還是廣東人騙了我。

企業就類似社會的分組，每個企業有自己的一個名字（商號），誰騙了我們，我們可以追訴他，或者他這次騙了我，我下次就不買他的東西，他就要完蛋。這樣，當生產活動以企業的面目出現時，每個企業都必須對自己的行為負責，這樣我們才能建立信任。如果沒有企業，每個人只從事個體生產，做不到這一點。

---

9 參閱：張維迎《市場的邏輯》(第三版) 第 32–34 頁。西北大學出版社 / 理想國，2019 年。

企業何以使得我們可以相互信任？答案與所有權配置和利潤有關。比如一個企業由一萬個人組成，理論上，所有人都可以成為所有者。這個企業每年的收入是1個億，一萬個人平分，每人拿1萬塊錢。這樣似乎很公平，但想一想，如果出了問題，誰來負責？如果要求人人都負責任，結果可能是誰都不負責任，企業就沒有了可用於分配的收入。

　　現實中，企業用另外一種方式來分配責任，即一部分人承擔過失責任，另一部分人承擔嚴格責任。承擔過失責任的人拿合同收入（工資），即，如果他沒有遲到早退，沒有曠工，沒有違反作業規定，幹了一個月，到月底一定要領到一個月的工資。這就是員工。另一部分人，即老闆，拿的是利潤，要承擔嚴格責任——或者叫剩餘責任。用一個通俗的說法，什麼叫雇員？別人沒有發現你的錯誤，你就沒有責任，這就叫雇員。什麼叫老闆？沒有發現別人的錯誤，那麼所有的錯誤都是你的，這就是老闆。老闆沒有權利在消費者面前由於自己沒有犯錯誤就要求獲得銷售收入，也不能因為自己虧損就把雇員告上法庭；而工人可以在老闆面前因為自己沒有犯錯誤而要求收入，如果老闆拒絕支付他的工資，他可以將老闆告上法庭。這就是老闆和雇員的區別。

　　利潤是企業收入扣除工資等成本後的剩餘，可能是正的，也可能是負的。拿利潤的人，必須承擔風險，所以它是一種激勵機制。任何一個員工犯了錯誤，承擔責任的首先是老闆。最簡單的例子：如果你是餐館老闆，廚師洗菜不乾淨，客人吃了拉肚子住院，你必須負責。因此，老闆必須認真監督和規範員工的行為，這樣顧客才可以放心地購買企業的產品。

　　進一步講，不僅僅是企業的員工，包括企業供應商犯了錯誤，企業老闆也得承擔責任。比如說你買了一個品牌計算機，

計算機的某一個零件，如屏幕、芯片、風扇出了問題，或者電池爆炸了，承擔責任的首先是計算機廠商，而不是零部件的供應商。換句話說，一個品牌企業，實際上是用自己的品牌在消費者面前立了一個軍令狀，打保票說，你買我的東西，出了問題我負責。這樣，才有大家可以信賴的市場，才有了陌生人之間的合作，才有社會財富的不斷增加。

所以說，利潤是一種責任制度，是一種考核方式。市場通過企業這一組織形態劃分核算單位，通過利潤追溯責任，從而讓每一個人對自己的行為負責，市場上才有信任。

市場經濟中的富人是消費者用貨幣投票選出來的

那麼，為什麼有些人成為拿利潤的企業家，而另有些人成為拿工資的雇員？這是由人與人之間企業家能力的差異決定的。市場經濟中，任何人都有選擇做企業家或當雇員的自由，沒有任何歧視性規定張三可以做企業家，李四只能當雇員。但競爭的結果是，只有企業家能力足夠高的人才會成為企業家。[10]企業家能力，本質上就是為他人承擔責任的能力。平均而言，利潤的大小取決於企業家能力的高低。但由於市場充滿了不確定性，再高能力的企業家，也可能虧損！一個成功的企業家背後，通常有多個失敗的企業家。我們不能只看見那些賺了大錢的企業家，而看不見那些賠光了的企業家。任何人如果眼紅企業家賺錢，那他完全可以自己選擇做企業家！他必須記住的一點是，如果沒有兩刷子，一定會賠得精光！

10　參閱張維迎：《企業的企業家——契約理論》。上海人民出版社，1995 年版。

什麼是市場？市場就是好壞由別人說了算、不由你自己說了算的制度。什麼東西有價值，什麼東西沒有價值，要在市場上評估，買的人說了算。所以，吹牛是不管用的。任何人如果不為別人創造價值，就不可能獲得收入。當兩個企業競爭，我們說某一個企業更有優勢的時候，意味着這個企業能為消費者創造更多的消費者剩餘（即價值與價格之差）。企業之間的競爭，就是為消費者創造剩餘價值的競爭。

　　有一種流行的說法是，企業家賺的是消費者的錢，似乎消費者被企業家剝削了。這種說法是錯誤的。在競爭的市場上，如果沒有政府賦予的特權，利潤只能來自企業家為消費者創造的價值，消費者不會願意為價值 10 元的東西支付 10.01 元的價格。事實上，企業家賺的錢只是他創造的財富的一小部分，甚至是微不足道的一小部分，大部分變成了消費者剩餘。比爾·蓋茨的財富再多，與微軟公司為人類創造的價值相比，可以說是九牛一毛！

　　在市場經濟中，一個企業家賺的錢與他（她）服務的客戶數量成比例。一個隻為少數人提供產品和服務的企業家是不可能賺大錢的，只有服務於大眾市場的企業家，才可能賺大錢。因此，市場經濟中的富人（企業家）是消費者用貨幣投票選出來的。我們每個人都是消費者。如果我們嫉妒某個企業家賺錢太多，那只能怪我們自己買了他（她）的產品。如果大部分消費者不再使用騰訊公司提供的產品，不再使用微信、QQ、網游，馬化騰馬上就會變成窮光蛋。而我們之所有不願放 使用騰訊公司的產品，不是因為我們愚蠢，而是因為它們給我們帶來更大的好處，我們認為物有所值。一方面心甘情願地買他的產品，另一方面又對他賺錢憤憤不平，這是自相矛盾的！

市場經濟最大的受益者是普通人

市場經濟使什麼人受益最大？是富人嗎？不是！市場經濟最大的受益者是普通人。舉個簡單的例子，愛迪生發明了燈泡，給每個人都帶來便利。但燈泡的價值對富人來講要比窮人小得多，因為富人有錢，即使沒有燈泡，他可以點很多蠟燭，而窮人一根都買不起。再比如現在有了電視，每個人都可以看明星唱的歌、演的戲，而過去只有少數富有的人、皇宮貴族才能享受現場直播式的演出。汽車也是這樣，過去富人可以坐轎子，現在普通人都可以有汽車作為代步工具，坐奧迪車與開夏利車之間的差距，遠遠小於坐轎子與步行之間的差距。所有新產品、新技術都是這樣。外賣給普通人提供了最大的方便，微信公號讓普通人可以變成自媒體人。沒錯，有些新產品一開始只有富人消費，被認為是奢侈品，但隨着成本的下降，很快就變成了大部分人的必需品 —— 這其實就是企業家創造這種產品的目的，富人不過是為普通人支付了新產品的研發費用而已。[11]所以說，市場經濟最大的受益者是普通老百姓，不是特權階層。至少從消費的角度看，市場經濟使得人與人之間變得更平等了。

消費者為什麼能買得起企業家生產的產品？因為企業家在產品市場上為消費者提供產品的同時，在要素市場上為消費者創造了掙取收入的機會。在市場經濟中，大部分人的大部分收入來自工資。工資來自工作，沒有工作就沒有工資。工作是誰創造的？企業家！一個社會的工作機會不是給定的，而是企業家創造出來的。沒有企業家，大部分人就沒有了工作機會，也

---

11 Hayek, F. A. (2011). *The Constitution of Liberty.* pp. 917–8. Edited by Ronald Hamowy. Chicago: University of Chicago Press. (原著出版於 1960 年)

就沒有了收入。進一步講，工人能賺多少工資，很大程度上取決於企業家的能力，因為工人生產率的高低與企業家的能力有關。同樣一個人，在能力高的企業家手下創造的價值比在能力低的企業家手下大。所以，一個社會的企業家人數越多、能力越高，工人的工資收入就越高。這是發達國家普通工薪階層的生活水平甚至高於發展中國家一些精英階層的原因，也是許多發展中國家的人願意移民發達國家的主要原因。

我這樣說當然不意味着工人是企業家養活的。市場經濟中，每個人都是自己養活自己。但從發生學的角度講，工人的工作機會確實是企業家創造出來的。這一點，中國的經驗就很能說明問題。計劃經濟體制年代，中國的城市人口不到總人口的 20%，城市出生的人在城市仍然找不到就業機會，政府不得不把兩千萬「知識青年」下放到農村。改革開放後，數以億計的農村人被吸引到城市工作，有些企業還不時遇到招工難的問題。

中國跨區域數據顯示，一個區域的企業家數量越多，從業人員越多，工人平均工資越高。以 2017 年為例，企業家密度（用人均私企衡量）與人均可支配收入和私人部門人均工資高度正相關（相關係數分別為 +0.95 和 +0.8）。大致來說，每萬人口中企業家數量增加 10 個，該地區人均可支配收入上升 700 元，人均工資增加 477 元。因此，提高工薪階層收入的最好辦法是讓企業家活動更自由，市場競爭更激烈，而不是相反！消滅了企業家，絕大部分中國人都會回到赤貧狀態。

市場讓收入分配更公平

對於社會中的貧困和收入分配不平衡現象，很多人都擔憂，這是可以理解的。但有人把這種現象的原因歸結為市場化改革，甚至有人認為，市場經濟的結果一定是貧富差距擴大。這是一種誤解。

在市場經濟之前的社會，無論東方還是西方，絕大部分人都掙扎在生存綫以下，因饑荒餓死人是經常發生的事。市場經濟是解決貧困問題的唯一有效途徑。經濟活動越自由，貧困人口越少。世界銀行的一項研究表明，2005 年，同樣是發展中國家，那些最市場導向國家的極端貧困率只有 2.7%，而那些沒有自由市場的國家的極端貧困率是 41.5%。[12] 中國是一個非常有說服力的例證。根據世界銀行的數據，中國的貧困率從 1981 年的 88% 下降到 2015 年的 0.7%。這是按照 2011 年購買價格平價計算的每天生活費等於或低於 1.90 美元的人口百分比來衡量的。[13] 使用北京國民經濟研究所編制的各省市自治區市場化指數，我發現，2016 年市場化指數與省級農村人口貧困率的相關係數為 -0.85。平均而言，一個地區的市場化得分提高了 1 個百分點，該地區農村人口貧困率下降了 1.1 個百分點。在市場化得分低於 8 分的 12 個地區中，只有 2 個地區農村人口貧困率低於 5%；而在市場化 8 分以上的 19 個地區中，農村貧困率超過 5% 的省份只有 2 個。在市場化得分超過 10 分的 7 個地區中，沒有一個農村貧困率超過 2%。改革開放四十年後，中國社會的絕對貧困問題基本得到解決。

---

12 引自 Rainer Zitelmann. (2019).*The Power of Capitalism.* p. 129. New York: LID Publishing Limited.

13 "Poverty headcount ratio at \$1.90 a day (2011 PPP) (% of population) | Data". https://data.worldbank.org. Retrieved June 1, 2019.

市場經濟之所以能更有效地解決貧困問題，是因為它為普通人提供了發家致富的機會，而在非市場經濟中，這樣的機會只有少數特權階層才有。中國上世紀80年代的城市個體戶，都來自社會低層群體。有特權的人可以去當兵，去政府、國有企業工作，而沒有特權、沒有關係的人怎麼辦？只好自己創業！他們撿破爛，擺地攤，賣點瓜籽、茶水、衣服，結果反倒富裕起來。這在計劃經濟下是不可能的。順便說一下，中國的垃圾處理和環境保護，撿破爛的人居功至偉！

　　不可否認，政府和慈善組織在解決貧困問題上是可以有所作為的。但我們必須明白，扶貧的錢形式上是政府或慈善機構給的，本質上是企業家創造出來的。政府和慈善機構能做的只是把財富從一部分人手裏轉到另一部分人手裏，不可能無中生有。正是企業家創造了財富，政府和慈善機構才有了可用於扶貧的錢。所以毫不奇怪，國際援助資金總是從市場經濟國家流向非市場經濟國家，而不是相反；同樣，中國國內的扶貧資金也是從市場化程度高的地區流向市場化程度低的地區。如果企業家沒有積極性創造財富了，政府也就沒有錢轉移支付了，慈善事業也就成了無源之水。這點我們必須牢記於心。

　　人們在討論收入分配差距時，經常忽略貧富之間的垂直流動，似乎收入差距的擴大就是富的越來越富，窮的越來越窮。事實上，市場經濟最顯著的特徵之一是貧富人群是流變不定的。如熊彼特所說，市場經濟下，富人俱樂部就像一個豪華酒店，總是住滿了人，但客人的名字總在不斷變化。同樣，所謂的「低收入階層」，像一個地下旅館，總是人滿為患，但不時有人搬走，又有新人入住，而且新的入住者可能曾經是豪華酒店的貴客。

按照胡潤中國富豪榜，2010 年最富有的 100 人，十年後只有 30 人仍然在百人名單中，其中 2010 年的前 20 名，十年後只有三人仍然在前 20 名榜單上，六人甚至在百人榜上也不見踪影。斯坦佛大學兩位教授的研究發現，中國 1990 年處於最低收入的五分之一的人群，到 1995 年 50.4% 的人已經跳出最低收入階層，其中 2.1% 的人進入最高收入人群，而 1990 年最高收入的五分之一群，在 1995 年只有 43.9% 仍然屬最高收入的人群，有近 5% 落入最低收入人群。[14] 這說明，改革開放使中國社會的垂直流動性大大提高了。現在進入富豪榜的中國企業家，幾十年前，甚至十幾年前，都是一文不名的窮光蛋。也可以頂計，只要中國繼續堅持市場化改革，用不了幾年，他們中許多人不會再榜上有名。「富不過三代」是市場經濟的鐵律！因為企業家精神是很不容易傳承的。

　　即使不考慮垂直流動性，僅以基尼係數來衡量收入差距，我做過一個統計分析，以 2001 年為例，在中國 30 個省、市、自治區當中，平均而言，市場經濟發展最好的地區、國有經濟部門最少的地區、財政收入占 GDP 比重最低的地區，是收入差距最小的地區。[15]

　　這說明什麼？如果政府參與經濟活動少，人們從事商業活動的自由就大，競爭就激烈，商業活動的利潤就低；如果一個地區只有少數有特權、有關係的人能做生意，或只有最膽大的人敢做生意，做了之後盈利就很高。舉例來說，浙江一帶的人

14　Khor, N. & Pencavel, J. (2006). "Income mobility of individuals in China and the United States," *Economics of Transition,* 14(3), 417–458.

15　張維迎：《市場的邏輯》（第三版），第 13 章。西北大學出版社 / 理想國，2019 年版。

做生意的比較多，富人也多，但利潤都很薄。但像東北這樣的地方，大部分人都不做生意，但少數做生意的人一定賺大錢，為什麼？因為他們的市場環境不好，只有關係硬的人才敢做生意。所以我們看到，市場越開放、政府干預越少的地方，收入差距越小。

另外，平等不僅僅體現在貨幣收入上，還包括其他的方面，如自由、權利、選擇等。過去老百姓有什麼自由？我在農村的時候，農民自留地裏生產的西瓜、蘋果，到集市上賣，被發現，算作投機倒把，要批鬥，甚至關起來，連做人的基本權利都沒有。那時候農民一年四季吃不上肉，也買不起面，但只要公社的幹部來村裏，大家都搶着請客，有點白麵、有點肉都留給幹部吃。為什麼？只有跟他們拉上關係，孩子才有希望去當兵、被招工。所以，我不認為改革開放使中國社會變得不平等，而是更平等、更公平。

警惕「嫉妒」披上「正義」的馬甲

美國學者伯恩斯坦在《財富的誕生》一書中，從經濟、軍事、歷史制度來看現代西方的興起，提出，現代社會經濟起飛有四個條件：第一是財產權制度，第二是科學理性，第三是資本市場，第四是運輸成本的降低。[16] 這很值得我們思考。

中國改革開放 40 多年，人均 GDP 每十年翻一番，每個人的生活都有了很大的改善，這是很了不起的成就。中國能做到這一點，與產權制度的改革有很大關係，儘管中國的產權制度

16　威廉・伯恩斯坦：《財富的誕生：現代世界繁榮的起源》。易輝等譯，中國財政經濟出版社，2007 年版。

仍然有待完善。比如農村的土地，最初農民承包土地期限就一年，農民有了生產的積極性，但沒有人願意投資，政府就將承包期延長到五年；五年比一年好，但還是沒人修水利設施，於是延長到十年；還不行，沒有人願意種樹，最後延長到三十年。現在來看還不行，土地不能轉讓的話，大量的農民沒法變成市民。

中國的資本市場從無到有，也在不斷地發展。國有企業和國有銀行在境內外上市，短期內不一定能改變很多東西，但是長期來講，是往正確的方向走。道路交通的建設使得運輸成本大幅度降低，對中國經濟的增長也起到了非常大的作用。當然，社會中還有很多問題，但要靠進一步的改革去解決。

我們所取得的成就，很大程度上也與觀念的改變有關。上世紀 80 年代伴隨着個體戶、獎金制度的出現，中國流行過「紅眼病」，一些人甚至連「按勞分配」都不能接受。如果連「按勞分配」都不接受，經濟是不可能發展的，只能大家都過窮日子。經過經濟學家和其他社會科學工作者的努力，「按勞分配」逐步被普遍接受了。這樣，人們有了幹活的積極性。再後來，資本和其他生產要素參與收入分配的思想也被接受了，企業家利潤也得到了承認。這樣，中國人的企業家精神被煥發出來，中國就成為一個創業之國，每個人的生活都得到了改善。

非常遺憾的是，在觀念方面，我們似乎在走回頭路。「紅眼病」是一種嫉妒心，根植於人性中。[17] 嫉妒心就是只要看到別人比自己強 —— 如收入比自己高，長得比自己漂亮，頭腦比自己聰明，身體比自己健壯，孩子上了好學校，等等，就心

17　參閱：Helmut Schoeck. (1966). *Envy: A Theory of Social Behavior.* Indianapolis: Liberty Fund.

生怨恨，認為社會不公正，不是自己無能。嫉妒心強的人甚至不在乎自己得了多少，而是寧願自己窮，也不願看到別人比自己富，所以最讓他們幸災樂禍的是看到富人破產，名人出醜。嫉妒心的認識論基礎是零和博弈思維，即認為財富是一個固定的量，一個人所得必定是另一個人所失，有人變富了，一定是有人變窮了。所以滿腦子零和博弈思維的人，非常熱衷於階級鬥爭。

如果人類不能有效地抑制「紅眼病」和嫉妒心，社會不可能進步。所以，「紅眼病」和嫉妒心都是貶義詞，聖經把嫉妒作為七宗罪之一，基於嫉妒心的行為不具有社會正當性，在公開場合，人們總是儘量掩蓋或否定自己的嫉妒心。麻煩在於，在一些西方左派人士的努力下，「嫉妒」現在披上了「公平分配」和「社會正義」的馬甲，取得了道德上的正當性，很容易蠱惑大眾，使得一些根植於嫉妒心的政策主張可以在「公平」「正義」的名義下大行其道。這些政策主張將人們的注意力從財富的創造轉向財富的分配，一定會傷害那些本來有希望靠自己的努力富起來的人，而這些人正是政策主張者號稱要幫助的人。

社會為什麼需要經濟學家？因為市場經濟太脆弱，太容易受到損害，需要有人去捍衛它。計劃經濟是少數知識分子設計、然後靠強權從上到下強加給社會的，所以一定有人捍衛它，替它辯護。市場經濟不同，它不是知識分子設計出來的，而是從下到上自發產生的。這也意味着，市場經濟就像一個沒娘的孩子，誰都可以打它罵它，污名化它，而無須承擔責任。生活在計劃經濟制度的人批判計劃經濟要冒政治、甚至法律風險，但無論你生活在何種制度下，批判市場經濟沒有任何風險。事實上，無數人曾因為批評計劃經濟而鋃鐺入獄，甚至付出生命的代價，而不曾有任何人因為批評市場經濟惹上任何麻

煩。從這個意義上講，市場經濟也是仁慈的，我們真的應該珍惜它。

市場經濟確實有一個毛病：當你有機會享受它的好處時，你注意到的可能都是它的缺點；當你沒有機會享受它的好處時，它也沒有辦法顯示它的優點。當你自己把它弄壞的時候，你還責怪它，怎麼這麼糟糕！

趙本山的小品《賣拐》大家都熟悉。範偉的腿本來沒毛病，但趙本山反復說有毛病，說到最後，範偉自己也覺得自己的腿真的有毛病，就迫不及待地買了趙本山的拐。其實真正有毛病的不是範偉的腿，而是範偉的腦子。現在好多人都在「賣拐」，這個「拐」是什麼？就是大量反市場經濟的言論。許多所謂市場經濟的毛病，都是「賣拐」的人編造出來的。

我說這些，只有一個目的，就是讓大家更好地理解什麼是市場經濟，堅定我們對市場經濟的信念。中國的未來最值得擔心的是什麼？不是能源、環境問題——這些當然很重要，但不是最重要的，因為市場競爭推動的技術進步一定能為我們找到答案。我們沒有必要像 200 多年前的馬爾薩斯或 50 多年前的羅馬俱樂部那麼悲觀。中國未來的發展，取決於我們的信念，我們相信什麼，不相信什麼。如果我們堅定了對市場經濟的信心，不斷推進市場化改革，中國就會走向共同富裕。如果我們失去了對市場的信念，引入越來越多的政府干預，中國只能走向共同貧窮。不要忘記，當年搞計劃經濟的本意是為窮人謀福利，結果卻造就了越來越多的窮人，使窮人的命運比過去更悲慘。

市場經濟是共同富裕的獨木橋，計劃經濟是共同貧窮的陽光道！

中國改革新理念

第四編

法治中國與個人自由

26　從特權到權利

　　我們都知道有一個很有影響的案子——吳英案。年輕的浙江女企業家吳英，因向 11 位親友集資 7 億多資金從事商業活動，被浙江高院以「集資詐騙罪」判處死刑。這樣的事情在西方市場經濟中會發生嗎？現在肯定不會，但是過去曾經會。比如說，在 17 世紀後半葉路易十四時代，法國政府一次就處決了一萬六千多個企業家，他們的唯一罪狀是進口和製造了棉紡織品，違反了當時的財政部長 Jean-Baptiste Colbert 制定的產業和貿易政策。[1] 由此看來，我們離市場經濟還有多遠？大概還有三百年，至少有二百年！因為我們的經濟仍然是建立在特權的基礎上，而不是建立在權利的基礎上，也就是說，我們並沒有建立起市場經濟真正的基礎。

　　那麼市場的基礎是什麼呢？我想就三點，第一是自由，第二是產權，第三是企業家精神。

---

*　本文是作者於 2012 年 2 月 4 日在第十二屆亞布力中國企業家論壇上作的主題演講。

1　Hernando De Soto. *The Mystery of Capital*. p. 10. New York: Basic Books. 2000.

自由是人權，不是特權

自由是我們人類追求幸福的基本權利，它是一種基本的人權，就如同生命一樣，與生俱來，不經正當程序不可剝奪的。我們需要自由，因為沒有自由我們就難受，就像不讓我們吃飯、喝水、不讓我們上廁所一樣。對自由唯一的限制是不侵害他人的權利，因為人是平等的。自由，從積極的方面來說，就是每一個公民都能夠利用自己的智慧、知識、技能、勞動，自主地決策，改善自己的生活，實現自己的夢想；從消極的方面來說，就是每個人都不受他人的奴役，有權利保護自己的利益不受侵害。

所以在一個每個人都享有充分自由的社會當中，人與人之間只有通過自願的合作才能夠互助互利。也就是說，每個人只有為他人創造價值，自己才能獲得收入，只有給他人帶來幸福，自己才能夠幸福，這就是我所說的「市場的邏輯」。[2] 而且，只有有了自由，才有公平競爭；只有有了公平競爭，我們才有創新；只有有了創新，我們的社會才能夠真正地進步，讓每個人的生活得到改善。在這個意義上，自由和市場是同一個含義，如果一個人擁護市場而不贊成自由，或者擁護自由而又不贊成市場，我覺得他是矛盾的。如果一個社會沒有自由，意味着一部分人可以強制另一部分人，剝奪另一部分人，可以把自己的幸福建立在他人痛苦的基礎上，這就是強盜的邏輯。一個社會沒有了自由，人與人之間就只有相互傷害的鬥爭，不會有真正的競爭。計劃經濟下我們有好多的鬥爭，我們天天鬥，月月鬥，年年鬥，但是沒有競爭。鬥爭是毀滅財富，只有競爭才創造財富。所以，自由也是社會繁榮的基礎。

2　張維迎《市場的邏輯》，上海：世紀出版集團上海人民出版社，2010 年版。

我必須強調一點，自由是一種基本的權利（rights），不是特權（privileges）。所謂權利，用一句通俗的話說，就是「理通天下」，每個人都平等地享有，與自己的出身、地位無關；而特權，則是「凡事對人」，一部分人擁有，另一部分人沒有，取決於個人的出身和地位。權利是不可任意剝奪的，但是特權可以給你，也可以剝奪。所以我們看古希臘、古羅馬共和國都有所謂的「自由」，但那是特權，不是權利，因為只有一部分人享受它，而佔人口多數的奴隸享受不到。

在一個特權盛行的社會中，不可能有真正的市場經濟。市場經濟意味着機會對每個人都是開放的，你進入什麼樣的產業，生產什麼樣的產品，成立什麼樣的組織——包括製造業企業、金融機構，也包括成立非營利組織，如慈善基金會、大學、俱樂部、政治團體，這些其實都應該是每一個公民自由享有的權利，而不應該是少數人的特權。

但是我們知道，在我們國家現階段這些仍然都是特權，而不是普通人的權利。比如你要創辦一個企業，要經過好多的審批程序，每個程序都控制在少數人手裏，這些人說行就行，說不行就不行，只有一部分人最後能夠成功，另一部分則成功不了，這就是特權。特別是我們的產業政策，設置了種種進入的壁壘，有關係的人可以得到批准進入這個行業，沒有關係的人進不了，使得我們在歧視着相當一部分企業家去創業。事實上，每一個產業政策都是增加特權的政策，是設租政策，導致大量的尋租行為和腐敗現象。國務院決定拿出 150 億支持微小企業發展，但是我們想一下，如果我們的公民有自由成立金融機構的權利，需要政府拿出 150 億做這件事嗎？我想是不需要的。這 150 億最後到了誰的手裏，也是一種特權，而不是真正的權利。

創辦非盈利機構，就更是一種特權，而不是權利。比如你要成立一個公益基金會，不論你有多少錢，你首先要找到主管單位，而主管單位都必須是政府或政府附屬機構，是否同意當你的「主管」，完全是他們的特權。如果你找不到主管單位，或者即使找到了主管單位，民政部門也未必批准你的申請，天大的好事也就沒有辦法幹。所以不是你想幹好事就可以幹好事。我們連獻愛心的自由也沒有，真是可悲至極！

我這樣說，不是指任何一種行業都不需要有最低的、必要的一些進入門檻。我的意思是，自由意味着對進入的限制，必須是從社會利益的角度來說是最低必要的，並且，任何的進入限制都是非人格化的（impersonal），也就是說對所有申請人同等對待，不論你的家庭背景，你的出身，你的社會地位，都應該是一視同仁。但是我們國家所有這些限制都不是一視同仁的，而是人格化的，仍然是基於特權，而不是基於權利。比如說，如果你想成立一個金融機構，如果你認識金融監管部門的負責人，或者能與他們拉上關係，你得到批准的可能性就大大提高，否則，你是沒有希望的。所以這是一種特權，而不是權利。這種基於特權的準入制度衍生出形形色色的以關係為資本而不是以知識為資本的所謂「諮詢公司」，他們賺的錢是特權制度下的分贓，而不是來自價值創造。

我要特別強調一下思想市場的重要性。思想市場是人類以自己的智慧和理性探索真理的市場，是市場經濟不可或缺的組成部分，因為市場經濟為社會進步而生，只有有科學和人文理念上的進步，才能夠有技術和組織制度上的創新，才有社會進步的源泉。思想市場，意味着對真理的探索是不受任何意識形態限制的，意味着承認每個人的自由意志，意味着任何思想都不應該取得法定的壟斷地位。

美國之所以成為最具創新能力的國家，為什麼？一個重要原因是它的憲法明確規定，這個國家不能有國教，這個國家不能以任何的法律限制言論自由、出版自由。但是我們看一下中國，言論和出版仍然是特權，而不是權利。如果你要辦一個出版社，你要辦一個雜誌，辦一份報紙，你要得到批准，這是很難的，除非你有非常特殊的關係。事實上就我所知，過去十多年裏，我們的新聞出版署不再批准任何新的期刊號，除非你有最高領導人的「尚方寶劍」，所以一些新興學科連合法的交流平台也沒有，人量的學術交流活動沒有辦法進行，更不要說我們根本沒有辦法成立自由的學術團體。現在提倡振興文化產業，但我們必須認識到，沒有思想自由的文化產業充其量不過是一個塑料花棚。沒有思想市場的經濟不是真正的市場經濟。

保護產權，必須約束政府徵稅權和國企特權

　　市場的第二個基礎是產權。產權某種意義上是一種人權，它是對自由的保障，如果一個社會不能保護私有財產不可侵犯，老百姓就不可能享有真正的自由，甚至連人身自由也沒有。

　　產權也是社會秩序的基礎。我們的社會之所以能夠有一定的秩序，就是由於我們大家相互尊重產權，如果不信，設想一下，如果一個超市裏面，誰都可以進去亂拿東西的話，這個超市馬上就會混亂不堪。在私有產權得不到有效保護的社會，絕大部分人都會生活在焦慮和不安中。

　　產權也是社會道德的基礎。道德的基本要求就是不損害他人，只有我們尊重個人的權利，每個人才必須通過為他人創造價值而獲得自己的收入，我們才能真正成為有道德的人。我看不到一個不尊重私有產權的社會，會有良好的道德水準。對財

產權的任意侵害，必然滋生不勞而獲的道德文化。當政府官員可以肆意妄為地侵害百姓權利的時候，我們不要指望老百姓會見義勇為。我們國家目前道德的衰落，很大一個原因就在於我們沒能夠很好地尊重個人的權利，保護個人的財產。

產權也是社會信任的基礎。如果私有產權得不到有效保護，沒有人會考慮長遠，沒有企業有積極性建立良好的市場聲譽，我們就會看到大量的坑蒙拐騙行為和假冒偽劣產品，我們市場上買的大量的東西就沒法被信任。

產權也是創新的基礎，因為只有企業家、只有每個人對自己靠智慧和勤勞獲得的東西充滿了信心，他才會願意投資，才會願意花幾年，甚至幾十年的時間去追求一種新的但具有非常不確定性的東西。就此而言，無形資產的產權保護舉足輕重，我們國家對有形資產的保護，現在還好一點，對無形資產的保護是最糟糕的，並且，對無形資產的保護常常是有選擇性，並非一視同仁。比如說，如果你的名譽權受到侵害，你去報案，警察會問你是不是政協委員或人大代表，或者什麼大名人，如果你什麼都不是，就很難立案。這實際上是基於特權理念的執法。

我說的這些當然都不是新的理論，從古希臘的亞里士多德到中世紀的大神學家托馬斯·阿奎那（St. Thomas Aquinas）和其他神學家都有精闢的論述。我舉兩個例子。13–14世紀的英國經院哲學家奧卡姆的威廉（William of Ockham）就說過這樣的話：私有產權是一項先於主權者頒布的法律權利，統治者不可篡奪和任意奪取被統治者的財產。13世紀羅馬的吉爾斯（Giles of Rome）認為，政府的主要職責就是保護個人自由和私有財產制度，「世俗權力機構的職責是維護正義，不允許任何人傷害他人

的人身和產權安全，讓每一個公民和誠實的人都可以享用自己的財物。」[3]

對私有產權保護的一個重要方面，就是對政府徵稅權利的限制，如果沒有對政府徵稅權利的限制，產權不可能受到真正有效的保護。1215 年英國約翰王被迫簽署的《大憲章》，就是約束國王的徵稅權，也就是說國王從此之後不能任意地徵稅了，由此開始了英國漫長的憲政制度建設。但時至今日，對政府徵稅權的約束在我們國家仍然沒有引起足夠的重視，我們總是把政府稅收的增加當作好消息，而不去問一問為什麼。

我還要強調一點，國有企業所擁有的特權本身就是對產權的一種嚴重侵害。一些行業只有國有企業可以進入，非國有企業則不能進入，是對個人權利的否定。像煤炭、鋼鐵、石油等行業發生的國有企業強制收購非國有企業，是一種強盜邏輯，非基於產權的市場規則。

任何阻礙企業家精神的法律和政策都是反市場的

市場的第三個基礎是企業家精神。企業家是市場經濟的靈魂，是經濟增長的國王。市場本身就是企業家不斷創造和創新的過程；沒有企業家，可能有交換、有簡單的產品交換，但是不會有真正的市場經濟，不會有真正的創新。企業家是嗅覺靈敏、有進取精神、善於創新、能吃苦、敢冒險的人，我們人口當中，這樣的人的比重是相對比較少的，所以他們的精神和

3　羅德尼‧斯達克《理性的力量：基督教和西方文明》，第 60–62 頁。管欣譯，上海：復旦大學出版社，2011 年版。

能力能不能夠有效地發揮出來，決定着我們這個社會創新的速度，決定着社會財富增加的速度。

過去二百年人類所取得的巨大成就，可以説就是在企業家能力、企業家精神的推動下取得的。中國過去三十年取得了這樣大的成就，也是由於發揮了企業家的作用。在自由競爭的市場經濟中，企業家所做的事情都是伺候人的事情，他們的成敗取決於他們給我們創造的幸福的多少，取決於我們對他們的服務的滿意程度。任何阻礙企業家創新的政策都是反市場，反消費者的。

計劃經濟最基本的特徵就是阻礙企業家精神發揮作用，結果使得我們在短缺經濟中生活了三十年。限制企業家活動的最大受害者是誰？是普通的老百姓，是廣大的消費者。我們不允許谷歌進入中國市場，真正受到傷害的是數億的中國網民，他們難以獲得更準確、更有價值的信息，而不是谷歌公司本身。如果一個社會自由不足，產權得不到保護，特權盛行，政府控制的資源太多，企業家的活動就可能被導向尋租，而不是為消費者創造價值。

我要特別提醒一下，並不是所有被稱為企業家的人都是在為社會創造財富。在一個特權盛行的社會，會出現很多強盜型企業家，他們在掠奪財富，而不是創造財富。我們也要防止中國的企業家，包括民營企業家既得利益化。任何一個制度都會有成功者，某些成功者可能會有很大的積極性去維護這種制度，而不是推動這種制度的變革。靠特權成功的人通常更有積極性維護他們賴以成功的特權，而不是推動把特權變成平等的權利。

總結一下，市場經濟有三個基礎：自由、產權、企業家精神。如果公民不能夠充分享有言論和行動、創業的自由，如果私有財產權利不能得到有效的法律保護和文化保護，如果企業家精神得不到有效的發揮，我們不可能建立真正的市場經濟！民主政治也必須以此為前提，必須承認自由和產權的神聖性，否則，所謂的「民主」就可能變成一部分人剝削另一部分人的工具。

　　計劃經濟本質上是強盜的邏輯，中國過去三十多年的改革，就是逐步從強盜邏輯走向市場的邏輯。鄧小平二十年前的南巡講話的基本精神是什麼呢？就是給中國民眾更多的創業自由，賺錢的自由，承認私有財產的合法性，讓企業家成為中國經濟發展的主角。這就是 92 年之後中國經濟高速發展的原因。

　　在邁向市場經濟的道路上我們已經取得了很大的進步，但是改革的路還很漫長，因為我們仍然是一個特權基礎上的經濟，而不是權利基礎上的經濟。西方世界過去二百年的進步就是把傳統社會中只有少數人享有的特權，變成普通大眾的基本權利，但是時至今日，我們仍然是特權大於權利。

　　回到吳英案。吳英案意味着什麼？意味着中國公民沒有融資的自由，在中國獲得融資仍然是一種特權，而不是一種基本的權利，同樣的融資行為，國有企業做就是合法的，民營企業做就是不合法的；意味着在中國建立在個人自願基礎上的產權交易合同仍然得不到保護。吳英案中，11 個給她借款的人都不承認自己被騙了，但我們的法院仍然認定她是「詐騙」。吳英在被捕之後，她的財產在沒有得到本人同意的情況下就被強制拍賣了，這本身也是對個人財產權的不尊重。吳英案例也意味

着我們中國人的企業家精神仍然在受到不同程度的摧殘。非法集資是一個法律，但是應該説是一個惡法，它和當年投機倒把罪沒有兩樣。我記得在早年的時候，人民銀行有一個概念，叫做「體外循環」，凡是不在國有銀行系統的資金流動都被叫做體外循環，都要打擊，現在我們有進步，不再打擊「體外循環」了，但是非法集資的概念是一個很重的帽子，它可以扣在幾乎任何民營企業家的頭上。市場上會有欺詐，我們用欺詐罪就可以解決這些問題，不需要再有一個「非法集資」條款。法律本身是規定人們的行為準則和對違反這些準則的懲罰措施，對什麼是合法的，什麼是非法的，寫清楚就可以了。在法律中寫上抽象的「非法罪」條款，就是保護特權。

當年鄧小平保護了年廣久，今天鄧小平已經不在了，沒有另一個鄧小平來保護吳英了，所以我只能呼籲我們的企業家，我們的政府官員，我們的媒體人士，多多關注吳英案，因為判處吳英死刑是中國改革的倒退，關注吳英就是關注中國的前途，關注我們每一個人的自由和生命。如果吳英集資應該被判死刑，我不知道還有多少人不應該被判死刑。

27 天理與王法

從吳英案到曾成傑案

2012 年的亞布力中國企業家論壇年會上，我的演講從吳英案說起，今天我要從曾成傑案開始。[1]有人說我當年的演講對挽救吳英的生命發揮了一些作用，如果確實如此，我感到很欣慰。當然，無論我現在說些什麼，對改變曾成傑的命運已沒有任何意義。但我確實希望，我的這番話能對拯救未來的一些無辜的生命有所幫助。

曾成傑因「集資詐騙罪」被秘密處決這件事，在整個中國社會引起了極大的震撼，企業家群體中彌漫着一種「兔死狐悲」的氣氛。是啊，我們生活在同一個世界、同一個司法體制之下，一想到今天曾成傑所遭遇的不幸某一天可能落在我們任何一個人身上，有誰能沒有一點悲涼之痛呢？

---

* 本文是作者為 2013 年 8 月 24 日合肥舉行的「中國企業家論壇夏季峰會」撰寫的主題演講稿，2013 年 8 月 19 日定稿。

1 曾成傑生於 1958 年，是湖南一位企業家，三館房地產開發公司創始人。2003年，湘西自治州政府邀請他到湘西投資，准許他向公眾集資。他的投資人包括一些地方政府官員。後來他的公司陷入債務危機，2008 年被控犯了「公眾集資罪」。他曾與投資人達成分期償還投資的協議，但被地方當局否決。2011 年 5月，曾成傑被長沙市法院判決死刑，12 月，死刑判決被湖南省高級法院核准。2013 年 7 月 11 日，在獲得最高法院批准後，曾成傑被秘密執行死刑。

這種兔死狐悲的情感，實際上就是二千多年前孟子説的「惻隱之心」，也就是二百多年前亞當・斯密説的「同情共感」（sympathy）。孟子説，惻隱之心，人皆有之。亞當・斯密在《道德情操論》一開始就宣稱：人無論多麼自私，他的天性中顯然會有一些原則使他關心他人的命運，這種本性就是憐憫或同情心，就是當我們看到或想到他人的不幸遭遇時所產生的感情。他接着説，這種情感同人性中所有的其他原始感情一樣，絕不是品行高尚的人才具備。最大的惡棍，最頑固的不法分子，也不會全然沒有任何同情之心。[2]

惻隱之心，同情之心，對我們理解社會的道德和正義具有重要意義。孟子説，惻隱之心就是仁。亞當・斯密認為，同情心是人類道德的心理源泉。正是別人的喜怒哀樂在我們心目中引起的共鳴使人類有了良知；正是對我們心中的那個公正的旁觀者（impartial spectator）、那個偉大的法官和仲裁者的情感的尊重，使我們有了正義。

曾成傑被執行死刑後整個社會輿論對他的同情，説明我們社會的良知還沒有泯滅。

理大還是法大？

曾成傑為什麼被判處死刑？因為他「犯法」了，至少法院認為是這樣。一個問題是，曾成傑當時響應當地政府的號召集資的時候，他是否知道自己是在做違法的事情？這一點我不好猜測。但無論如何，法院不會因為一個人的無知而免除他的罪行，儘管法官在量刑的時候會對此有所考量。我更關心的問題

2　亞當・斯密《道德情操論》，第 5 頁。胡企林譯，北京：商務印書館，2009 年版。

是，即使他真的違犯了法院判決時所依據的那種法律，並且是明知故犯，對他的懲罰就是正義的嗎？

要回答這個問題，我們需要理解法與理的關係。十年前我曾提出這樣一個分析框架：衡量一種行為是否該做，有兩個標準，一是合理不合理，二是合法不合法。這樣，我們所有做的事情可以劃分為四種類型：第一類是既合理又合法，第二類是合理但不合法，第三類是合法但不合理，第四類是既不合理也不合法。[3] 在一個正常的社會，基本上都是第一類和第四類，也就是合理的就是合法的，不合理的也就是不合法的。此時，人們做選擇相對容易，遵守法律也就是遵守正義。但在像我們這樣的社會，屬第二類和第三類的事情很多，有時其比例甚至超過第一類和第四類。這就是生活在我們這個社會的人面臨的困境，也是我們之所以要改革的原因。

這裏講的「法」，當然是指政府制定的法律，中國人傳統上稱為「王法」、「律法」，學術上叫「人定法」（positive law）或立法法（legislative law）。一件事合法不合法是相對清楚的，至少政府官員和法官認為是清楚的。

這裏的「理」是什麼？就是中國人講的「天理」，「公理」，「道理」，「天經地義」，學術上叫「自然法」（natural law）。自然法在西方也被稱為是上帝的法（the law of God），理性之法（the law of reason）。它們是良知、正義、德性的基本含義。

所謂天理或自然法，就是人類以理性和情感所發現的為了人類的生存和發展所必須的最一般的戒條或法則。如：殺人償

3　參見本書第 24 章〈市場的邏輯即君子之道〉。

命，借債還錢，知恩圖報，言而有信，每個人都有保全自己生命和追求幸福的權利，等等。

理大還是法大？當然是理大。理（自然法）是人類的集體智慧，是歷史中自然演化形成的，是被人們普遍認可的，它與人的本性相符，反映在人的良知中。法（人定法）是政府制定的，組成政府的人與普通人一樣，有自私之心，有偏袒親朋故舊的傾向，有無知和傲慢的特性，有情緒化的時候。如果法律不受天理的約束，不以天理為準則，任何的法律都是「合法的」，就會導致不正義的法律，甚至「合法的暴政」。[4]

理是法的「元規則」，是康德所謂的「絕對命令」。理大於法意味着只有符合天理的法律才具有正當性（legitimacy），才應該得到遵守。人類之所以需要政府制定的法律，是因為天理（自然法）有些模糊性，只有原則沒有細則，操作起來有難度。也就是說，人定法應該是自然法的具體化和可操作化，而不是對自然法的否定。打個比方，即使我們都知道開車要靠右行，但如果馬路上不劃中間線，要判決誰違規了就比較困難。但如果政府把中間線劃得太靠左或太靠右，以致某個方向行使的車輛不越線就不可能通行，這樣的規則就是不合自然法的，不可能得到遵守。

從古到今，理大於法扎根於每個人的基本意識中。日常生活中，人們最鄙視的是不講理的人，而不是不守法的人。比如

4　哈耶克將自然法等同於 nomos（自由法）、立法法等同於 thesis。nomos 演化而來，是從小到上被發現的；thesis 由政府制定，從上到下強加給社會。見 F. A. Hayek. *Law, Legislation and Liberty*. London and New York: Routledge. 2013 (1973, 1976, and 1979).

説，我們説「有理走遍天下，無理寸步難行」，而不説「有法走遍天下，無法寸步難行」。

自然法（天理）的三條基本準則

自古以來，自然法就活在人們心中。但自然法的表述和論證，則是思想家的工作。英國啟蒙思想家大衛·休謨在《人性論》一書中總結了三條基本的自然法則。[5]第一條是穩定財產佔有的法則，也就是私有產權的不可侵犯性。這一條來自人類對生存、安定和和平的需要，以及可用於滿足這種需要的資源的有限性，它避免了所有人對所有人的戰爭和相互殘殺（害命通常因謀財引起），使人們可以和平相安，因而是最重要的自然法。第二條是根據同意轉移所有物的法則，也就是自願交易、自由簽約權。財產的最初所有者通常不是能給其帶來最大價值的人，自願交易可以使財產的價值最大化，合作雙贏成為可能。任何通過暴力手段強制他人交出財產是違反自然法的，除非這種暴力是為了懲罰違反自然法的人。第三條是履行許諾的法則，也就是人要言而有信。人類的大部分合作都以言辭表示開始，以行動（履約）結束。如果人們言而無信，就不可能有合作的行動，人類的進步也就沒有可能。

這三條自然法或天理也就是通常説的正義的基本含義，違法了其中的任何一條，也就違反了正義原則。如哈耶克所指出的，所有發達的法律秩序的主要特徵，都極其相同，都可以説只是對這三項基本自然法所做的詳盡闡釋。[6]

---

5 見大衛·休謨《人性論》（下冊）第三卷第二章，北京：商務印書館，2009年版。
6 F. A. Hayek. *The Constitution of Liberty*. p. 226. Chicago: University of Chicago Press. 2011(1960).

以此來看，曾成傑的融資和商業活動並沒有違反自然法。他沒有使用暴力和欺詐手段獲得別人的財產，融資活動是當事人之間自願的交易行為；他也沒有違反自己當初的許諾，即使在政府政策改變之後，他仍然與出資人重新談判達成新的還款協議。相反，政府的行為卻實實在在違反了這三條自然法則。在法院判決之前政府就剝奪了他的資產，並在未經曾本人同意的情況下，就將其轉移給政府自己的企業，違反了第一條自然法則；政府不允許他執行與出資人達成的還款協議，違反了第二條自然法則；政府一開始鼓勵和支持他向民間籌集資金，後來卻出爾反爾，宣佈他是非法集資，違反了第三條自然法。

自然法（天理）的普世性和永恆性

自然法（天理）是普世的，也是永恆的。看看那些偉大的道德思想家，無論他們來自東方還是來自西方，生活在古代還是當代，他們所倡導的人類應該遵守的「天理」都大同小異，大致不出「仁義禮智信，温良恭儉讓」。

霍布斯（Thomas Hobbes）在《利維坦》一書中曾歸納出 19 條自然法則，然後說：由於人們之中大部分都忙於養家糊口，其餘的人則因過於疏忽而無法理解以上關於自然法的微妙推演。然而為了所有的人都無法找到藉口起見，這些法則已被精簡為一條簡易的總則，甚至最平庸的人也能理解，這就是：己所不欲，勿施於人。[7]

這條總則說明，認識自然法所要辦到的只是以下一條：換位思考，將心比心。即俗話說的，公道不公道，打個顛倒。這

7　霍布斯《利維坦》，第 120 頁。楊昌裕譯，北京：商務印書館，2009 年版。

也就是亞當·斯密説的存在於每個人心目中的「想像的、公正的旁觀者」所做的情感判斷，同樣也是羅爾斯正義論的基本推理方法，甚至也可以説是亞里士多德正義論的推理方法。

顯然，「已所不欲，勿施於人」這一總則本身就隱含了人與人之間平等的原則，因為只有平等的人才會站在別人的角度考慮問題，將心比心，推己及人。這種平等是道德上的平等，人格上的平等，「上帝」（「老天爺」）面前的平等。前面講的大衛·休謨總結的三條自然法則都可以從這一條總則推導出來：你不願意別人剝奪你的生命和財產，你也就不應該剝奪別人的生命和財產；你不願意被人強迫你交易，你也就不應該強迫別人與你交易，或者，你希望別人尊重你自願交易的權利，你也就應該尊重別人同樣的權利；你不願意與言而無信的人合作，你自己就應該説話算數。

「已所不欲，勿施於人」的「恕道」，現在被稱為「黃金法則」（golden rule 或 golden law）。孔子提出這個處理人與人之間關係的基本法則確實非常偉大，但這一法則在 2000 年前的軸心時代的許多其他偉大的思想家中也是一個基本法則，有些人提出的可能更早，可以説是軸心時代偉大思想家的共識，幾乎沒有哪一種文化或宗教不包含這樣的規則。比如希臘哲學家皮特庫斯（Pittacus，公元前 640 – 前 568 年）就曾説過："Do not to your neighbor what you would take ill from him."（不要對你的鄰居做你不喜歡他對你做的事情）；幾乎生活在同時代的希臘哲學家泰利斯（Thales，前 624– 前 546）説過："Avoid doing what you would blame others for doing."（不要做你抱怨別人做的事情）；佛法裏類似的話也很多，如要像對待自己一樣對待他人（treat others as you treat yourself）；如果你不想被別人傷害，你也不要傷害別人（Hurt not others in ways that you yourself would find hurtful）；耶穌也

說過許多類似的話，如 "Do unto others as you would have them do unto you"（你不喜歡別人對你做的事情，你也不要對別人做）；如此等等，舉不勝舉。這些格言都可以翻譯成「己所不欲，勿施於人」。事實上，基督教認為這一「黃金法則」來自耶穌。如果我們不是拘泥於文字，《墨子》和《道德經》的許多話都有類似的意思。

今天中國發生的有關普世價值的爭論，是一件很可笑的事情。你可以否定「民主」是普世價值，否定「憲政」是普世價值，但你不能一般地否定「普世價值」，正如你可以說不想吃麵，不想吃肉，但你不能說我不需要吃飯一樣。

否定天理的普世性，無論出於私利還是公心，都是愚蠢的行為。儒家文化之所以能主導中國社會兩千多年，就是因為它把天理放在王法之上。有些西方學者認為儒家文化就是自然法，這一點雖然在學術界有爭議，但至少說明儒家是把「天理」放在第一位的。[8] 儒家的「禮法」體現了自然法的精神，這是儒家與法家最大的區別。秦王朝之所以二世而亡，一個重要原因是秦始皇只講王法，不講天理。

良知比法律更重要

回過頭來看一下，曾成傑犯了什麼法？或許他真的犯了「人定法」，也就是政府制定的律法（所謂「非法集資」），如法院所判決的那樣；但他確實沒有犯「自然法」，沒有做違背天理、違背良知的事情。

8　李約瑟或許是指出儒家文化是自然法的西方學者。見李約瑟《中華科學文明史》第 1 卷，上海：上海人民出版社，2002 年版。

處死曾成傑或許沒有違反人定法，甚至在處死他之前不告知他的親人也可能沒有犯人定法（法院這麼說的），但確確實實違反了自然法，違反了天理，違反了人類的良知！

曾成傑的不幸既有法律的責任，也有法官的責任。法律主要是靠法官執行的。我們對法官的基本要求不是仁慈，而是正義！英文中，法官的含義就是正義（justice）。我們必須認識到，對法官來說，良知比法律更重要，沒有良知的法官比不懂法律的法官更可怕。這是因為，一個法官只要有良知，即使不懂法律條文，他也不會做出違反正義的判決；相反，即使他懂法律，把法律條文背的滾瓜爛熟，如果他沒有良知，正義就會蕩然無存！約翰•馬歇爾被公認為是美國歷史上最偉大的法官之一，但他在出任首席大法官之前根本就沒有任何法律背景。這也是西方「陪審團」制度的價值所在。陪審員都是沒有受過法律專業訓練的普通公民，他們的判決是基於良知而不是法律。

有法無天不是法治社會

建立法治社會已成為中國人的普遍共識，但我們必須認識到，法治社會以法律的合理性和正當性為前提，也就是政府制定的法律必須符合天理和良知。任何人都不應該以「法律」為托詞行不正義之事。當法律不符合天理時，當你不得不在良知和律法之間掙扎的時候，你應該選擇站在天理的一邊。當然，許多人做不到這一點，因為人性的私心，也因為人性的懦弱。通常來說，違反人定法的懲罰在眼前，違反天理的懲罰在以後，人們通常會遵守「好漢不吃眼前虧」的格言。但我們應該對那些寧肯違反法律也不願違反天理的人持有敬畏之心，至少不應該以我們自己的小聰明而鄙視這些人。

當然，最重要的是，政府制定的律法必須符合良知，符合天理！任何違反天理（自然法）的立法不能被稱為真正的法律，只能被稱為「惡法」，在道德上是不正當的！這樣的立法是對人類理性的蔑視，是對人性尊嚴的踐踏！它無助於人類的幸福！

　　當今中國社會最缺乏的不是法律（王法），而是天理！或者說，最缺乏的是符合天理的法律和司法制度！改革開放前，最高統治者是既不講天理，也不講法律，用他自己的話說就是「禿子打傘，無發（法）無天」。文化大革命使人們認識到無法可能給每個人帶來災難，所以改革開放以來，政府制定了一系列的法律。但曾成傑案件以及其他諸多案件說明，法治不等於律法之治。法治首先是「理治」（天理之治）。法律不符合天理，司法不講良知，就不可能有真正的法治。

　　無法無天不是一個好社會，有法無天也不是一個好社會！

28　市場、政府與法治

　　二千多年前，荀子問到這樣一個問題：人力量沒有牛大，走路不如馬快，為什麼牛和馬都能被人所利用，而人不能被牛和馬所利用？他的答案是因為「人能群」，用今天的話說，就是人會合作。看看人類的歷史，可以說所有的進步都是合作帶來的，而我們創造的各種行之有效的制度，都是為了人類相互之間更好的合作。今天可以說人類歷史上的合作達到了空前的程度，也就是全球範圍的合作，全人類的合作。我們手頭使用的幾乎任何一件產品，都是全球合作的結果，不是任何一個單個國家生產的，更不是任何單個的人可以生產出來的。

　　為什麼人類今天可以達到這樣一個合作程度？最重要的原因，是二百多年前開始，人類走向了一種新的制度，這種制度就是我們今天稱之為「市場經濟」的制度。當然這種制度並不是一天實現的，而是一個不斷從局部走向全球、不斷深化的過程。這之間有曲折，有衝突，但總的趨向是市場化。像中國，可以說 1949 年之後的三十年，我們與這個制度隔絕了。1978 年開始改革開放，我們又開始加入這個制度。我們跟世界隔絕的

＊　本文根據作者 2013 年 12 月 8 日在第一屆卓亞法治論壇上的發言整理。

時候，我們是停滯的；我們加入這個制度以後，我們就取得了很快的經濟發展。

為什麼市場經濟可以帶來人類如此高的合作和如此迅速的發展呢？我想有兩個原因：

第一，市場經濟可以使陌生人之間進行合作。傳統社會也有合作，但是都是熟人之間的合作，只有市場經濟使得合作可以在陌生人之間進行。今天我們所消費的產品的生產者，我們基本上都是不認識的，但是我們仍然能夠信任他們，仍然能夠使用他們所生產的產品。

第二，市場經濟下的合作不是簡單的相互幫助，而是相互依賴。也就是說，在市場經濟當中，每個人只是複雜的分工鏈條中的一環，任何人離開了別人，都沒有辦法生存下去。而每個人專注於一件事，就可以做得更好，這就是我們現在說的專業化分工給我們帶來的好處。這個道理，二千多年前荀子就說過：「百技所成，所以養一人也，而能不能兼技，人不能兼官，離居不相待則窮。」（《荀子•富國》）而正是市場經濟，使得大範圍的分工成為可能，人類才享受分工帶來的這種好處。二百多年前，英國經濟學家亞當•斯密說，市場就類似一隻看不見的手，它把每個人追求自身利益的動機變成為服務其他人的這樣一種行為。

市場要達到這樣一個效果，有三個東西是最重要的：一是私有產權，二是自由，三是企業家精神。只有在每個人的財產權利能夠得到充分保證的情況下，人們才能有穩定的預期，才願意和別人進行交換。如果沒有私有產權的明確界定，自願交換是不可能的，創造價值的合作也是不可能的。自由，意味着我們每個人可以做自己最擅長的事情，在分工中發揮自己的優

勢，而且能使我們的聰明才智得到最好的發揮。也正是自由，使得我們創造了好多新的思想、新的技術和新的產品。而在人口當中，確實有這麼一類人，比一般人更有一種判斷未來的能力，更有一種冒險精神和警覺或者說想像力，這種人我們叫企業家。企業家就是不斷地發現別人需要什麼，不斷地創造出別人願意支付價格的東西，也就是新的、可以被市場接受的產品。也正是通過企業家的創新活動，分工才不斷深化，價值鏈才不斷拉長，新的產業才不斷出現。總之，產權、自由和企業家精神，是市場經濟最核心的東西。

要使得這三個條件得到滿足，就需要有政府，因為我們知道，在沒有政府的情況下，一個社會可能會陷入像霍布斯說的人與人之間的戰爭，也就是叢林規則、強盜邏輯。這也就是說，我們需要政府就是為了保護我們的自由、私有財產權利和社會的企業家精神，從而使人類能夠享受合作帶來的好處。但是我們知道，政府是一個抽象的構造，世界上不存在所謂「政府決策」和「政府利益」，所有的政府決策本質上都是個人決策，因為能夠做決策的人一定是像普通大眾一樣，是有血有肉、有想法、有情緒、有慾望、有私利的活生生的人。這樣的一個個人，如果有權以政府的名義制定遊戲規則、有權使用強力執行這些遊戲規則，我們怎麼能夠使他們制定的遊戲規則有利於人類的合作，而不是損害人類的合作？我們怎麼能夠保證他們在執行遊戲規則的時候能公平、公正，而不是用公權力謀取私利？辦法就是對他們進行約束，這個約束就是把權力關在籠子裏。所以我們必須有一些基本的制度規則，使政府官員沒有辦法超出我們允許的範圍去做事情。我理解這就是我們一般說的「憲政」的含義。

我必須強調一下，人類過去五百年最重要的思想進步是什麼呢？就是我們認識到，在政府工作的人，不論是國王、皇帝還是部長，他和普通人是一樣的，是自利的。過去人們認為，國王和皇帝是「天子」，是上帝派來統治我們的，他們無所不知、無所不能，並且總是大公無私。對這樣的統治者，約束他們是沒有必要的。但是過去五百年，我們人類認識到，統治者既不可能無所不知，也不可能無所不能，更不可能大公無私，所以同樣需要受到約束，這就開啟了憲政制度的建立。當然我們知道，在二千多年前，亞里士多德就看得非常清楚，任何一種政府，如果不受法律的約束，就可能變成暴政。[1]一個君主如果不受憲政的約束，就會變成僭主；一個貴族統治如果不受憲政的約束，就可能變成寡頭政治；一個平民政治，也就是民主政治，如果不受憲政的約束，就可能變成多數人的暴政。無論哪一種暴政，人類的自由都會受到侵害，私有產權沒有辦法得到保證。所以我們要有一個很好的市場經濟，憲政制度就變得非常重要。我們一定要使得政府所有的權力都在法律之下，政府的所有行為，必須符合法律。唯其如此，私有財產才能得到有效保護，個人自由才能得到充分保證，企業家精神才能得到有效發揮。

　　但是我們總要給政府一些權力，這些權力就是他們可以制定我們的遊戲規則，包括法律，也包括一些必要的政策，並保證這些有效規則得到普遍遵守。唯其如此，我們才能成為一個法治社會。但我們還必須認識到，政府制定的法律和政策必須尊崇一些更高的準則。現在很多人在有關法治的認識方面是不夠的，他們認為法治就是有法可依、違法必究，所以建立法治社會的關鍵就是制定法律和執行法律。但我認為這只是法治的

1　亞里士多德《政治學》。吳壽彭譯，北京：商務印書館，2009年版。

第二級問題，法治的第一級是什麼呢？就是任何法律必須符合天理，也就是西方學者說的自然法。天理是什麼？就是基於人類合作的需要而長期演化形成的一些天經地義的戒律，比如大家能想到的殺人要償命、欠債要還錢、説話要算數，這都是天理。如果政府制定的法律不符合天理，就會導致人們之間不是更好的合作，而是更大的傷害。

　　中國法治建設面臨的一個很大的挑戰，不僅僅是制定法律，更重要的是法律符合天理，因為現在中國有太多的法律不符合天理。我們改革的目的就是怎麼使符合天理的法律真正變成法律，不符合天理的法律被廢除。計劃經濟不符合天理，因為它限制了人們的自由，剝奪了人們的基本生存權利，扼殺了企業家精神，所以我們把它廢了。人民公社不符合天理，安徽小崗村的 18 位農民就拋棄了這個法律，恢復了天理。今天仍然有很多不符合天理的法律，包括政府部門擁有的各種審批權，政府機關隨意對私有財產的侵害，隨意對企業家的拘捕和對財產的任意剝奪。政府在這樣做的時候，通常也是依「法」行事，但不合天理。計劃生育政策對超生罰款和拒絕上戶口，也是不合天理的。還有一些看起來不很重要，但是引起我們關注的不符合天理的法律和法規，比如公安部門前一段時間制定的闖黃燈視同闖紅燈，就是一個不符合天理的法規。如果我們僅僅認為，有法可依、違法必究就是法治國家，這樣的「法治」國家可能和秦始皇的法制 —— 也就是古代法家説的法制，沒有什麼不同，充其量只能稱之為「國家法治」，不能算作「法治國家」。而古代儒家是把天理放在第一位的，也就是所有的法律必須符合天理。

　　這意味着我們的立法機構和司法機構，在制定法律和執行法律的時候，都應該想想，我這個法律符不符合天理。當然天

理有好多條，每個人的理解也未必相同。三百多年前，霍布斯歸結出 19 條自然法規則，然後他說了一句話，這 19 條大部分人可能記不住，好在我們可以把它們總結為一句非常簡易的總則，甚至最平庸的人也沒有藉口忘記，這就是「己所不欲，勿施於人」。[2] 如果政府官員在做事的時候經常想着這樣一句話，把自己放在普通百姓的位置上想一想應不應該制定這個法律，我想我們就可以避免大量的不符合天理的法律。

另外，我注意到二百多年前，蘇格蘭啟蒙思想家大衛·休謨總結了三條基本的自然法。第一條是個人的私有財產神聖不可侵犯；第二條是人類具有自由交易的權利；第三條是每人都有信守承諾的義務，也就是說話要算數。近代以來，如同哈耶克所說的，人類所有偉大的法律改進，其實都是這三條自然法的延伸和擴展。中國在制定法律的時候，如果我們都用這三條標準檢查一下我們的法律是不是符合天理，我想我們可以比現在做得更好。

最後，我要談一下法治與道德的關係。很多人認為市場經濟可能是與道德相矛盾的，但我認為到目前為止，市場經濟是人類建立的最符合道德原則的制度，因為在市場經濟下，每個人的權利得到尊重，每個人的行為以不傷害他人同等的權利為前提，這正是正義的基本含義。自由企業制度和公平競爭意味着每個人要賺錢、要富有，首先必須給別人創造價值。這也就是我總結的市場的邏輯：你要自己幸福，首先要使別人幸福。要做到這一點，當然離不開法治。尤其是，如果政府的權力不受約束的話，我們不能叫法治國家，這個國家一定是道德敗壞的。

2　參見本書第 27 章〈天理與王法〉。

中國當前的道德危機有很多方面的原因，其中一個方面是政府的權力太大，老百姓覺得這個社會不公平、不公正。如果一個普通人認為這個社會不公平的話，很難想像他會遵守做人的基本的道德原則。另一個原因是，政府權力過大，導致嚴重的官員腐敗。我們知道官員腐敗會形成對社會道德最嚴重的傷害。舉一個簡單的例子，公費報銷這麼簡單的一件事，對中國人的道德有多大的傷害。我們現在已經公私不分，很多人可能是自己請客吃飯，但是拿到公家報銷，時間長了以後，很多的道德原則就沒有了。還有一點非常重要，就是自由。如果沒有思想和言論自由，人們就必須說假話，就出現語言腐敗，這對人類的道德又帶來了非常大的傷害。[3] 我喜歡引用的一句話，就是二百多年前美國思想家托馬斯•潘恩的一句話，他說：「如果一個人墮落到宣傳自己根本不相信的東西的時候，他已經做好了幹一切壞事的準備」。我們人類的道德很大程度與我們的語言系統相關，當我們認為我們可以信口開河的時候，我們在說我們自己根本不相信的東西，我們說的東西和我們做的完全不一樣的時候，我們的語言和我們的靈魂已經分離了，讓這樣的國家的人民具有道德，我覺得非常困難。所以怎麼清除語言腐敗，使我們每個人能夠真實地表達自己，能夠說真話，對未來的法治建設，未來的市場經濟的建設，也包括未來的道德建設，具有重要的意義。

3　參見本書第 6 章〈語言腐敗的危害〉。

29 法治是保護權利，不是保護利益

　　中國需要創新，中國需要法治，創新離不開法治，這些都已成為大部分人的共識。這是好事。

　　但在我看來，許多人對法治和創新的理解還很不到位，甚至可以説有些錯位。比如我們經常聽到的一種説法是，法律要保護消費者利益，保護投資者利益，保護小股東利益，保護員工利益等等。這些觀念有誤導性，因為嚴格講，「利益」是沒有辦法保護的。保護利益不僅與市場競爭相矛盾，而且會阻礙創新，導致經濟衰退。

　　法治應該保護的是每個人的權利，不是任何人的利益。

保護利益與市場競爭不相容

　　市場競爭本質上就是比賽誰做得更好，誰的成本更低，誰為消費者創造的價值更大。市場競爭必然有優勝劣汰，如果要保護一些人的利益，就不能允許競爭。並且，保護一部分人的利益必然同時侵害另一部分人的利益。

＊　本文於 2021 年 1 月 5 日定稿。

比如我開一家餐館現在生意還不錯，突然有人在對面開了一家新餐館，飯菜質量比我的好，價格比我的低，服務比我的周到，原來在我餐館吃飯的顧客跑他那裏去了，我的客流減少了，利潤減少了，甚至我最後破產了。如果要保護我的利益，就應該禁止那家餐館開業，但這必然損害顧客和新餐館業主的利益。

　　市場上，不僅生產者之間在競爭，消費者之間也在競爭，有成功者也有失敗者。比如茅台酒產能有限，高收入者將茅台酒的價格抬到每瓶近 3,000 元，使得中低收入階層的人喝不起茅台酒，也可以說高收入階層損害了中低收入階層的利益。如果要保護中低收入階層的利益，就得禁止高收入階層購買茅台酒，但這樣做又會損害高收入階層和茅台酒廠的利益。

　　生產者降低價格也會使一部分消費者感到自己的利益受到了損害。比如，特斯拉公司在中國生產的 Model 3 自投入市場以來，連續四次降價，從 35.8 萬元降到 24.9 萬元。按理說，降價對消費者是好事，但已經擁有 Model 3 的老車主不這麼認為，所以每次降價，就會有老車主義憤填膺地拉起橫幅在專賣店門前抗議。這種現象在新房降價銷售時更為突出。如果要保護老顧客的利益，就不能降價，但這又會傷害新顧客的利益。究竟應該保護誰的利益？

　　即使在非市場領域，競爭的結果也會使某些人的利益受損。設想一個大學的經濟系招收十名研究生，有二十人報考。那麼，考得前十名的人就損害了後十名的人的利益，因為如果他們沒有考好，現在的後十名就有機會被錄取。但既然名額有限，考得好的人總會損害考得不好的人的利益，要同時保護所有考生的利益是不可能的。即使抓鬮也不能解決問題，因為運氣好的人會損害運氣不好的人的利益。

所以説，利益是沒有辦法普遍保護的。所謂保護利益，充其量只是以損害一部分人的利益為代價，保護另一部分的利益。

保護利益有礙創新

我特別想強調的是，保護利益的觀念與創新不相容。因為如熊彼特所言，創新本身是一種創造性破壞，是用新的產品、新的技術替代舊的產品、舊的技術，新企業替代舊企業，甚至用新行業替代舊行業，一定會損害一些人的既有利益。如果要保護舊產品、舊技術、舊企業、舊產業的利益，就不能有創新。

理查德·阿克賴特（Richard Arkwright）當年發明水力紡紗機，一些原來靠手工紡紗為生的業主就破產了；英國工程師斯蒂芬森父子發明了火車，結果造成原來龐大的運河運輸被廢棄。手工紡紗工和運河公司的利益應該被保護嗎？

愛迪生發明電燈照明系統，結果摧毀了傳統的煤氣照明系統；汽車出現後，原來飼養馬的、提供馬廄的、製造馬車的和趕馬車的人，利益都受到了損害；蒸汽輪船的成功，使原來的帆船運輸退出海運市場；印刷機的發明，讓數十萬抄寫員失去了工作；電子激光排版系統的出現，使得幾十萬排字工沒有了用武之地；新媒體使得傳統平面媒體和電視媒體風光不再，甚至難以為繼；高鐵的開通，使得短途客運飛機被逼停飛；如此等等，不勝枚舉。所有這些受損者的利益我們應該去保護嗎？事實上根本沒有辦法去保護，除非我們拒絕任何形式的創新。

每一個新技術的出現，都會使部分人的利益受到損害，從古至今都是如此。如果保護利益受損方，就必然妨礙創新的進程。因此，我們必須認識到，利益保護與創新是衝突的。

從歷史來看，幾乎沒有一個創新不曾受到抵制和反對。對創新的抵制由於受損者和受益者的非對稱性被放大了。[1] 創新的受損者主要是將被替代的傳統產品和技術的生產者，這些利益受損者人數較少，相對集中，屬同一行業，相互熟悉，甚至已經有自己的組織（如同業協會）和代言人，因而很容易組織起來，發出強烈的反對聲音，特別容易受到關注。

創新的最大受益者是消費者。創新使得他們有了更多選擇，需要支付的價格不斷降低。事實上，如果不是有足夠多的消費者得到足夠大的好處，任何創新都不可能成功。但消費者通常是偷着樂。他們人數眾多，又互不相識，難以組織起來，除了通過購買行為表現出的對新產品的偏好外，不大可能發出支持創新的聲音。結果，反對創新的聲音通常比支持創新的聲音大得多。

所以，技術史專家西里爾·史密斯（Cyril Smith）說，每個創新都出生在一個不友好的社會中，敵人很多，朋友很少，只有運氣特別好、特別堅強的人才可能生存下來。[2]

法治要保護的是權利

法治不應是保護利益，法治只能保護權利。保護利益是政治不是法治，政治才強調保護利益，因為政治本質上就是利益的平衡。

---

1 參閱 Joel Mokyr. *The Level of Riches: Technological Creativity and Economic Progress.* New York: Oxford University Press. p. 256. 1992.

2 引自 Mark Zachary Taylor. *The Politics of Innovation: Why Some Countries Are Better than Others at Science and Technology.* p. 213. New York: Oxford University Press. 2016.

權利是什麼？權利不是一部分人享有的特權，而是所有人可以平等享受的東西，你享受，我也享受，相互兼容。

真實世界裏的好多權利是人類歷史演化出來的，不是人為設計的。比如我們在排隊的時候講究先來後到，為什麼後來的人要尊重前面人的權利？因為如果後來者不尊重先到者的權利，比他更後面的人也會搶走他的先到權，他搶來的位置也沒有任何意義。尊重權利對大家都好。

從法理上講，權利就是康德理論中的「絕對命令」。絕對命令意味着規則一定有普適性，不能只適用於一部分人。我自己願意將其作為權利的東西，我也願意別人將其作為權利。這才是真正平等的權利。法治變成一個規則意味對所有相關人都適用，是一種「絕對命令」。

康德的「絕對命令」類似孔子二千多年前講的「己所不欲勿施於人」。你希望別人怎麼對待你，你就應該怎麼對待別人；你不希望別人怎麼對待你，你也不應該那樣去對待別人。

亞當·斯密所稱的「公正的旁觀者」，指的就是在看待什麼是正義的時候，每個人不能站在當事人利益的角度，而要站在獨立公正的第三方的角度。

20 世紀偉大的政治哲學家約翰·羅爾斯（John Rawls）有一個經典的比喻 ——「無知的面紗」，即只有締約各方都對未來自己處於什麼地位無知時，制定的遊戲規則才合乎公平。這就像我們分一塊蛋糕，分蛋糕的人不知道誰會拿到哪一塊，分的時候才會公平，否則就容易偏心。

權利是平等的。比如做生意、為客戶提供自己的產品和服務，就是每個人平等享有的權利。我享有這種權利，別人也同

樣享有這種權利。至於誰勝誰負，只能由客戶（市場）決定，因為消費者的自由選擇也是一種權利，沒有人有權利剝奪消費者的自由選擇權。強買強賣之所以是違法的，不是因為它損害了消費者的利益，而是因為它侵犯了消費者的權利。

當然，權利之所以有意義，是因為它影響到當事人的利益。但不可把權利和利益弄混淆。權利可以保護，而且必須保護，但利益沒法保護。能受到保護的利益只能是基於權利的利益，也只有基於權利的利益才應該得到保護。

進一步講，保護利益往往與保護權利相衝突。假設某個新商家通過提供新的產品或服務損害了現有商家的利益，如果政府禁止這項新服務，其實就是侵害了新商家和客戶的權利。

保護權利事關興衰

現實中，人們不僅講法治，也講政治。如果政治考量超過法治考量，保護權利就讓位於保護利益。當然，沒有一個國家的法律只保護權利，也沒有一個國家的法律只保護利益。區別是個程度問題，但程度很重要。

法律究竟是保護權利還是保護利益，很大程度上決定着一個國家的創新能力和進步速度，甚至興衰。比如 18 世紀的時候，法國的科學比英國發達，甚至技術發明也未必比英國少，英國人使用的許多技術是法國人率先發明的。但為什麼工業革命首先發生在英國而不是法國？一個重要的原因是法國政府保護的是利益，英國政府保護的是權利。[3]

3　參閱 Joel Mokyr. *The Level of Riches: Technological Creativity and Economic Progress.* Chapter 10. New York: Oxford University Press. 1992.

法國的行會（編按：指同業公會）力量很強大，為了保護既得利益，在工業官員的支持下，行會在生產過程和管理的方方面面都做了詳盡的限制。如在紡織業，衣料染色要遵守317項規範，並隨時接受行會官員的檢查；禁止採用英國的染色工藝；一個紡織企業擁有的織布機不能超過六台；工人只能受僱於行會，不能受僱於企業；行會與工業官員沆瀣一氣，設定了貨物的最低價格，任何人不得低價出售；等等。在這種情況下，壓力集團可以阻止幾乎任何新技術的引進，結果是，法國雖不乏發明，但缺乏創新，紡織業停滯不前，其他工業也類似。

　　與之相反，在英國，行會的力量基本上已被廢止，所以即便像理查德・阿克賴特這樣的理髮師，也可以通過創新變成棉紡大王，而這在法國幾乎是不可能的事情。儘管英國的傳統勢力也試圖阻止創新，如發明飛梭的約翰・凱（John Kay）由於受到傳統織布工的敵視不得不逃亡國外，發明多軸紡紗機（珍妮機）的詹姆斯・哈格里夫斯（James Hargreaves）的機器被暴徒搗毀，1811–1814年間發生了以搗毀機器著名的「盧德運動」，英國議會早期也曾制定過一些禁止引入機器的立法；但總體上，英國政府把對權利的保護（包括專利權保護）放在優先地位，如1769年通過的法律將搗毀機器定為重罪，1779年政府調用軍隊鎮壓了蘭開夏的搗毀機器暴動，1780年議會否決了棉紡工關於禁止棉紡機的請願書（其他類似的請願書同樣被否決），1814年終止了有二百五十年歷史的《工匠法令》（the Statute of Artificers），等等。創新在英國層出不窮地出現，英國率先成為工業化國家，無疑與英國的「權利優先於利益」有關。

　　在第二次工業革命期間，英國在創新方面的相對衰落與其轉向對既得利益的保護有關。19世紀中期之後，英國的熟練勞工對新技術愈來愈採取敵視態度，為了獲得更好的工資、保護

自己的特殊技能和維護優越的工作條件，他們成功地阻止了在製鞋業、地毯製造、印刷業、玻璃製造、金屬加工等領域引入新機器。紡織業強大的工會組織成功地減緩了紡織業的創新步伐，製造了敵視技術變化的社會氣氛，阻止了環錠紡紗機替代傳統的「自動行走騾子機」，致使作為英國旗艦工業的紡織業失去了國際競爭力 。

類似地，上世紀七八十年代美國汽車工業和鋼鐵工業輸給日本，很大程度上是美國保護汽車製造業和鋼鐵工人既得利益的結果。

創新無禁區

我還想進一步強調，創新也是每個人平等享有的權利，沒有一個行業不可以創新。法治社會不應該對創新的領域設置限制，如規定哪些領域算創新，哪些領域不算創新。事實上幾乎所有的創新都是從傳統領域開始的。二百多年前的工業革命從紡織業和冶金業開始，這些都是非常古老的行業，同樣是創新最活躍的領域。

創新是從一個生態系統中長出來的，不是規劃出來的。生態意味着不同物種是相互依存的，沒有什麼物種是多餘的。很可能有的企業家只是從事套利活動，但恰恰給別的企業家提供了創新的機會。不要以為禁止了地產商，就會出現高科技，沒有了互聯網，大家就會研發新材料。

對於企業家來說，創新就是解決具體問題，尤其是從解決技術問題開始，但創新的後果是事先難以預料的。企業家創新一開始可能只是想降低生產成本，或者讓消費者體驗更好，

並不是想改變世界，但最後可能真的改變了世界，而且改變的程度完全超出任何人最初的想像。讓我用蒸汽機的例子説明這一點。

蒸汽機最初的用途只是替代人工絞車用於礦井排水，托馬斯·紐科門（Thomas Newcomen）發明蒸汽機後七十年一直如此，沒有人想到它有其他用途。即使詹姆斯·瓦特的分離冷凝罐大大提高了蒸汽機的效率，它仍然是個排水工具。後來在博爾頓的鼓勵下，瓦特把蒸汽機由往復運動轉變為旋轉運動，蒸汽機才逐步替代了人力、馬力、風力、水力，成為通用動力，不僅驅動石磨旋轉，而且帶動紡織機器運轉。在理查德·特里維西克（Richard Trevithick）發明高壓蒸汽機後，蒸汽機就變成了可移動動力，不僅能牽引火車，而且能驅動輪船。而瓦特本人一直反對高壓蒸汽機，認為它太危險。在發電機出現後，蒸汽機還可以轉動發電機，把機械能轉化為電能。對蒸汽機的研究和改進產生了熱力學，之後又有了內燃機、蒸汽渦輪機等新的動力機。有了內燃機，才有了汽車（燃油車）和飛機，也才有了農業的機械化。

但動力革命的這種演化並不意味着它是唯一可能的軌迹。下面這樣的假想軌迹也是完全可能的：一開始有人試圖用機器替代馬來拉車，結果發明了蒸汽機。但最初的蒸汽機太笨重，無法自行行走，創新算失敗了。然而，有人用蒸汽機驅動石磨，卻成功了。水泵發明後，有人用蒸汽機帶動水泵在礦井排水，也成功了。蒸汽機不斷改進後成為通用動力，最後也替代馬用於拉車，終於有了蒸汽車。

還有必要指出，蒸汽機的擴散其實是一個非常緩慢的過程。第一台瓦特蒸汽機於 1776 年投入使用，但直到 1830 年，水力仍佔據英國固定動力的半壁江山，只是在 1830–1870 年

間，蒸汽機才取得絕對優勢。但即便在此期間，水力的使用仍然增加了 44%。在美國和歐洲大陸國家，蒸汽機的擴散更慢。遲至 1869 年，也就是瓦特拿到蒸汽機專利一百年後，美國製造業中蒸汽機提供的動力才剛剛超過水力，而在新英格蘭地區，蒸汽動力佔比還不到 30%。[4]

蒸汽機擴散之所以如此之慢，與水力效率的提升有關。水力是非常傳統的能源，但隨着水力學理論的發展，1750–1850 年的一百年間，水力技術有了很大改進。其中最大的改進是 1750 年代引入中射式水輪（breast wheel）替代傳統的頂射式和底射式水輪。此後，中射式水輪又有了一些微創新。另一項重要改進是 1840 年代引入法國人發明的水輪機（water turbine）。所以直到 1850 年前，蒸汽機相對於水力的優勢並不十分顯著。

水車的競爭與其說是延緩了蒸汽機的擴散，不如說是加快了蒸汽機進步的步伐。如同生物是在競爭中演化一樣，技術也是在競爭中進步的。正是在與傳統的水力競爭中，蒸汽機不斷改進，燃料消耗和單位動力成本大幅度下降，終於在 19 世紀下半葉取代了水力，成為主導動力。可以設想，如果蒸汽機一出現，水車就被立法人為禁止，蒸汽機的進步就不會那麼快。何況，水輪機後來使水力發電成為可能，還啟發了蒸汽渦輪機（steam turbine）的發明，蒸汽機渦輪機極大地提高了蒸汽的利用效率。

---

4 Nathan Rosenberg. *Perspectives on Technology.* pp. 176–177. Cambridge, UK: Cambridge University Press. 1976. Joel Mokyr. *The Level of Riches: Technological Creativity and Economic Progress.* Chapter 10. pp. 90–91. New York: Oxford University Press. 1992.

燃油車和電動車的爭論是當前的一個熱門話題。蒸汽機和水力的競爭給我們的一個啟發是，廠家生產燃油車的權利應該受到法律保護。即便電動車最後能完全戰勝燃油車，用法律手段禁止燃油車也是不恰當的。禁止燃油車雖然可以加快電動車的擴散，但一定會降低電動車的技術進步速度。擁護電動車的人應該認識到，如果上世紀 20 年代法律禁止了電動車，電動車就不大可能今天東山再起。

　　把創新理解為想吃瓜就種瓜，想吃豆就種豆，是一種計劃經濟的思維。

　　總之，法治需要保護的是權利，而不是利益。我們應該做的是，讓每個人的權利得到保護，讓每個人的創造性得到自由發揮，他想什麼、說什麼、做什麼都是自己的事情，唯一要約束的是任何人不能侵害他人同等的權利。只要我們堅持做到這一點，中國一定會出現改變歷史的創新，而且這樣的創新我們今天根本就想不到。

30　反腐敗的兩難選擇

　　未來十年對中國領導人最大的挑戰就是反腐敗。中共十八大報告說到，如果腐敗問題不解決，可能亡黨亡國。民間有一種說法：「不反腐會亡國，反腐會亡黨」。當然，這個說法可能過於嚴重。我的看法是腐敗問題不解決，是可能亡黨，但是不太可能亡國。反腐敗可能亡黨，但是也可能救黨，完全取決於我們怎麼樣反腐敗。

　　反腐敗真正的兩難選擇是如何處理腐敗的存量，也就是如何解決到現在為止已經發生的腐敗行為。如果我們不對過去的腐敗有一個了斷，反腐敗不可能成功。如果措施過於強硬，輕則政府官員可能會消極怠工，使政府處於癱瘓和半癱瘓狀態，重則導致政府官員造反，改革也沒有辦法進行。但是，如果要了斷過去，老百姓可能不答應。這就是兩難選擇！我們能否走出這個兩難選擇，既取決於領導人的智慧和膽略，也取決於普通民眾的理智和耐心。最近吳思、李永忠等學者提出有條件特赦這樣一個思路，我這裏也是對他們的一個呼應。事實上，我在十年前也談到過這個問題。

＊　本文是作者於 2012 年 12 月 19 日在經濟觀察報·2012 年度觀察家年會暨第二屆中國改革峰會的演講稿。

我們先看一下過去十年中國的腐敗，從宏觀上看有什麼新的變化？最重要的是兩個變化。第一個變化是從創造價值的腐敗走向毀滅價值的腐敗。上個世紀 80 年代、90 年代，所謂「腐敗」，很大程度上是民間從政府官員手裏面贖買權利，通過這種贖買使得資源得到更有效的利用，原來只能國有企業使用的資源，現在民營企業也可以使用，他們創造了更大的價值，推動了經濟增長。但是，現在的腐敗已經不是這樣的腐敗，而是政府官員濫用權力尋租，特別是本來已經釋放到民間的權利又被收回，使得資源配置更沒有效率。80 年代、90 年代的腐敗是與體制改革相關聯的腐敗，腐敗過程中，也釋放了政府手中的一部分權利。所以，在某種意義上腐敗也推進了中國的市場化改革。但是，過去十年的腐敗是與體制倒退相關聯的腐敗，腐敗變得愈來愈嚴重，但是體制離市場化程度反而愈來愈遠。80 年代、90 年代的腐敗，是商賄賂官的腐敗，而過去十年的腐敗，很多已經變成了官賄賂官的腐敗，我們叫「買官賣官」。當然商業賄賂官員仍然存在，但比起買官賣官，商業賄賂可能已經不是最重要的了。這是第一個特點。

第二個特點，就是反腐敗的力度愈來愈大，但是，腐敗也變得愈來愈嚴重。我搜索了一下「百度新聞」各年包含「反腐敗」這個詞的文章，2003 年的時候總共 11,900 篇，2004 年上升到 76,200 篇，2005 年 73,330 篇，2006 年 106,000 篇，2010 年 246,000 篇，2012 年已達 861,000 篇。人民網上「反腐敗」的文章也有類似的增長趨勢。十六大以來，已經有七十多位省部級官員落馬了，都是因為腐敗問題，或者與腐敗相關。算一下，平均每年有七、八位省部級幹部被抓，這可能在任何一個國家歷史上也是少有的。所以，我說反腐的力度應該說是愈來愈大。但是，我們的腐敗也愈來愈嚴重。舉個例子，河南省交通廳先後四位廳長都因腐敗落馬，第一位落馬在 1997 年，查實的

受賄金額是 30 萬，第四位 2011 年 11 月被抓，受賄金額 3,000 萬，14 年間增加了 100 倍，年平均增長率 39.8%。而這個期間，中國人均名義 GDP 的增加率是 12.9%，受賄金額的增長遠高於 GDP 的增長。當然，這只是一個特例，但就我觀察，這個例子也許代表了腐敗嚴重程度變化的一個基本趨勢。

新一代領導人對反腐敗非常重視，其實上一代領導人對反腐敗也非常重視。學者、政府高層先後提出很多反腐敗的措施，這些措施大體歸結起來有這樣幾條：第一、加強監督，提高腐敗行為被發現的概率。我們知道，如果 100 個人腐敗，只有一個人被抓住，這種威懾力很低，如果有 50、60 個被抓住，這樣威懾力就比較大。第二、要有新聞自由。只有有了新聞自由，才能發揮民眾對政府的監督作用。第三、要提高懲罰的力度，就是說能夠使得接受賄賂的腐敗官員真正感到害怕。第四、提高政府官員的合法工資，也就是「高薪養廉」。現在官員之所以腐敗，一個原因是他們的名義工資，或者叫官方定的工資太低，他們不得不用額外的收入補貼自己。第五、官員財產公示。這一點最近談的比較多。第六、通過思想政治工作，提高官員的道德水平。用通俗的話來說，就是怎麼使得官員臉皮變薄一點，現在的官員臉皮太厚。第七、減少政府部門的權力。現在政府的權力太大，如果能夠減少政府的審批權、減少政府分配資源的權利、減少政府制定產業政策的權利、減少政府干預經濟的權利，那麼，腐敗可以大大減少。第八、真正實行民主與法治。

應該說，這幾個措施已經比較全面地概括了我們所能採取的反腐敗措施。如果我們是在建立一個全新的政府，或者政府的規模很小，或者是現在的腐敗不是很嚴重，這些措施對於預防腐敗都是有效的。如果我們新建的政府把監管人做得嚴一

些，懲罰執行得重一點，新聞自由多一點，政府的權力少一點，如果還有民主和法治，我想腐敗就不會太嚴重。但是，現在不是這樣，我們是在現有政府的基礎上進行反腐敗，有些措施即使聽起來好，但實際上很難實行。比如說高薪養廉，我們有這麼多的政府官員，權力有那麼大，省部級官員十年間已經抓了七十多個，其實只佔它的一小部分。這麼龐大的政府，高薪養廉是養不起的。

在這種情況下，上述這些措施的效果就非常的有限了。之所以有限，最重要的是，現在的腐敗已經到了相當嚴重的程度。胡星斗教授根據最高檢察院的報告推算，2009 年縣處級官員腐敗的比例 48%，廳局級幹部 40%，省部級 33%。這個數字大家可以懷疑，但是就我的直觀判斷來說，也許有點保守，按照現在的腐敗標準，我覺得政府官員裏面，能經得起審查的不多。也許你沒有接受現金的賄賂，但是你收過人家一塊手錶，或者接受過一幅名畫，或者買房子的時候接受過優惠，或者你的孩子在國外讀書的時候得到過人家的資助。所以，按照現在的標準，真正能經得起審查的很少很少，只是不查而已。我們看到最近網絡上一曝一個準。我們也看到一個很有意思的現象，民間對腐敗非常痛恨，但是我覺得好像是抽象地談起來很痛恨，而具體到某一個人出問題了，很多人反倒表示了極大同情，說「這個人怎麼這麼倒黴」。其實民間的這樣一種矛盾心理，表現了人類本性中的一個公平概念，也就是某一種行為，好多人都在犯，但是只有少數人受到懲罰，人們會認為不太公平，人們會提高對這種行為的容忍度。

其實對於腐敗行為，真正的懲罰是兩種機制：第一種是法律的機制，第二種是聲譽的機制、輿論的機制。過去，某一個人因腐敗被抓起來了，坐牢了，這是法律的懲罰。同時，周圍

的人都看不起他，這是聲譽的懲罰。但我們看到今天好像不是這樣的，一個腐敗官員被判刑之後，反倒得到更多的同情，有很多人在幫助他的孩子，幫助他的老婆。這本身就反映出可能現在抓起來的腐敗官員僅僅是腐敗官員當中的一小部分，而且很可能還不是腐敗最嚴重的那部分人。

所以，最關鍵的問題就是我們如何處理腐敗的存量。有兩種思路：一種思路是算老賬，追查到底；另一種思路是算新賬，既往不咎。當然它們的準確含義我們還可以討論。

看一下算老賬所面臨的問題，過去十年的經驗證明，像現在這樣的算老賬式的反腐敗，儘管看起來力度已經很大，但是與腐敗的普遍程度、嚴重程度相比，可以說蜻蜓點水，根本解決不了問題。

過去十年，反腐敗的措施並沒有真正在腐敗分子當中形成一種威懾，很多官員腐敗，就像買股票一樣，或者買彩票一樣，就碰運氣，運氣不好，被抓了，算自己倒楣；運氣好，就逃過去了。還有一個更為嚴重的問題是，反腐敗可能變成權力鬥爭的工具，抓你不抓你，可能不在於你腐敗多嚴重，而在於你是聽話還是不聽話，你是否跟對了人。這樣的話，落馬的腐敗官員其實不一定是最嚴重的腐敗官員，甚至不一定是真正的腐敗分子。我曾經接觸過一個案子，一個相當廉潔的官員，得罪了市委書記，七湊八拼，湊了 4 萬塊，包括別人給他孩子的壓歲錢（其實也是假的），判了四年。在我所知道的案子中，類似的案子其實真的不少。而且這樣一個權力鬥爭博弈，具有「先下手為強」的特點，先下手就變成腐敗官員的最優策略。進一步，這樣的反腐敗可能還使得腐敗更為嚴重。如同殺人滅口一樣，殺了一個人，害怕被知情的人舉報，就繼續殺人。腐敗也有類似的問題。如果錢不足以買通比你大的官員，這時候沒

有人保護你，很可能落馬。但如果你腐敗的金額很大，買通的人很多，這時候你反倒變得安全了。

還有一個問題是現在的輿論反腐。特別是十八大以來，輿論反腐起了很大的作用。儘管我們現在沒有真正的新聞自由，但是有了微博，使得每個人都可以變成一個媒體，對腐敗現象產生了一定的遏制作用。但是，我們也要認識到，靠這樣一種微博反腐也存在很多問題。一個問題就是可能侵害人權，因為微博上的信息很多是不負責任的，微博反腐可能有侵害個人隱私權的問題。還有一個問題是微博反腐也可能被人利用，也就變成我前面提到的權力鬥爭的一種工具。

我們要特別注意防止微博反腐可能產生的輿論暴力，因為一個人無論你乾淨不乾淨，一旦媒體上說你不乾淨，你有時候可能是有口難辯。特別是現在的情況下，因為大部分官員屁股底下都不乾淨，所以沒有人願意站出來替他人說一句公道話，只要一個人被媒體曝光，上級就趕快把他推出去問斬，這可能會形成一些冤假錯案。另外，有時候這樣做也違反了法治精神，包括大家最近看到的重慶「艷照門」事件，這樣一個艷照是在引誘欺騙下拍攝的，取證本身就是違法的，但是現在反腐當中已經不考慮取證程序的合法性。從長遠來說，這對建設一個法治社會是不利的。

當然，我們可以設想更大的反腐風暴。但是，我們能大到哪去呢？如果我們真的搞得很大的話，就會形成所有的官員人人自危，消極怠工，也可能形成一個腐敗官員的聯盟，因為腐敗如此普遍，它一定是一個官官相連的網絡，保護別人就是保護自己，所以官員很可能會聯合起來對抗反腐敗的措施，最後政府就會癱瘓。政府癱瘓的時候，反腐敗是沒有辦法進行下去的，更不要談改革了。

還有一個問題：官員買官賣官的錢很多也是從企業收上來的，也就是幾乎所有的腐敗追下去都與企業家這個群體有關。現在一些企業家沒有安全感，一個原因是對未來沒有信心，害怕發生像重慶那樣的所謂「打黑」，實際上是「黑打」，任意剝奪私人財產。另一個原因是擔心算過去的老賬，包括由反腐敗牽連出來的賄賂行為。這樣導致民營企業家，甚至國有企業的官員都開始移民，沒有人真正願意在中國經濟中投下更大的賭注，更沒有人願意搞創新，這時候失業率就會增加，民眾的不滿又會提高。所以，這對政府是一個更大的挑戰。

還有一個問題就是誰來反腐？如果我們承認腐敗是如此普遍，那大致來說，很可能反腐的官員本身也未必是乾淨的官員，他們有多大的力度敢反腐？因為反的愈深，把他們自己也牽連出來的可能性愈大。所以，我想更大的反腐可能性比較小，如果強行實施，也可能帶來比較大的成本。

所以，另一種可選擇的辦法叫做不算老賬算新賬，不往後看往前看，也就是我前面提到的吳思、李永忠等最近提出的有條件的特赦。按照吳思的觀點，就是通過有條件的特赦，換取官員擁護民主化的政治改革。李永忠認為，如果算老賬，問題會愈來愈多。當然，我想他們只是提出一個基本的思路，具體措施需要我們進一步研究。事實上，國際上已經有好多經驗，包括香港也有好多的經驗，發達國家有，發展中國家也有，幾乎所有原來腐敗嚴重的國家，在反腐的過程當中都面臨着同樣的問題。

我自己的建議是，以十八大為界，十八大之後不再腐敗的官員就既往不咎，十八大之後繼續腐敗的官員新賬舊賬一起算。所以，也不是說都那麼很容易過關。同時，要啟動政府官員的財產公示和註冊，然後要研究超過合理收入之外的部分，

究竟是沒收，還是設立特別稅，交稅之後就歸他們自己？但是，我想必須堅持的一個原則是，如果你不說實話，你就應該受到懲罰。比如你有十套房子，你公示的時候只說兩套，一經查實，另外八套應該全部沒收，也就是政府官員在這個時候不說真話是要冒更大的風險。當然，也可以施行自願公示，不願意公示的官員離開政府崗位。當然，在這樣做的時候，同時要加強我前面提到的那幾項反腐措施，包括減少政府的權力，實行新聞自由，加強輿論監督，還有更為長遠的就是建立一個法治社會和一個民主體制。當然，在政府官員的權力受到約束的情況下，政府官員合理的報酬也確實應該提高。

但是，這樣的措施面臨巨大的挑戰。第一挑戰就是如何化解民眾的不滿？民眾會認為這是相當不公正、不公平的，憑什麼這些腐敗分子就白白地可以豁免？這種不滿是完全可以理解的。第二個挑戰是怎麼使得這個政策本身變得可信，因為任何政策不可信是不會有效果的。

首先，看一下怎麼求得民眾的理解。我們必須告訴大家反腐敗的目的是建立一個廉潔、高效的政府，而不是為反腐敗而反腐敗，更不是為了殺人。殺再多的人，抓再多的官，如果我們未來的政府仍然有像現在這樣嚴重的腐敗，那我們可以說沒有取得任何成就。其實，有條件特赦就像資不抵債的企業進入破產程序一樣，即使對債權人而言，免除一部分債務讓企業活下來，總比拖死好。當然，人類有一個弱點，我們經常注意了手段，忘記了目標，像我們賺錢一樣，本來賺錢是為了活得幸福，但是我們經常為了賺錢而犧牲幸福，我們反腐敗當中同樣要避免類似的問題，不能只注重手段，忘了我們的目標。還應該看到，過去的歷史真的相當複雜，體制不合理是腐敗現象普遍化的主要原因，我們看到一些被抓起來的官員得到當地老百

姓的同情，因為他們覺得這些人真是幹事兒的人，那些不幹事兒的人反倒沒有被抓起來。

我認為這個問題應該進行全民大討論，因為這對中國的未來太關鍵了。必要的時候我覺得可以進行全民公決投票，像阿根廷等國家就做過這樣的措施。政府提出一個具體的方案，然後全民投票，同意還是不同意，我們可以規定一個比例，比如 50% 以上的人認同，我們就做，如果大部分人不認同，我們就不要做，我們就等死。而且我也相信，如果我們有周全的設計，政策在實行一至兩年之後，民眾就會認識到它的好處。當老百姓看到腐敗現象大大減少，政府服務大大改進的時候，他們就會更能夠理解這樣一個政策的好處。當然，這要求老百姓有一定的耐心。

可信性問題怎麼解決？靠政府出一個紅頭文件恐怕不行。政府的政策多變，經過全國人大通過的法律，其可信度還是大大高於政府的紅頭文件。所以，我建議可以通過全國人大立法的方式保證這樣一個政策的可信性。同時也可以搞試點，可以選擇幾個縣，或者幾個市，取得經驗，再在全國推開。

這樣一種有條件的特赦政策，我把它叫為「理性的寬恕」。寬恕是我們人類具有的偉大美德之一，基督教講贖罪，佛教有放下屠刀立地成佛，中國人也有寬恕的文化。但是，我說它是理性的寬恕，不是無原則的寬恕，不是為寬恕而寬恕，不是為顯示我的寬宏大量而寬恕。理性要求我們在評價一種變革和政策的時候必須超脫自身的地位、身份、利益，必須學會換位思考。理性也要求我們在評價一種變革政策的時候，必須考慮政策的可行性，而不只是考慮我們的主觀願望。理性也要求實施一項變革政策時，必須向前看，而不是向後看，不應該過多地糾纏於歷史的舊賬。

南非圖圖大主教在曼德拉當選總統以後，說過這樣的一句話，沒有寬恕就沒有未來。我在這加上一句話：沒有理性就沒有未來。如果我們不能夠理性地處理我們現在面臨的腐敗問題，如果中國的反腐敗不能走出剛才說的那樣一個兩難選擇，我們將被持久地鎖定在腐敗陷阱當中不能自拔，中國不可能有光明的未來！

31 自由是一種責任

　　中華文明是世界最古老的文明之一，並且是唯一連續至今的古老文明。古代中國有過輝煌的發明創造，為人類進步做出了重要貢獻。但在近代以來（過去五百年），中國在發明創造方面乏善可陳。讓我用數字說明這一點。

　　美國學者查爾斯・默里在《文明的解析》一書中，列出了從公元前 400 年到公元 1950 年全世界的 161 項重大技術發明，其中中國有七項，佔總數的 4.3%。[1] 這七項都集中在 1500 年之前，佔此前 2000 年的全球十項重大發明的 70%，包括算盤（400BC，與埃及同時）、尾舵（1）、造紙（105）、火藥（250）、馬鐙（300）、運河船閘，最後一項是 1045 年畢升發明的活字印刷。1500 年之後全世界的重大技術發明共 151 項，沒有一項是中國人做出的。

　　另一個由英國科學博物館學者 Jack Challoner 編撰的更為權威和全面的統計，列出了從舊石器時代（250 萬年前）到公元 2008 年之間出現的改變世界的 1,001 項重大發明，其中中國有 30 項，佔 3%。這 30 項也全部出現在 1500 年之前，佔 1500 年

---

* 本文是作者於 2017 年 7 月 1 日在北大國家發展研究院畢業典禮上的演講。

1 查爾斯・默里《文明的解析：人類的藝術與科學成就（公元前 800 年 –1950 年）》，第 175–179 頁。胡利平譯，上海：世紀出版集團上海人民出版社，2008 年版。

前全球 163 項重大發明的 18.4%，其中宋代佔六項（包括活字印刷、鏈條傳送裝置、塔鐘、加農炮、煙花、地雷）。最後一項是明代 1498 年發明的牙刷，這也是明代唯一的一項重大發明。在 1500 年之後五百多年全世界的 838 項重大發明中，沒有一項來自中國。[2]

經濟增長就是新產品、新技術、新產業的不斷出現。傳統的社會只有農業、冶金、陶瓷、手工藝等幾個行業，其中農業佔據絕對主導地位。現在我們有多少個行業？按照國際的多層分類標準，僅出口產品，兩位數編碼的行業有 97 個，四位數編碼的行業有 1,222 個，六位數編碼的行業有 5,053 個，而且還在不斷增加。這些新的行業全是過去三百年裏企業家創造的，每一件新產品都可以追溯到它的起源。在這些眾多的新產業和新產品中，有哪個新的行業或重要產品是中國人發明的？沒有！

以汽車工業為例。汽車工業是 1880 年代中期由德國人卡爾・奔茨、戴姆勒和邁巴赫等人創造的。之後經歷一系列的技術進步，有了我們今天看到的種類繁多的汽車。僅從 1900 到 1981 年間，汽車工業就有六百多項重要創新。[3]中國現在是第一汽車生產大國，但如果你寫一部汽車產業的技術進步史，榜上有名有姓的發明家數以千計，裏邊有德國人、法國人、英國人、意大利人、美國人、比利時人、瑞典人、瑞士人、日本人的名字，但不會有中國人的名字！

2　Jack Challoner. *1001 Inventions That Changed the World*. New York Barron's Educational Series, Inc. 2009.

3　William J. Abernathy, Kim B. Clark and Alan Makntrow. *Industrial Renaissance: Producing a Competitive Future for America*. New York: Basic Books. 1984.

即使像冶金、陶瓷、紡織等這些在 17 世紀之前中國曾經領先的傳統行業，過去三百年裏的重大發明創造，沒有一項是我們中國人做出的。

我要特別強調一下公元 1500 年之前和 1500 年之後的不同，籠統地說歷史上中國有多少重大發明是很有誤導性。

1500 年之前，全球分割成不同的區域，各區域之間基本處於封閉狀態，技術進步慢，擴散更慢，一項新技術即使在一個地方出現，對其他地方的影響也微乎其微，對人類整體的貢獻非常有限。比如說，東漢的蔡倫於公元 105 年發明了造紙，但中國的造紙技術到公元 751 年後才傳到伊斯蘭世界，又過了三四百年才傳到西歐洲。我上小學的時候，練字還得用「土盤」，用不起紙。

但 1500 年之後，全球開始一體化，不僅技術發明的速度加快，技術擴散的速度變得更快，一項新技術一旦在一個地方出現，很快就會被其他地方引進，對人類整體的進步發生重大影響。比如，德國人於 1886 年發明了汽車，1900 年的時候，法國成為世界第一汽車生產國，又過了 15 年，美國取代法國成為第一汽車生產大國，到 1930 年，美國汽車普及率已達到 60%。[4] 新技術的不斷出現和擴散，這就是過去三百年人類進步速度迅猛提速的原因。

因此，1500 年之後，創新才真正有了國家間的可比性，誰優誰劣一目了然！中國在過去五百年沒有做出一項可以載入史

4　Vaclav Smil. *Creation of Twentieth Century; Technical Innovations of 1867–1914 and Their Lasting Impact.* Oxford and New York: Oxford University Press. pp. 134–139. 2005.

冊的發明創造，意味着我們對人類進步的貢獻幾乎為零！比我們的祖先差遠了！

我還要強調一下人口規模問題，國家規模有大有小，國家之間簡單比較誰的發明創造多，是沒有説服力的。

理論上，給定其他條件，一個國家的人口規模愈大，創新愈多，技術進步愈快。並且，創新之比與人口之比是指數關係，不是簡單的等比例關係。比如説，一個經濟體的人口是另一個經濟體的兩倍，前者的創新應該高於後者的兩倍。原因有二：第一，知識在生產上具有重要的規模經濟和外溢效應，兩個想法相碰撞，就能產生第三個、第四個思想；第二，知識在使用方面不具有排他性（這是內生增長理論的一個重要結論。）

一萬年前冰蓋融化使得世界被分成三大區域：歐亞非、美洲大陸、澳洲／巴布亞新幾內亞。其中歐亞非人口最多，美洲大陸次之，澳洲／巴布亞新幾內亞人口最少。所以 1500 年之後，當這三個世界開始重新連接起來的時候，我們發現：歐亞非最發達，美洲次之，澳洲最原始。[5]

1930 年代，從瑞士移民到美國的生物學家 Max Kleiber 發現，動物的新陳代謝之比以體重之比的 3/4 指數縮放，因而單位體重耗能以 -1/4 指數縮放。比如，乳牛的重量是美洲旱獺（土撥鼠）的 1000 倍，消耗的能量是 178 倍，單位耗能是 0.178 倍，心率慢 5.6 倍，壽命長 5.6 倍。[6]

5　Michael Kremer. "Population Growth and Technological Changes: One Million B. C. to 1990." *The Quarterly Journal of Economics*. Vol. 108, No. 3, pp. 681–716. 1993.

6　引自 Steven Johnson. *Where Good Ideas Come from: The Natural History of Innovation*. pp. 8–9. New York: Riverside Book. 2010.

十多年前，美國物理學家 Geoffrey West 等人發現，人類的城市生活也遵循負 1/4 指數縮放法則：如果一個城市的人口是另一個城市的 10 倍，那麼，其能源消耗、道路佔地和其他公共設施等是後者的 5.6 倍，人均是 0.56 倍。這是規模經濟所致。但發明創造（專利、R&D 支出、發明家、高科技產業就業人數）以正的 1/4 指數縮放：如果一個城市的人口是另一個城市的 10 倍，那麼，發明創造總量是後者的 17.8 倍，人均是 1.78 倍。[7]

　　以此來看，中國對世界發明創新的貢獻與中國的人口規模太不成比例。中國人口是美國人口的 4 倍，日本的 10 倍，英國的 20 倍，瑞士的 165 倍。按照知識創造的指數縮放法則，中國的發明創造應該是美國的 5.6 倍，日本的 17.8 倍，英國的 42.3 倍，瑞士的 591 倍，人均應該分別是這些國家的 1.4 倍、1.8 倍、2.1 倍和 3.6 倍。即使按簡單算術比例計算，中國對發明創新的貢獻應該是美國的 4 倍，日本的 10 倍，英國的 20 倍，瑞士的 165 倍。

　　但實際情況是，近代五百年裏，中國在發明創新方面對世界的貢獻幾乎為零，不要說與美國、英國比，我們甚至連瑞士的一個零頭也達不到。瑞士人發明了手術鉗、電子助聽器、整形技術、液晶顯示器，等等。中國人民銀行印刷人民幣使用的防偽油墨是瑞士的技術，中國生產的麵粉有 60%–70% 是由瑞士布勒公司的機器加工的。[8]

7　L. Bettencourt, J. Lobo, D. Helbing, C. Kuhner and G. B. West. "Growth, Innovation, Scaling and the Pace of Life in Cities." *Proceedings of National Academy of Sciences* Vol. 104, No. 17, pp. 7301–6. 2007.

8　R. 詹姆斯·布雷丁《創新的國度：瑞士製造的成功基因》。徐國柱、龔貽譯，北京：中信出版社，2014 年版。

問題出在哪裏？難道是中國人基因有問題嗎？顯然不是！無論是古代中國的發明創造，海外華人的成功，還是現代智商測試，都證明，中國人的平均智商至少不低於全球人口的平均水平。

　　問題顯然出在我們的體制和制度，包括經濟體制、政治體制、教育體制、文化觀念、行為規範，等等。中國體制的基本特點是限制人的自由，扼殺人的創造性，扼殺企業家精神，並且使得發明創新不能通過商業化變成滿足大眾需要的物質產品和精神產品。

　　中國人最具創造力的時代是春秋戰國時期和宋代，這不是偶然的。這兩個時代也是中國人最自由的時代。

　　1500 年之後，西方世界在持續地走向自由和法治，我們卻反其道而行之。

　　我必須強調，自由是一個不可分割的整體，當心靈不自由的時候，行動不可能自由；當言論不自由的時候，思想不可能自由。沒有自由，就不可能有創造。讓我用一個例子來說明這一點。

　　今天，飯前便後洗手已成習慣。但是，1847 年，匈牙利內科醫生伊格納茲・塞麥爾維斯（Ignaz Semmelweis）第一次提出醫生和護士在接觸產婦前需要洗手的時候，他冒犯了同行，並因此丟掉了工作，在一個精神病院死去，終年 47 歲。伊格納茲・塞麥爾維斯的觀點基於他對產褥熱的研究，當時他所在的醫院有兩個產房，一個服務於高收入階層的產婦，由專業醫生和護士精心照料；另一個服務於普通大眾的產婦，由接生婆負責。他發現，前者因產褥熱而死亡的比例是後者的三倍。他認為，原因是醫生在接生和解剖屍體之間轉換工作而又不洗手所

致。但伊格納茲・塞麥爾維斯的看法與當時流行的科學理論相矛盾，他也不能對自己的發現給出可接受的科學證明。

今天，經常洗澡是大部分城市人的習慣。但歐洲從中世紀開始到 20 世紀初，流行的衛生學理論認為，將身體泡在水裏是不健康的，甚至是有害的，只有野蠻人才會這樣做，文明人不會這樣做。英國女王伊麗莎白一世每月洗一次澡，看上去已經是名副其實的怪物，因為其他貴族很少洗澡；法國國王路易十三在 7 歲之前沒有洗過澡。[9]

人類的衛生習慣是怎麼改變的？這與印刷機的發明有關。

1440 年代，德國企業家約翰內斯・古騰堡（Johannes Gutenberg）借助了葡萄酒製造中使用的螺旋榨汁機，發明了活字印刷機。在五十年的時間裏，印刷機在歐洲擴散到 250 個城市，出版了 1500–2000 萬冊圖書。[10] 隨着廉價印刷書籍的普及，閱讀的人愈來愈多，許多人突然發現，他們原來是「遠視眼」（遠視在人口中很普遍，但絕大部分人從來沒有注意到，因為他們從來不閱讀。）由此對眼鏡的需求出現了爆發式的增長。在古騰堡發明印刷機一百年後，數千家眼鏡製造商在歐洲出現，玻璃成為先進技術的代表，並由此掀起一場光學技術的革命。

1590 年，荷蘭眼鏡製造商 JANSSEN 父子把幾個鏡片疊在一起放在一個圓筒裏，發現透過玻璃所觀察的物件被放大，由此發明了顯微鏡。英國科學家 Robert Hook 在顯微鏡下發現了細胞，引起了科學和醫學的一場革命，人類從此開始探索微觀世

9　Steven Johnson. *How We Got to Now: Six Innovations that Made the Modern World.* pp. 136–138. New York: Riverside Books. 2014.

10　伊恩・戈爾丁、克里斯・柯塔納《發現的時代》，第 26–27 頁。李果譯，北京：中信出版社，2017 年版。

界。顯微鏡出現後不到二十年，荷蘭的眼鏡製造商 Lippershey
發明了望遠鏡。不到一年時間，伽利略就獲得了這個消息，通
過改進 Lippershey 的設計，製造出放大十倍的望遠鏡。1610 年
1 月，伽利略使用望遠鏡觀察到木星有四個衛星，產生了對亞
里士多德範式的第一個真正的挑戰。人類從此探索宇宙空間。
1668 年，牛頓發明了第一個實用反射望遠鏡。[11]

最初的顯微鏡分辨率並不高，直到 1870 年代，德國鏡片製
造商 Carl Zeiss 生產出了新的顯微鏡，它是基於精確的數學公式
構造的。正是借助這種顯微鏡，德國醫生羅伯特·科赫（Robert
Koch）等人觀察到，傳染疾病來自肉眼看不見的微生物細菌，
證明當年匈牙利醫生塞麥爾維斯的觀點是對的，由此創立了微
生物理論和細菌學。[12] 正是微生物學和細菌學的創立，逐步改變
人類的衛生習慣，並由此導致人類預期壽命的大幅度延長。

我們可以設想一下：如果當初古騰堡的印刷機被禁止使
用，或者只被允許印刷教會和行政當局審查過的讀物，那麼，
閱讀就不會普及開來，對眼鏡的需求就不會那麼大，顯微鏡和
望遠鏡就不會被發明出來，微生物學就不會創立，我們不可能
喝上消毒牛奶，人類的預期壽命也不會從三十多歲增加到七十
多歲，更不要幻想探索宇宙空間了。

中國過去三十多年取得了舉世矚目的經濟成就，令我們
無比自豪。這一成就既是鄧小平發起的改革開放的結果，也是
西方世界過去三百年自由化的結果。中國過去三十年的輝煌成
就，是建立在西方世界三百年發明創造所積累的技術的基礎

11　Steven Johnson. *How We Got to Now: Six Innovations that Made the Modern World.*
　　pp. 23–25. New York: Riverside Books. 2014.
12　同上書，第 140–142 頁。

上，改革開放使我們享受到更多的自由，也使我們有機會享受別人的自由所結出的果實。到目前為止，支撐中國經濟高速發展的每一項重要技術和產品，都是別人發明的，不是我們自己發明的。我們只是套利者，不是創新者，我們只是在別人建造的大廈上蓋起了一個小閣樓，我們沒有狂妄自大的理由！

牛頓花了三十年的時間發現了萬有引力，我花了三個月的時間弄明白了萬有引力定律，如果我宣稱自己用三個月的時間走過了牛頓三十年的道路，你們一定覺得可笑。如果我再反過來嘲笑牛頓，你們一定覺得找無可救藥！

我們常說中國用佔世界 7% 的可耕地養活了世界 20% 的人口，但我們需要問一問：中國何以做到這一點？簡單地說，就是大量使用化肥。中國每公頃耕地使用的化肥是 200 公斤，其中五個人口密集的省份超過 300 公斤，是美國的六倍。中國人 80% 以上的蛋白質來自糧食作物，氮肥提供了中國糧作物養分的 60%，因此，中國人食物中大致一半的氮來自無機化肥。[13] 如果不使用化肥，中國一半的人口會餓死。

氮肥的生產技術是那來的呢？是一百多年前，德國科學家弗里茨·哈伯（Fritz Haber）發明的合成氨生產技術，BASF 公司的卡爾·博什將其投入大規模生產。1972 年尼克遜訪問中國後，中國與美國做的第一單生意，就是訂購 13 套當時世界上規模最大、最現代化的合成氨尿素生產設備，其中 8 套來自美國的 KELLOGG 公司。

---

13 Vaclav Smil. *Creation of Twentieth Century; Technical Innovations of 1867–1914 and Their Lasting Impact*. p. 197. Oxford and New York: Oxford University Press. 2005.

再過五十年、一百年重寫世界發明創新史，中國能否改變過去五百年歷史上的空白？答案很大程度上依賴於我們能否沿着鄧小平開創的道路，持續提升中國人的自由。因為，只有自由，才能使中國人的企業家精神和創造力得到充分發揮，使中國變成一個創新的國家。

　　因此，推動自由，是每一個關心中國命運的人的責任！

32 豬是如何被圈起來的？

任何社會變革，都從觀念的轉變開始。觀念是思想市場的產物。

從某種意義上來說，思想市場從古到今一直存在。但是在不同的時代和不同的國家，思想市場的競爭程度或者自由程度有很大的不同。有時候更寬鬆，有時候受限制更多。不同的國家情況也不一樣，有些國家的思想市場競爭性比較強，有些國家比較弱。

在中國歷史上，思想市場競爭性最強的時期是春秋戰國。那時候，思想比較自由，百家爭鳴，出現了儒家、道家、墨家、法家等主要流派，最後形成了現在所謂的中華文化。在秦滅六國後，秦始皇覺得儒生老愛發表意見，會威脅到他統治的合法性，就搞「焚書坑儒」，開始了思想禁錮。到了漢代，思想市場慢慢開始恢復，但後來漢武帝「罷黜百家，獨尊儒術」，使儒家思想獲得了法定壟斷地位。雖然秦始皇和漢武帝看起來不一樣，一個坑儒，一個尊儒，但結果是一樣的，就是思想市場衰落了。到了魏晉南北朝，大大小小的王朝走馬燈似的，眼花

---

* 2018 年是中國改革開放 40 周年，北大國發院在智庫品牌論壇【朗潤·格政】的基礎上，組織了改革開放 40 周年講座課，每周一位教授主講一個專題，以學術的視角回顧改革開放所帶來的變化與內在邏輯。本文是作者演講稿的部分內容。

繚亂，這時候思想市場反倒又活躍起來，佛教主要就是在這一時期在中國興盛起來的。到北宋時，思想市場也比較活躍，因為開國皇帝立下規矩不殺知識人，犯再大的罪也不殺，所以產生了新儒家，就是以朱熹代表的理學。理學在明朝獲得了壟斷地位，科舉考試全要按照朱熹的注釋答卷，持不同觀點者就成了異教徒，思想市場又萎縮了。滿清以後，從康熙開始一直到乾隆都搞「文字獄」，思想市場變得非常弱小，雖然還有些學者發表不同意見，甚至可能唱反調，但大部分沒有好下場。最後到了滿清末期，社會危機頻發，思想市場再度活躍起來，西方的思想也慢慢引入中國。這是中國思想市場的大體演變歷史。

西方從 15 和 16 世紀的文藝復興和宗教改革，到 17 世紀的科學革命，18 世紀的啟蒙運動，最後出現了工業革命。工業革命其實是思想市場的產物。[1] 而工業革命之後，中國跟西方的差距愈來愈大的原因，就在於思想市場的差異。

簡單來說，西方出現了一個自由競爭的思想市場，其基本特點是，多中心的政治環境和統一的、競爭性的思想市場並存。相反，中國的思想市場卻經常受到太多的約束和干預。

先看看生產思想的環境

16 世紀開始的時候，歐洲有五百多個大大小小的政體相互競爭，這給思想家留出了空間。學者可以自由流動，某個國王不喜歡你，另一個國王可能會保護你。法國的伏爾泰逃難很多年，總有地方可以躲，他的著作也能在法國流傳開來。西方世

---

1 Joel Mokry. *The Enlightened Economy: An Economic History of Britain, 1700–1850.* New Haven and London: Yale University Press. 2009.

界政體有界，但思想無界，學術界是個統一的市場，思想可以跨越政治邊界，學者們都説拉丁語，不管人在哪裏都不會影響他們在學術界的聲譽。所以思想家不太在乎自己所在的政體，更在乎的是在整體學術市場上的聲譽。[2] 這種狀況類似於中國的春秋戰國時期，孔子周遊列國，到處傳播思想，有充分的自由，好像也沒有語言障礙。

西方的知識生產主要在民間（包括教會辦的大學），中國的知識生產主要在官府。中國歷史上一些有名的學者大多數都是官員，當然偶爾也有幾個官場不得志的或者沒考中進士的。西方人生產知識主要是為了知識本身，用知識提高自己的聲望。而中國的官僚生產知識，如果某個觀點跟他的官位發生衝突，就只能選擇放棄。這帶來非常不同的後果。

舉例來説，發動宗教改革的馬丁·路德批評天主教會腐敗，羅馬教皇判他為異教徒，要德國的皇帝執行死刑。但是在執行死刑之前，皇帝必須把各個諸侯國的君主召集起來，開個聽證會。開完聽證會後馬丁·路德在回家的路上，被薩克森選帝侯 Frederick 派來的幾個當兵的「劫持」，藏了起來，一藏就是一年多。教皇以為他已經死了，其實他還活着，躲在一個城堡裏把《聖經》翻譯成德文。等他再露面時，德文版的《聖經》流傳開來，宗教改革勢成熊熊烈火，任誰也滅不掉了。

與此形成顯著對比的是，中國有一個學者叫朱之瑜，生於1600 年，活了 82 歲，是明清之際的學者和教育家，和黃宗羲、王夫之、顧炎武、顏元一起被稱為「明末清初五大學者」。清朝

2 關於歐洲思想市場與中國思想市場的對比性分析，見：Joel Mokry. *A Culture of Growth: The Origin of the Modern Economy.* Chapter 16. Princeton and Oxford: Princeton University Press. 2017.

入關時他還忠於明朝，參加了抗清復明的活動，南明滅亡後先逃到越南，最後到日本並死在那裏。他在日本講學，傳播儒家思想，很受日本朝野人士推崇，成了日本大名政府的顧問，著有《朱舜水集》。但是在中國，他的著作一直到 19 世紀晚期才被發現，大家才知道原來還有這樣一位了不起的學者。[3] 這還算是好的。朱之瑜算逃出去並活了下來，很多思想家在這種情況下根本活不下來。

再看看傳播思想的環境

　　紙和印刷術都是中國人最早發明的，但有一項研究估計，從 1522 年到 1644 年（也就是明朝的後半期）歐洲出版的圖書數量是中國的四十倍。德國企業家約翰內斯・古騰堡在 1445 年發明了活字印刷機，五十年時間裏印刷機在歐洲擴散到 250 個城市，出版了 1,500 萬到 2,000 萬冊圖書。反觀中國，畢升在 1045 左右就發明了活字印刷術，比古騰堡早了四百年，但是到 1800 年之前中國書籍出版還是靠雕版印刷，而不是活字印刷。[4] 活字印刷在中國沒有得到推廣使用，有很多原因，但一個重要的原因是，西方的出版在民間，都是私營企業做出版，為了傳播知識；而中國在很長時期內出版主要由官方控制，出版是傳播政令和控制思想的工具。古騰堡是一位企業家，畢升沒有成為企業家。

　　中國歷史上有很多學者，也寫了不少著作，但很少能得到廣泛的傳播。像元代的農學家王禎於 1313 年完成了《農書》，到 1530 年時全中國只留存了一本。明代的科學家徐光啟於 1627

3　同上書，第 311 頁。
4　同上書，第 294 頁。

年完成了《農政全書》，卻到他死後的 1637 年才得以出版。明朝末年的宋應星於 1637 年完成了《天工開物》，該書被譽為 17 世紀中國的工藝百科全書，但唯一留下來的版本是在日本偶然發現的。《永樂大典》是百科全書式的文獻集，共有 2 萬多卷，可是只製作了 3 套，現在已沒有完整的版本。這些科學家寫了書，但是沒有出版或者沒有足夠多的版本流傳於世，知識怎麼傳播呢？反觀西方，比如法國的狄德羅主編的《百科全書》發行量達到 25,000 套，傳播效果完全不一樣。而乾隆時期編纂的《四庫全書》只印刷了 7 套，其中 4 套保留在皇宮裏。乾隆時期焚燒的書和選編進去的書，在數量上可能差不多，而且編進去的好多書可能被篡改過。

在西方的思想市場上，學者追求新穎，總會有人來挑戰現有的理論，包括亞里士多德體系在科學革命以後就被拋棄了。達爾文提出進化論，這跟以前「上帝創造人類」的説法完全不一樣，顛覆了原有的思想體系，但能順利出版並流傳開來。而中國幾乎所有的學者都把注意力放在證明原來的理論上，即使後來清朝出現所謂的考證學派反對朱熹，認為朱熹説的東西跟孔子的原意不一樣，但他們只是要證明漢代之前的那個版本是對的，而不是去挑戰儒家的思想。

計劃經濟之所以給中國造成災難，很大的原因也在於當時沒有思想市場。我們可以設想，大躍進時有多少人真的認為那是好事情？如果允許表達不同意見，肯定會有人會提出批評，這事就搞不起來或者只能在局部搞；但不允許批評的話，往往會在一條路上走到黑。經濟學家最重要的使命是改變人的觀念，以此來推動社會進步。亞當•斯密是人類歷史上最偉大的學術企業家（academic entrepreneur）之一，因為他改變了人的觀念。在亞當•斯密之前，如果説某個人為自己謀利益，就指這個

人不道德；亞當・斯密則證明，一個人謀自己的利益，也可以給社會帶來好處，所以謀利本身並不是不道德的。亞當・斯密還說自由貿易可以改進雙方的利益。這些思想都改變了人們的觀念。由於亞當・斯密的貢獻，後來英國才廢黜了一系列的貿易保護主義政策，走向自由市場。在過去四十年裏，中國經濟學家的一個重要貢獻是讓中國人開始接受市場經濟的理念，不再相信計劃經濟、人民公社、鐵飯碗和大鍋飯，轉而相信市場競爭、私有產權、企業家精神。

思想市場依賴於獨立精神

任何思想都是個體思考的產物，集體不會思考。一種有價值的新思想在出現之初，一定只被少數人接受。如果沒人反對，往往說明這套東西不是新的。這是任何創新的一個基本特點。所以，學者必須有獨立精神，只有如此才能對人類做出有價值的貢獻。

洛克菲勒曾說：「一個人一旦失去了獨立性，他的智慧就會降低。」他在給兒子的一封信中寫了一個很有意思的故事。[5]說是有一個農民養了幾頭豬，有一次出門時忘了關圈門，豬都跑了。獲得自由的豬必須自己找食，防範人的追捕和其他動物的侵害，經過幾代之後，變得非常有智慧。它們經常偷吃村民的莊稼，幾位經驗豐富的獵人聽聞此事，很想為民除害捕獲它們。但是，這些豬卻很狡猾，從不上當。

5　見范毅然編著：《洛克菲勒寫給兒子的 38 封信》第 13 封「天下沒有免費的午餐」，長春：吉林文史出版社，2019 年版

有一天，一個老人趕着一頭拖着兩輪車的驢子，車上拉着許多木材和糧食，走進了「野豬」出沒的村莊。當地居民很好奇，就走向前問那個老人：「你從那裏來，要幹什麼去呀？」老人告訴他們：「我來幫助你們抓野豬呵！」眾鄉民一聽就嘲笑他：「別逗了，連好獵人都做不到的事你怎麼可能做到。」但是，兩個月以後，老人回來告訴那個村子的村民，野豬已被他關在山頂上的圍欄裏了。

　　村民們再次驚訝，追問那個老人：「是嗎？真不可思議，你是怎麼抓住它們的？」

　　老人解釋說：「首先，就是去找野豬經常出來吃東西的地方。然後我就在空地中間放一些糧食作陷阱的誘餌。那些豬起初嚇了一跳，最後還是好奇地跑過來，聞糧食的味道。很快一頭老野豬吃了第一口，其他野豬也跟着吃起來。這時我知道，我肯定能抓到它們了。

　　「第二天，我又多加了一點糧食，並在幾尺遠的地方豎起一塊木板。那塊木板像幽靈般暫時嚇退了它們，但是那白吃的午餐很有誘惑力，所以不久他們又跑回來繼續大吃起來。當時野豬並不知道它們已經是我的了。此後我要做的只是每天在糧食周圍多樹起幾塊木板，直到我的陷阱完成為止。

　　「然後，我挖了一個坑立起了第一根角樁。每次我加進一些東西，它們就會遠離一些時間，但最後都會再來吃免費的午餐。圍欄造好了，陷阱的門也準備好了，而不勞而獲的習慣使它們毫無顧慮的走進圍欄。這時我就出其不意地收起陷阱，那些白吃午餐的豬就被我輕而易舉地抓到了。」

這個故事有兩個含義：第一，失去了獨立性，動物的智慧、人的智慧都會降低；第二，如果經受不起誘惑，最後就會喪失獨立性。這兩點對於我們做學問的人來說必須牢記。

　　我相信，中國更長遠的未來取決於思想市場的發展。中國現在非常需要具有獨立思考精神的學術企業家，即具有企業家精神的學者，他們創造新的理念，新的思想，還需要有冒險精神。如果大家都不願這麼做，那就依然有可能回到歷史的反覆之中，改革開放只能成為歷史長河裏令人回味的好年景。

33　慈善呼喚自由

自由市場提升人類道德

　　慈善捐贈是一種完全自發自願的活動，應出於個人本心而非強迫。亞當·斯密説，行善應受表揚，但一個人缺乏仁慈或是感激之情不應受到懲罰，因為這並不導致真正的罪惡。[1] 而當我們強迫別人行善的時候，其實是在做惡，比不做慈善的人更惡。

　　中國慈善事業的制度環境尚不健全，存在很多約束。如果讓捐贈人覺得捐款像割肉一樣痛苦，那他還怎麼會願意捐贈呢？

　　中國企業家的財富積累還沒有到達美國的階段。更重要的是，要想讓企業家們慷慨捐款，首先需要有一個有利於創造財富的制度環境。這二者是有直接關係的。

　　以美國為例，美國是最市場化的國家，也是最慷慨的國家。美國每年慈善捐款加起來大約有 3,000 億美元，超過芬蘭、葡萄牙、秘魯等國的 GDP，其中四分之三來自私人捐款，四分之一來自公司和私人基金會。70%–80% 的美國家庭每年都做慈

---

*　本文根據作者 2014 年 4 月 26 日在北京師範大學京師公益講堂的演講整理而成。
1　見亞當·斯密《道德情操論》，第 97 頁和第 99 頁。蔣自強等譯，北京：商務印書館，2009 年版。

善捐款，平均捐款額超過 1,000 美元；50%–60% 的美國人每年都提供志願者服務，平均接近 50 小時。以人均算，沒有任何其他發達國家的慈善捐款和志願者服務時間接近美國，更不用說發展中國家了。[2]

為什麼美國人比其他國家的人更慷慨？原因不僅僅是美國人富有。富人確實給出更多的捐款，但按佔收入的比例計，在美國，有工作的窮人的捐款比例高於富人和中產階級。更重要的是，數據顯示，慈善行為與人們的意識形態和對政府作用的信念高度相關。

有調查顯示，相信自由市場制度的人比相信大政府主義的人更慷慨，無論用捐款額還是志願者服務時間衡量都如此。2002 年的一項調查顯示，與認為政府在社會福利上花錢太多的人相比，認為政府在社會福利上花錢太少的人更不願意獻血，更不願意為陌生人指路，更不可能返還收銀台多找的錢，也更不可能為無家可歸者提供食品和金錢的幫助。

為什麼會這樣？我認為原因在於，主張大政府主義的人認為，幫助窮人是政府的責任，和自己沒有關係；而相信自由市場的人認為，幫助窮人是每個人的責任。這就表明了那種大政府主義者更容易成為「精緻的利己主義者」，更缺少同情心。

以中國的情況為例，也能證明這一點。比如說茅於軾教授，我們知道在中國經濟學家當中他是一位堅定的自由市場主義者，獲得了英國 *Prospect* 雜誌評選的「2014 世界十大思想家」。他的大部分稿費和他獲得弗里德曼自由獎的 20 萬美元獎

2　阿瑟・布魯克斯《通往自由之路》，上海：世紀文景 / 上海人民出版社，2013 年版。

金都捐給了慈善事業。他在中國最早創辦了農村小額貸款機構，幫助農民發展生產，後來又創建了關注和培訓低收入人群的富平學校，再後來又創辦了樂平公益基金會。無論是哪一方面來看，他都當之無愧是中國經濟學家當中做慈善活動最多、最早的人。

引了這些美國的數字和中國的例子其實就是為了說明一點：不要把市場和慈善對立起來。現在很多人有一種誤解，認為市場就是提高效率、配置資源。其實不然，市場經濟也是提升人類道德的一種制度。慈善本身遵循的也是市場的邏輯，也就是你要給別人帶來幸福，你才能獲得自己的幸福。

慈善源於私有財產制度

我想糾正一個誤解，就是私有財產和人的慈善活動的關係。簡單地說，我認為慈善本身就是私有財產制度下的一種產物。如果沒有私有財產制度，慈善是不存在的。這一點其實不是我說的，在兩千多年前，古希臘哲學家亞里士多德就這樣說了。

我們知道，亞里士多德的老師柏拉圖是主張公有制的，主張實行共產共妻，但亞里士多德和老師的觀點很不一樣，所以他說「吾愛吾師，更愛真理」。他認為，「劃清了各人所有的利益範圍，人們相互間爭吵的根源就會消除，人們的博濟公益精神反倒會增強。」在亞里士多德看來，施捨、節制和慷慨是人們對待財產的健康態度，但這些品德的培養以人們佔有私有財產為前提。他說，「人們在施捨的時候，對朋友、賓客或夥伴有所資助後，會感到無上欣悅；而這只有在財產私有的體系中才能發揚這種樂善的仁心。」「因為寬宏（慷慨）必須有財產可以

運用，在一切歸公了的城邦中，人們就沒法做出一件慷慨的行為，誰都不再表現施濟的善心。」[3]

亞里士多德講了一個簡單的道理：在實行私有財產制度的社會，人們不僅對自己的行為負責，而且仁慈慷慨；而在一個財產歸公的社會中，人們不可能有真正的慈善之心。

為什麼在公有財產制度下，人們沒有了慈善之心呢？道理很簡單，人首先得有能力才有慈善之心，公有財產制度下沒有任何人有財產，所以也就不可能有慈善之心。更重要的一點是，公有財產制度導致了嚴重的不公平，在這種不公平的情況下，人們對社會充滿了怨恨，也就不可能真正去做慈善。

兩千多年前，中國的史學家司馬遷也講過類似的話：「倉廩實而知禮節，衣食足而知榮辱。禮生於有而廢於無。故君子富，好行其德；小人富，以適其力。淵深而魚生之，山深而獸往之，人富而仁義附焉。」（《史記・貨殖列傳》）也就是說，過於貧窮不太可能有慈善，人富了以後才會樂善好施。其實整個社會也是一樣，當社會極度貧窮時，人們可能為了吃一點東西就爭鬥起來，但是富足以後，人們就會產生馬斯洛所說的自我實現需求，會去追求做一些「我認為正確的事情」。這個時候人們做的很多事情在於給別人帶來價值，因為給別人帶來價值本身就是給自己帶來價值，這些價值不是可以用金錢來衡量的。

同時我要強調一點，不要把慈善當成施捨，其實你在實現自我的價值。如果你自己不能在慈善當中得到快樂，我建議你就不要做慈善。如果你做慈善總覺得是為別人奉獻，經常要跟自己的思想進行鬥爭，做出很大的犧牲，那我覺得這些事情就

3　亞里士多德《政治學》，第 55–56 頁。吳壽彭譯，北京：商務印書館，2009 年版。

不值得你去做，你應該選擇做其他的事情。當然，做其他的事情你也能為社會創造價值。

正義在前，慈善在後

現在國際社會正在興起社會企業運動，我也在支持這樣的項目，這是慈善事業發展趨勢。我要強調，企業家把企業做好，就是對社會最大的慈善。如果比爾‧蓋茨沒有把微軟做成功，哪來的蓋茨基金會？就社會而言，一個人捐款愈多未必是一件好事。如果馬化騰把騰訊公司的股票都捐出去，然而公司垮了，騰訊的用戶都會受到影響。

我們一定要有一個更大的視野來看待財富，最重要的還是創造一個有利於創造財富的公正的制度環境。如果這個社會沒有一個基本公正的遊戲規則，賺錢的人不認為賺錢是一個體面的過程，那他就不會理解慈善。有公正的遊戲規則，賺錢的人就會對社會抱有感恩之心，賺錢完全是為了實現他的自我價值，這樣從事慈善就會更加自覺。

所以公正的制度環境對慈善非常重要。現在由於政府干預過多，導致市場不能有效運作，市場邏輯經常受到干擾，從而令人的心態有所改變。慈善領域恐怕也要調整管控思維，如果對愛心和善心還要進行不恰當的過多管控，那就很難說我們的公共道德有多健全了。

中國三十多年的改革開放在經濟方面取得了舉世矚目的成就，但遺憾的是，中國社會的道德水平並沒有實現同等程度的提升。我當然不贊同那種認為現在的道德不如改革開放前的說法。那時隨便抓人、鬥人、甚至殺人，大家都習以為常，甚至

歡呼雀躍。現在大家看到見死不救，已是群情激奮地譴責，這應該說是進步，至少說明我們的道德意識在復蘇。如果一個社會不重視生命，殺一個人像捏死一隻螞蟻一樣，那這個社會還有什麼道德可言？你連正義都沒有了還談什麼道德，還談什麼仁慈？

但毋需諱言，我們的社會確實存在嚴重的道德危機。問題是，道德危機的根源在哪裏？我想很多人給出的答案是錯誤的，只就道德本身來看道德，而沒有認識到道德危機的體制根源。

應該說，今天的道德問題既有歷史的原因也有現實的原因。今天的病許多是幾十年前埋下的禍根發作。道德破壞容易，恢復則需很長時間，正如俗話所說「病來如山倒，病去如抽絲」。最重要的原因仍是 50 年代開始對私有產權制度的破壞。如前面提到的，亞里士多德在 2000 年前就指出，消滅私有財產制度一定會引起人的道德墮落。

私有財產的神聖不可侵犯，是個社會正義問題。正義是你對人的基本權利的尊重與保障。亞當·斯密說，世界上最重要的道德是正義，他在幾項基本道德中把正義列為第一，仁慈則列在其後。亞當·斯密說：「與其說仁慈是社會存在的基礎，不如說正義是這種基礎。雖然沒有仁慈之心，社會也可以存在於一種不很令人愉快的狀態之中，但不義行為的盛行卻肯定會徹底毀掉它。」「行善猶如美化建築物的裝飾品，而不是支撐建築物的地基」，「相反，正義猶如支撐整個大廈的主要支柱。如果這根支柱鬆動的話，那麼人類社會整個宏偉而巨大的建築必然在頃刻之間土崩瓦解」。[4]

4　亞當·斯密《道德情操論》，第 107 頁。蔣自強等譯，北京：商務印書館，2009年版。

中國慈善需要自由

中國慈善事業現在所面臨的問題和宗教一樣，就是不自由。連和尚都有局級方丈、處級住持等行政級別，一個人如果不是出於信仰去當和尚，那怎麼可能還有宗教的力量呢？慈善事業也一樣，必須是很有抱負的、很有使命感的人來做這個事情，要吸引願意投身這項事業的人來做這項工作，並保證其資產按照既定的使命去運作。這和政府的運作邏輯是完全不同的。

在中國目前的情況，無論是商業公司還是慈善事業做起來都不太容易，共同的原因在於政府長期以來對資源的壟斷。在西方國家，很多屬正常的自由的市場就可以解決的問題，在中國只有通過慈善的方式來解決。就像所謂的小額貸款的問題，因為西方金融相對比較自由，所以美國有幾萬家銀行，大銀行負責大企業，小銀行、地區銀行、社區銀行，就可以負責社區企業的融資。但是在中國，金融壟斷比較嚴重，很多服務沒有辦法接觸到這些有需求的普通人，如果你稍微冒一點險就可能說你非法集資，甚至有可能被判死刑，所以這個時候就迫使茅於軾教授不得不用慈善事業的形式來運作小額貸款項目。

但是現在有些人打着小額貸款的旗號做大額貸款業務，一貸就是 200 萬以上。好多人申請到小額貸款的牌照後做的不是真正的小額貸款，把小額貸款的名聲搞壞了。所以我說，在中國目前的情況下，無論是商業事業還是做慈善事業，其實都面臨很大的挑戰，相互之間信任度比較低，機構很難靠自己的聲譽成長起來。

你來做公益，你有政府的背景，你的權威性比較大，你肯定會有很多優勢，但是如果一個社會，人們連做慈善的自由都沒有，這是很可悲的。這是我們國家現在面臨的一個很大的問題，迫切需要改善。

簡單地說，公益活動應該更加自由化、市場化，而不是政府管轄。不能只讓人家施米，不讓人家奉粥。憑什麼不允許人家自己奉粥呢？最近幾年好多官辦的慈善機構都出了醜聞，大家都已經很清楚，它就是政府的附屬機構，變成安排官員的地方，所以名聲也愈來愈差。所以我覺得還是要用市場的方式去發展慈善事業。真正的慈善一定是自由市場體制下產生的。

當然，市場化是一個長期的過程。我們不要因為某一個公益機構出了一點問題，就去否定它，這是我們最容易犯的毛病。如果市場一出點問題，政府就趕快管起來，市場就老出問題，最後就沒有市場。一找政府，肯定就是限制愈來愈多，所以一定要防止「引狼入室」。以後慈善機構會愈來愈多，出問題的肯定會有，但不能因為它出了一點問題就關掉它。政府出了那麼多腐敗官員，難道就要把政府關掉嗎？

在有些情況下，市場可能沒辦法正常運作，所以就會出現非市場的或者說半市場的體制，但是必須要儘快恢復市場體制的運作，這才能使得慈善起到更好的作用。比如汶川地震時，災區方便面、礦泉水、牛奶等各種食物浪費得不得了。為什麼？就是因為這個時候市場不工作，好心不一定辦成好事。如果市場運作正常，你捐 100 萬塊錢，可以做很大的好事；如果市場失效，只能盲目地到處送即食麵、礦泉水，浪費會很嚴重。

總之，慈善事業應該是市場的事業、個人的事業，而不是政府的事業。中國的慈善事業要想真正地脫胎換骨，一定得依靠民間力量。政府不應該介入它，政府機構應該儘量退出來。這個過程中會出現一些問題，但是我們不能以那種錯誤的方式應對，還是要以法治的原則去解決問題。

34　經濟自由會導向政治自由嗎？

　　在基督教時代早期，有一位神學大師叫聖奧古斯丁，他講過我們人類有三大慾望，第一個是對金錢和財富的慾望；第二個是對權力、榮譽和美名的慾望；第三個就是對性的慾望。簡單來說，就是財慾、權慾和性慾。[1] 人類的歷史，包括進步和罪惡，都是在這三大慾望支配下展開的。從這個角度看，金融的發展，或者我講的市場的邏輯，會帶來什麼呢？

　　有兩點。第一點就是人類實現慾望方式的轉變。金融和市場不發達的時候，人們追求財富的慾望主要是通過掠奪來實現的 —— 我稱之為「強盜的邏輯」。權力慾望的滿足當然更是如此，靠征服。而在金融和市場發達之後，人們是通過交換、合作、相互創造價值的方式實現財富慾望的滿足。陳志武教授《金融的邏輯 2》一書裏談到的性的慾望，如果從這個角度理解，就是金融的發達可以使愛情從婚姻或者養兒育女中分離出來，這也是實現慾望方式的轉變。

　　第二點是，當金融很發達、市場機制運行良好的時候，人們可以用財富慾望替代權力慾望。這一點也非常重要。人類歷

---

*　本文根據作者於 2015 年 10 月 24 日在陳志武教授《金融的邏輯 2》讀書會上的講話整理。

1　引自阿爾伯特·赫希曼《慾望與利益》，第 7 頁。馮克利譯，杭州：浙江大學出版社，2015 年版。

史上，好多的災難都是源於人們對權力的慾望，也就是征服、統治別人，由此造成大量人的死亡。這種權力慾望的滿足，除了前面講的對外征服，還有對內部人民的統治。統治者為了使所有人聽他的話，滿足自己的權力慾，會採取好多的強制措施，包括殺人，而不僅僅是限制人的自由。金融和市場發達之後，人們可以更自由地追求財富和物質生活，權力慾望的相對價值就降低了。如果能達到像司馬遷講「千金之家比一都之君，聚萬者與王者同樂」的狀況，人們就沒有必要非得追求官位和權力，也就無須採用強盜手段。比較一下金融發達的國家和金融不發達的國家，這一點是非常顯著的。

從這個角度來講，金融的發展和市場的演化本身，對人們用更為和平的慾望代替那些更為殘忍、更有侵略性的慾望，起着非常大的作用。賺錢的慾望，好多是通過金融的方式實現的，可以稱之為和平的慾望。喜歡賺錢，並且有能力賺錢的人，一般是不喜歡打仗的。相對來說，沒有能力賺錢、權力慾望極強的人，特別喜歡打仗。打仗只對極少數人、對統治階級有好處，對大部分老百姓是不好的。這樣的觀點其實有很久的歷史，像啟蒙思想家孟德斯鳩、梅隆、康德、亞當‧斯密、巴斯夏（法國的經濟學家）等，都有非常精彩的論述。我這裏忍不住要與大家分享一下他們的觀點。

孟德斯鳩講過：「商業的自然作用就是導致和平，彼此從事貿易的兩國會變得相互依賴：如果一國從買進中獲利，另一國則從賣出中獲利；所有聯合都是相互需要的。」[2]

2　引自上書《慾望與利益》，第 74 頁。

孟德斯鳩的密友弗朗索瓦‧梅隆說：「一個國家的征服精神和商業精神是互相排斥的。」[3]

　　非常有名的法國 19 世紀中期自由主義經濟學家巴斯夏講了這樣一段話：「當商品不越過國界的時候，軍隊就會越過國界；而當商品越過國界的時候，軍隊就不會越過國界。」

　　一百多年前，英國著名記者諾曼‧安格爾（Norman Angell）在《大幻覺》一書有這樣一段話：「戰爭是沒有經濟效益的。掠奪在原始經濟中也許有利可圖，因為財富的形態是有限的資源，如黃金、土地和自給自足的匠人的手工藝品。但在一個財富來自交換、信用和分工的世界裏，征服不可能使征服者更富有。事實上，征服者要付出金錢和生命，而且他破壞了人人受益的信任和合作系統，他只會變得更窮。」[4]

　　我引了這些偉大思想家的話，就是為說明一個問題：金融的發展、市場的發展有利於人類和平。最近有大量的研究經驗證明，兩個市場經濟的國家，如果相互之間的交往比較多，包括商品流通和資金流通，他們打仗的可能性就會大大降低。[5] 對我們來講，怎樣推動國家的開放是非常重要的，一個封閉的國家，很可能變成窮兵黷武的國家，一個開放的國家，不太容易變成願意打仗的國家。所以，自由貿易的事業也是人類和平的事業！

3　引自上書《慾望與利益》，第 74 頁。

4　引自斯蒂芬‧平克《人性中的善良天使》，第 290 頁，北京：中信出版社，2015年版。

5　B. Russett and J. Oneal. *Triangulating Peace: Democracy, Interdependence and International Organization*. New York: Norton. 2001.

下面我還想強調一點，即經濟自由與政治自由的關係。陳志武教授在書裏邊談了很多金融與政府的關係，他的論述非常精彩。我從另外一個角度來講：如果金融給我們帶來更多的經濟自由，那這種經濟自由會和政治自由發生什麼樣的關係？從思想史上來看，這個關係並沒有一個確定的結論。我這裏也與大家分享一下不同學者在這個問題上的不同看法。

一種樂觀的觀點認為，經濟的自由化一定會導致政治的自由化。這方面比較有名的經典論述，來自法國孟德斯鳩和蘇格蘭啟蒙思想家詹姆斯·斯圖亞特。孟德斯鳩特別區分了不動產和動產的含義。我們知道金融資產屬動產（當然動產和不動產是相對的，比如土地可以作為抵押，變成證券化的東西），但是在長期的歷史當中，儘管我們有貨幣，但貨幣形態的財富很少，財富主要以不動產為主。為什麼古代人們要發動戰爭？主要是掠取不動產。孟德斯鳩認為，流動性資產，如匯票和外匯套利等金融工具，可以作為憲法的補充，作為對抗專制主義和權力肆意妄為的堡壘。匯票是猶太人發明的，猶太人為什麼要發明匯票？猶太人沒有不動產，只有動產，猶太人賺了錢之後特別容易受到專制政府的搶奪和迫害，所以他們發明匯票，匯票使得財富很容易從一個國家轉到另外一個國家。孟德斯鳩說：「通過這種方式，貿易得以避開暴行，能夠在任何地方維持下去。因為最富有的商人只有看不到的財富，它能夠轉移到任何地方而不留痕跡。這種做法使我們可以把一項巧妙的創新歸因於統治者的貪婪，它使商業多少擺脫了他們的控制。從那時起，統治者不得不更明智地統治，而他們本來並不想如此。因為由於這些事情，權力的肆意妄為已經被證明是無效的，……只有施仁政才能（給君主）帶來繁榮。」[6]

6　引自阿爾伯特·赫希曼《慾望與利益》，第 68 頁。馮克利譯，杭州：浙江大學出版社，2015 年版。

孟德斯鳩的意思是説，由於金融資產有很高的隱蔽性和流動性，可以從一個地方到另外一個地方，統治者掠奪商人就難。你掠奪他就跑了，所以必須實行仁政，必須更為寬容地統治，才能征到税收。

　　蘇格蘭啟蒙思想家詹姆斯‧斯圖亞特説過這樣一段話：「政治家驚奇地環顧四周，他曾自以為各方面都是社會的頭號人物，現在卻感到私有財產的光輝讓他黯然失色；當政治家對它伸手時，它卻躲開了他的控制，這使他的統治變得更加複雜，更難維持。他除了擁有權力和權威之外，還要懂技巧，善言辭。」

　　斯圖亞特這段話和孟德斯鳩講的其實是一個意思。商業社會、金融社會變得更為複雜之後，統治者如果再用過去那種蠻橫、粗暴簡單的方式去統治的話，是沒辦法奏效的。

　　上述這些觀點是在説，經濟的自由會給我們帶來政治的自由，因為經濟的市場化，特別是金融工具的引入，傳統專制主義者變得不太好統治。陳志武教授強調的財產自由對政治自由的影響，非常重要。如果你沒有生計自由，你想批評的人正是控制你衣食住行的人，你不可能有言論自由 —— 言論自由這種政治權利很大程度上是與私有財產相關的。

　　那麼，我們是不是應該這麼樂觀呢？這個社會只要有了經濟自由、金融自由，我們自然就有了想要的政治自由嗎？其實不一定。這裏，我也想引用另外兩位思想家 —— 英國蘇格蘭的啟蒙思想家亞當‧弗格森和大名鼎鼎的法國思想家托克維爾的觀點。

　　這兩個人一方面都同意我剛才引用的孟德斯鳩和斯圖亞特的觀點：經濟的自由會對專制主義提出一些挑戰。但他們又提

出另外的擔憂。比如亞當・弗格森説：「（如果人們富有了，他們）對散失財富的擔心和對安寧和效率的欲求，可能使得他們（富有的工商業人士）更願意擁護專制主義。我們假定政府提供一定程度的安寧，這往往是我們希望從政府那裏得到最好的回報；……我們若是……僅僅以安寧（它也許是公正治理的產物）來衡量國民的幸福，則自由面臨的危險莫過於此。」[7]

確保安寧、有序、效率，可能被當作替威權主義辯護的主要理由。

托克維爾認為：如果一個國家的國民沉溺於追求自己的私人利益，有可能使「狡詐或者野心勃勃的人篡奪權力」。他以極為尖刻的語言批評那些為了有利的商業環境而只求「法律和秩序」的人，他說：「一個對自己的政府別無所求，只要求它維持秩序的民族，其內心深處已經是一個奴隸了；它是自身福利的奴隸，那個將要給它套上鎖鏈的人便粉墨登場了。」[8]

弗格森和托克維爾有這樣的擔心，應該説是非常有道理的。用通俗的話來講，有些人富有了，罈罈罐罐多了，就特別擔心變革會把他的罈罈罐罐打碎，所以就對任何的變革有一種本能的抗拒，尤其抗拒政治變革。弗格森和托克維爾在一兩百年前認識到這一點，對我們今天都是非常有啟發的。

總結一下，金融的發展和市場的擴大確實給我們帶來好多的經濟自由，使我們變得更為富有，使人們的生活變得更好。而且經濟自由在一定程度上，對政治體制提出挑戰，也會刺激

7　引自上書《慾望與利益》，第 109 頁。
8　引自上書《慾望與利益》，第 111 頁。

人們對政治自由的需要。但是政治自由的到來，並不是理所當然的，並不是自然而然的。因為人們富了之後，對秩序、穩定和效率的追求，可能使得他們更為恐懼變革。如果我們要有真正的政治自由，僅僅市場化、金融的深化是遠遠不夠的，我們還必須付出更為艱辛的努力。